罗马人的故事

XI

结局的开始

[日] 盐野七生◎著　陈　涤◎译

ローマ人の物語

中信出版社·CHINACITICPRESS ·北京·

金币故事

法国历史学家费尔南·布罗代尔曾说过，货币也是国力的反映，所以也是了解历史最好的指针。

但是，国力有能用眼睛看到的，也有用眼睛看不到的。落实到货币上，前者为金银含量等材料本身的价值，后者指的就是铸造技术。为什么这么说呢？因为前者明确反映国力，而技术上的衰落则需一段时期之后才会得以显现。也就是说，当我们注意到铸造技术方面的衰退的时候，其国力可能已经枯竭了。

从本卷书开始，罗马走上了逐步衰落的道路。货币也是如此，乍一看没什么，但再次细细端详，发现上面预示了帝国的衰亡。

盐野七生

2007 年 7 月于罗马

银币故事

一个出色的人本应该取得出色的成绩，然而事实却总是不顺利。正因为如此，阅读历史的时候，愉快的同时又生出很多感慨。

真要追究个中缘由只怕很不容易。是生不逢时？还是适应时代的能力欠佳？我不想对他们品头论足。在这种情况下，我只能逃避似的一路写下来。

然而到了众多历史学家所诟病的罗马衰退期，虽年代都已久远，我却还是无法释然。我不能继续“逃避似的”书写了。

如果用佛教词语来表述的话，就是“谛观”。这个词除了表示“醒悟”，还有“事无巨细明察秋毫”的意思。

盐野七生

2007 年 7 月于罗马

金币故事

马可·奥勒留皇帝出生在气候温暖的罗马，却在维也纳死于多瑙河北岸吹来的凛冽寒风里。而两代后的皇帝塞维鲁出生在北非的大莱普提斯，本可以在地中海接受阳光慷慨的照耀，可最后却是在阴雨连绵的约克闭上了双眼。

罗马帝国的皇帝最重要的职责是保障帝国的安全，即率领士兵同敌人战斗。领导者的克己奉公对他们个人却是一种摧残。罗马时代精英们的词典中，似乎没有适应“障碍”这个词。

在欧洲采风过后经由罗马前往北非，携带的衣物必须全部替换，所以深有感慨：罗马帝国真是太广阔了。

盐野七生

2007 年 7 月于罗马

目录 Contents

推荐序1　为什么是罗马？

这是一部煌煌15册的巨著，作者盐野七生写了15年，我曾整整读了一年。读后，逢人就推荐。我读的是台湾出版的繁体横排本，当时感到奇怪：为什么这样的书，在大陆却看不到？没想到，现在就有了简体中文版。大概是因为此前我在各个场合不遗余力地推荐，中信出版社希望我能为之写篇序言。

过去我也读过罗马史，比如《罗马帝国衰亡史》，但这类史书，更多的是从政治、军事的角度来理解罗马帝国。盐野七生不同，她以现代史观的方法论来解读罗马，其间涉及国家与民族、君主与公民、宗教与人性、权力与秩序、科学与技术、领导与公关等方方面面，视野极广，见人所未见。正如她自己所说："别的研究者是写自己知道的，而我则是写我想知道的。"

我是从事房地产行业的，所以对书中所讲罗马帝国的城市与建筑极为关心。在第十册《条条大路通罗马》中，作者专门讲了罗马的道路建设：与其说"条条大路通罗马"，倒不如说"条条大路起罗马"。罗马是这个庞大帝国的心脏，而这些四通八达的国家公路，有如血管脉络，把政令和资源高效率地传输到帝国的每个角落。

盐野七生说，东方帝国在修建长城的时候，罗马人正在修建罗马大路。接着，她就告诉读者，2000 年过去了，罗马修的大路现在还在使用。这时，你会很自然地想：中国的长城，现在除了收门票之外，还有没有用？我们现在能看到的长城，主要是明朝修建的，而且从工程的角度讲，也有很多质量问题。同样是国家主导的巨型工程，哪一个对国家和人民更有用？

当然，这些都是我的联想。为什么罗马修的路现在还能用？作者展示了一张罗马大路的剖面图，告诉我们这条路是怎么修的，为什么能连续使用上千年。这样的图示还有很多。作者很愿意从科学与技术的角度解释，罗马帝国有其与众不同的力量，而建筑在其中占有相当重要的地位，因为建筑给市民和士兵带来极大的安全感。

在作者的描述之下，罗马帝国宛如一个强大的跨国企业，《罗马法》就好比这个企业的内部规章。这个企业有自己的核心价值、企业文化、思维惯性、话语系统、人力资源储备，甚至还有自己的保安系统。制度、人才、资源配置等等，都是罗马得以长盛不衰的原因。这也是为什么这部书会被国外一些研究者拿来当做领导者论、组织论、国家论的现成教材。

盐野七生贯穿始终地自我设问，并希望回答：为什么只有罗马人能成就如此大业？为什么只有罗马人能够建立并长期维持一个巨大的文明圈？一望而知，作者认为罗马帝国经久不衰的根本原因，与它所秉持的价值取向和施政目标有关。

作者认为：罗马的力量，来自保障国民安全的基础设施和贵族行为理应高尚的传统。国民最需要的是安全系统，其次是尊贵和快乐的生活。罗马皇帝努力满足了国民的需要。一切政令、公共设施、对外战争，都是为了满足国民的安全感和享受需要。

其次，罗马人智力不如希腊人，体力不如高卢人，经商的本事不如迦太基人，却能一一打败这些部族，而且在战后还能与这些部族有秩序地和睦共处。为什么？你会发现，罗马帝国的强大，归根结底是因为它的宽容开放，它的兼收并蓄。

罗马帝国是多神教的国家，罗马人把被帝国征服的民族的神，全部当做自己的神来供奉。这样的神有30万个。罗马甚至赋予被征服者公民权，历届罗马皇帝里有很多被征服者。试想，这在东方帝国，可能吗？

这些分析让我非常受启发。对于国家来说，自由与宽容，这才是罗马帝国的立国之本，对于跨国企业来说，宽容开放、兼收并蓄应当是它的核心价值观念。正是这些基本的价值取向和目标，赋予罗马帝国强大的力量，并成为西方文明的一个重要源头。这也是我向朋友们力荐这本书的原因。

作为一个先睹为快的中国读者，我只能谈一点浅见，算是对作者盐野七生的感谢。如果这篇小文又能够对读者有小小的帮助，会令我更加高兴。

是为序。

王石　万科集团董事长

2011年8月8日

推荐序 2　向往古罗马文明的精神特质

多年前，在朋友处看到台湾出版的一本书，《我的朋友马基雅弗利》，借来后一口气看完。文笔的清美，布局的平实，让我印象深刻，特别是作者起笔的角度真是别开生面：

◇马基雅弗利看到了什么？由此展开了佛罗伦萨当时的历史背景和事件。

◇马基雅弗利做了什么？由此展示了马基雅弗利一生的经历和事变。

◇马基雅弗利想到了什么？由此发掘了马基雅弗利的成就和遗憾。

这是一本历史，也是一本游记，还是一本政论，更是一本优美的散文集。日本女作家盐野七生就这样让我铭记在心。她年轻时就爱上了意大利，一住就是大半生，写了很多书，获了很多文学奖，在日本有几百万的铁杆粉丝，近年来在英语世界也声名大振，大陆读者久闻大名，翘首以待。

感谢当年资深书友衣锡群兄专门从香港带回两大袋书，这便是台湾版的

《罗马人的故事》全集15本。我如饥似渴地读完。掩卷长思，深深敬佩。一位日本女人这样如痴如狂地写古罗马，发掘2000年前的往事，娓娓道来。她的细腻描写让你身临其境，她的逻辑铺陈促你遐思当下因缘。我读过许多不同作者的罗马史，只有盐野七生女士真正带我走进历史。

我去过意大利四次，也自驾游过西西里岛两次。曾带着盐野手绘的地图在佛罗伦萨四处寻觅马基雅弗利的故居。意大利作为政治国家的历史很短，不足200年，作为文化国家的历史却波澜壮阔地上溯到3000年前。在维罗纳的一个酒店里，看到一幅将意大利历史描绘为一棵盘根错节的古树，展示了几十个诸侯公国，几百个影响欧罗巴文明的政治、艺术、哲学、科学、军事等名流的来龙去脉。一瞬间，我体验到了卑微和崇拜，也叹服盐野女士把握历史的勇气与能力。

意大利有两个历史的骄傲：一个是古罗马的鼎盛，是当时世界上幅员辽阔的强盛帝国；一个是文艺复兴的辉煌，它直接启发并推动了全球现代文明的兴起，而这个复兴就是以回归古罗马为道德旗帜。此后一代代的意大利人梦寐以求地希望光荣历史得以重演，统一意大利的民族英雄马志尼如此期许自己，不到40岁便一举颠覆了民主政府的墨索里尼也这样激励自己。此外，法国的拿破仑和德国的俾斯麦都以古罗马的恺撒大帝自居。“条条大路通罗马”，地球上各个角落的部落都这样厘清自己的文明坐标。

古罗马成为意大利人的永远图腾，也成为欧罗巴大陆高度默契的文明血脉。继承希腊文明的古罗马的法典、礼仪、艺术、建筑等构成了当下西方世界主流价值的表达，也潜移默化地影响中华文明的演进。百年以来，中国知识界始终在希腊文明中捕捉思辨的知音，在印度文明中寻求失落的安慰，但却是在罗马文明中锲而不舍地吸收普世价值体系。我饶有兴趣地注意到，日本作家盐野女士不断用东方的思维来探寻古罗马的蛛丝马迹，体现了类似的精神焦虑。

阅读盐野笔下的罗马史与罗马人，时空穿越2000年，体验着人类文明中顽强生长并趋同的精神动力。尽管语言、宗教、习俗、体质和自然环境有千差万别，但内在的思辨、伦理、行为、愿景和组织制度可以彼此熟悉和理解的。现代人往往以仍然蓬勃发展的中华文明与曾经衰落的罗马文明进行比照，发掘出许多文明之谜和文化冲突的理念。不过，从更高的时空立场上看，罗马文明仍然在一波波地前行，荡涤着不同社会形态的隔阂。同样，中华文明也是从另一个角度进化成长，与前者共同汇成当下全球文明的主流。“青山遮不住，毕竟东流去。”

我读盐野的罗马人故事，看到了主导当时文明的精神特质，也是传承至今的进化基因，更是鞭策中华文明的动力。我也希望读者能与我一起用心体验至少这样几点：

◇自信与宽容：罗马人的生活态度和对异教对外族的接纳与吸收。

◇竞争与开放：罗马人的生存立场和对制度对风险的尝试与面对。

◇人性与权利：罗马人的生命价值和对快乐对自由的追求与捍卫。

去年在东京本来有机会见到盐野女士。索尼集团的前董事长出井伸之先生与她是好朋友，愿意安排见面。得知她正在赶下一系列关于十字军故事的书稿，我惶恐无知会浪费她的时间，借口推脱了。我有机会写上几句，真是非常荣幸的事情。期待我能将这部中文版亲手呈给盐野七生女士。

王巍　中国金融博物馆理事长

2011年8月6日

给中国读者的序

对于以超级大国为发展目标的当代中国，在欧洲历史上可作为借鉴的，唯有古罗马帝国了。

生活在当代中国的读者，如果读了我写的《罗马人的故事》，对书中的内容不知会作何感想呢？若细细品味读者的感受，必将看到中国未来的发展趋势。这也是作者我最关心的事情。

盐野七生

2011 年夏于罗马

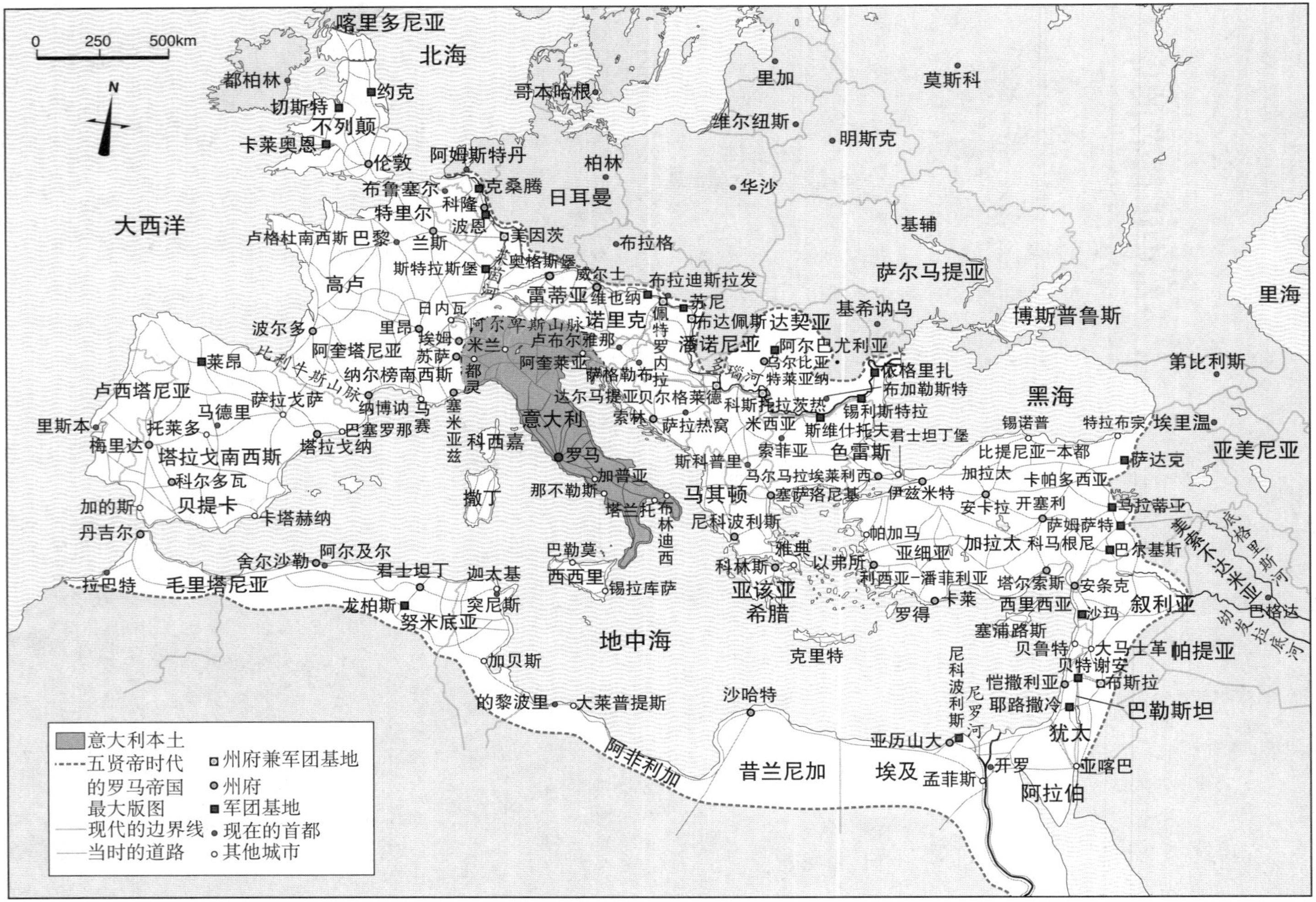

公元2世纪的罗马帝国版图

第一章

皇帝马可·奥勒留

（公元 161—180 年在位）

NON UNO DIE
ROMA AEDIFICATA EST

序言

没有哪一位罗马皇帝能拥有马可·奥勒留那样良好的口碑。此人位列五贤帝的最后，也因人称“哲学家皇帝”而赫赫有名。他不仅在当时深受人们的爱戴，直到今天，在将近两千年的漫长岁月里，其他罗马皇帝也没能像他一样一直享有如此崇高的声望。

如果论统治者的力量，那么罗马史上超越马可·奥勒留的领袖也有几位，例如帝政事实上的创始人尤里乌斯·恺撒，以及其后建立起罗马帝国的开国皇帝奥古斯都，出身于行省却对故乡西班牙一视同仁的帝国统治者图拉真，不惜折损自身寿命巡视整个帝国辽阔疆域并重建防卫体系的哈德良。即使我们不看共和时代，只说鼎盛期的帝政时代，也能立刻列举出这些名字。然而，纵然是他们，在紧抓后世人心的两个有效手段——留下“声音”以及“形象”方面均不及马可·奥勒留，因为哲学家皇帝在这些方面无疑更占优势。

马可·奥勒留遗有一册后世人称为《沉思录》的书，正因这部著作他才获得“哲学家皇帝”的称谓。而从《沉思录》的书名可以看出，这完全不是学术性的哲学著述。他身为罗马皇帝，要务之一就是出击蛮族，该书只是战斗间隙记录所思所想的小册子而已。马可·奥勒留自少年时代起就喜爱哲学，书里基本都是他的自省与思考。而现代的西欧学者则从不吝惜“古人伦理的极致表达”、“高贵灵魂的真情呐喊”等溢美之词。

柏拉图曾说，国家让喜爱哲学的人来负责政治是最为理想的。我们暂且不论柏拉图的这种论断是否恰当，对于启蒙主义运动过后的近现代学者而言，马可·奥勒留正好是历史上实现了柏拉图理想的唯一案例。

> 不要无止无休地讨论人们究竟能否公正和善良，我们只需追求公正善良的行动，这个时刻已经到来了！（相关内容见《沉思录》卷十。——译者注）

这就是罗马大帝国最高权力者的“声音”。

而紧随声音的就是“形象”。马可·奥勒留的骑马像至今仍旧屹立在罗马七丘之一的卡匹托尔山上。

即使有人不知道柏拉图，也可能没有读过《沉思录》，但只要一看这座骑马像，立刻就能感觉到它是至高无上的杰作。从古代到今天，两千年来人们制作的骑马像不可胜数，可就算有几万座，我相信马可·奥勒留骑马像的地位也绝不会动摇。因为不管怎样，它使米开朗琪罗产生了利用的念头。

当初，这座骑马像并不在卡匹托尔山，在上千年的岁月里，它一直位于罗马市中心南端的拉特兰教堂广场上。这座骑马像之所以能在4世纪末席卷罗马的基督教徒破坏与希腊、罗马相关作品的风暴中得以保留，却并不是因为狂热之徒中有人读过《沉思录》，也不是因为有人发现了骑马像的艺术价值，觉得销毁太可惜，因此对其伸出援手，只不过是当时人们单纯地误以为它是第一位承认基督教的罗马皇帝君士坦丁。马可·奥勒留蓄有浓密的大胡子，不知人们为什么会将他和总是刮净胡须的君士坦丁搞错，而正是因为这个误会，马可·奥勒留骑马像才最终在当时22座罗马皇帝骑马像中仅存下来。据记载，其他21座骑马像，包括尤里乌斯·恺撒、奥古斯都、图拉真等皇帝的骑马像，因为和马可·奥勒留骑马像一样均为青铜所制，结果都被熔化，然后转为他用，最后消失得无影无踪了。

其后又过了一千多年，罗马经过漫长的中世纪，迎来了文艺复兴时代。在这一光辉时代，即使不被误认为君士坦丁，即人们发现了这是马可·奥勒留的骑马像，也不会将它投进熔化炉。还有遭受唾弃的异教徒圣地卡匹托尔山，在长期闲置之后也出现了变化，开始人来人往地热闹起来。而负责这一带规划的，正是米开朗琪罗。这位文艺复兴晚期的代表性艺术家决定利用傲然屹立的马可·奥勒留骑马像，作为重建卡匹托尔山的重要元素。就这样，哲学家皇帝不但在漫长的中世纪得以存留，现在又幸运地享受荣光，能在古时凯旋将军向诸神祈祷还愿的卡匹托尔山上占有一席之地，这完全是因为骑马像制作工艺精湛。试想，如果它在艺术价值上存在什么瑕疵的话，造诣极深的雕刻家米开朗琪罗绝不会将它安放在自己设计的广场中央。

不过，这场名为文艺复兴的精神运动，不但使马可·奥勒留得以重现，而且同样使其他皇帝在经过长眠之后再次苏醒。文艺复兴时代就是以“复兴古代”为口号的，所以它也是大规模挖掘古代遗迹的时代。可是从地下走出展现身姿的皇帝们，大多只有上半身的胸像，纵然偶有全身像出土，也都是身披铠甲或者托加的立姿像。骑马的皇帝像，马可·奥勒留依旧是独一无二的。

并且这尊骑马像的风格非常不一般。骑在马上的马可·奥勒留既没有身着最高司令官的甲衣，也没有披上皇帝那种华丽的袍衫，而是摘下头盔、脱掉胸甲，在短衣之外只罩了一袭轻薄的斗篷，似乎正在接受战士和市民们的欢呼。他既不是耀武扬威，也没有居高临下，是一位极其真实自然的皇帝。显然，这是极其高超的艺术家通过人物沉静的状态展现了他刚毅的性格，这是人和马的完美结合。后代考察罗马的历史学家吉本、蒙森、汤因比所看到的，就是这个马可·奥勒留铜像，而作家歌德和司汤达所看到的，也同样是它。凡到过罗马的人，大家所共同瞻仰的，就是这尊马可·奥勒留骑马像。因为只有这尊铜像既不像尤里乌斯·恺撒像那样被安放在罗马市政厅，也不像奥古斯都像那样在美术馆里展览，而是矗立于卡匹托尔山上，在苍穹之下，沐浴着阳光。

不过，近来人们担心铜像遭到汽车尾气污染，不得不改在室内展出，所以马可·奥勒留铜像最终也被搬进了卡匹托尔美术馆。500 多年前米开朗琪罗所确定的位置上，现在只剩下一个粗糙的复制品了。

1990 年人们曾修复过这尊骑马像，修复完毕后将它从台伯河岸运回卡匹托尔山。虽然用大型货车装载，道路也并不遥远，可毕竟物品弥足珍贵。大型货车在晨曦之中，移动之缓慢真的如同马匹慢步。当时我正在路边眺望装运的情景，突然身后传来一个美国男人的声音：

“太伟大了！我竟然在罗马遇见了罗马皇帝！”

如果当时运送的是恺撒或奥古斯都的立像，那么游人未必会发出如此的

马可·奥勒留骑马铜像

身着铠甲的总司令官尤里乌斯·恺撒

身着托加（大祭司服装）的奥古斯都

感叹。要瞻仰罗马皇帝的话就必须面对他骑马的形象。对源于罗马文明的欧美人而言，这想必是他们最率真的感想。相比于其他罗马皇帝，马可·奥勒留在这一点上实在是好运气，连人们这种天真的愿望都能予以满足，真可谓独一无二。

成长时代

有一段时间，意大利的一家电视台曾播放过索尼的商业广告。画面先是逐个介绍这家企业的产品，最后画面渐暗，推出白色的大字，“It’s a Sony”（这就是索尼）。

我想如果拍摄罗马帝国的宣传广告，也可以用同样的构思。剧本就引用艾利斯泰迪斯的《罗马颂词》，我们在《罗马人的故事9·贤君的世纪》里已经探讨过这位年轻希腊学者的演说，现在还可以再详细介绍一下。如果这个广告是发表在报纸的一个版面上，那么完全可以用上部的三分之二刊登艾利斯泰迪斯《罗马颂词》中的语句，然后用下面的三分之一横向排列出大字，“It’s a Rome empire”（这就是罗马帝国）。

如果这个广告用电视来呈现，可以用艾利斯泰迪斯的《罗马颂词》做背景音，同时推出相应的画面。当表述人们自由安全便捷的旅行时，最好采用阿皮亚大道上服装、肤色各异的人们来来往往的影像。然后，在这个罗马帝国广告的最后，画面渐暗，仍旧是推出白色的大字，“It’s a Rome empire”。

艾利斯泰迪斯的《罗马颂词》如下：

> 对于我这样的希腊人，不，对于其他任何民族来说，现在，要去一个地方旅行，非常自由、安全而且容易。只要是罗马公民权所有者，连证明身份的文件都不再需要申请。不，甚至不一定是罗马公民，只要是生活在

罗马帝国统治之下的人们，自由和安全都可以得到保证。

荷马曾经说过这样的话："地球属于每一个人。"罗马把诗人的这个梦想变成了现实。你们罗马人测量并记录下了纳入你们保护之下的所有土地。你们在河流上架设了桥梁，在平原甚至在山区铺设了大道。无论居住在帝国的何处，完善的设施让人们的往来变得异常容易。为了帝国全域的安全，你们建起了防御体系。为了不同人种、不同民族的人们和谐地生活在一起，你们完善了法律。因为这一切，你们罗马人让罗马公民之外的人们懂得了在有序稳定的社会里生活的重要性。

在总督作为行省统治的责任人，在决定一项政策或接到行省人民的请愿时，只要有一丝疑问，马上就会给皇帝写信，请求指示。这就是罗马帝国。在皇帝的指示到达之前，总督只会一味地等待，就好像合唱团演员等待指挥举起指挥棒一样。

只要能保证消息的传递，无论皇帝在何处，都不会影响他对帝国的统治。即使他身在帝国边境，仅靠书信也可以实施统治。因为皇帝的信一写好，就会有一个好像长了翅膀的使者（希腊语为 Hermēs，拉丁语为 Mercurius），迅速而安全地把它送到目的地。

罗马世界终于在辽阔的疆域内实现了民主统治。我们可以认为，它是曾经的希腊城邦国家扩大了规模后的国家。领导者阶层集中了公民中有才华的一部分人，他们的出生地遍及所有行省，也就是说，统治帝国全体人民的这些人才来自帝国各地。

他们有的生为罗马公民权所有者，有的是后来取得罗马公民权的。由于他们杰出的才能以及由行政和军事构成的完美组织机构——由于这些代表帝国的人和组织机构的作用——罗马实现了对辽阔帝国的统治。

战争远在边境，帝国的内部毫无纷争，每个角落都浸染着和平繁荣与幸福。而帝国之外执迷于纷争的各民族就显得太可悲了。

罗马的大门向所有的人敞开着。在这个多民族、多文化、多宗教相容并存的罗马世界，每个人都能在各自的领域里安心工作。在这里，国家的节庆日由皇帝亲自主持祭祀仪式，而不同民族、不同宗教的人们也分别举行各自的祭典，这有助于每个人都保持自己的尊严和价值。

罗马人告诉我们，纵然人种和民族各不相同，纵然各种文化和宗教难以并存，可是通过完善的法律也能以法制为中心实现共存共荣。为了显示这种生活给人们带来的利益，罗马人甚至保证了曾经的败者仍能享有很多权利。

罗马是个大家庭，居住在这里的人都时刻意识到自己是大家庭中的一员。这个罗马世界就是这样的大家庭。

早在小亚细亚出身的艾利斯泰迪斯发表《罗马颂词》之前，整个帝国就已经实现了“罗马统治下的和平”(Pax Romana)。用历史学家吉本的话来讲，那是“人类最幸福的时代”。罗马帝国的统治阶级都是元老院议员，公元143年，艾利斯泰迪斯在元老院进行了这篇《罗马颂词》的演讲。这一年也是安敦尼·庇护继哈德良之后在位的第五年。

而当时26岁的艾利斯泰迪斯在演讲的最后，并没有面对着57岁的安敦尼·庇护，而是面向自己的同龄人，已经取得恺撒称号、被确立为下任皇帝的22岁的马可·奥勒留，用下面的话作为结尾：

年轻人啊，你在高贵的宫殿中占有最高贵的地位，你的肩膀担负着沿先人足迹前进的责任！

身世

虽然从罗马七丘之一的西里欧山能登上自古罗马圆形竞技场（又叫斗兽场）南面延展开来的丘陵，但观光客却相当稀少。两千多年后，仍旧留存在这里的古罗马公共建筑，只有供奉被神化的克劳狄乌斯皇帝的宏伟的神殿，以及自东向西横跨丘陵南部的克劳狄亚高架水道桥。显然，连纪念柱都被移走只剩巨大墙面的神殿和断断续续的高架水道桥很难成为观光景点。如果不是对罗马历史非常感兴趣，肯定不会到这里驻足。所以这里虽距离观光客云集的斗兽场和罗马广场很近，却保持着一种特有的宁静。

然而，却有一个完美的原因促使我们巡访西里欧山，那就是观赏水道桥遗址。我在《罗马人的故事 10·条条大路通罗马》中曾经写道，通往现代东京市中心的是首都高速路，而通往古罗马市中心的则是高架水道桥。只要是熟悉首都高速路的人就很难想象道路附近鳞次栉比的会是高级住宅，然而在罗马时代，高架水道桥附近却属于上好地段。桥上跑的是汽车还是水流当然有所不同，不过更大差异恐怕还在于承载它们的是钢筋水泥立柱还是砖石圆拱，我认为二者给人的印象完全不同。传说罗马的第二代国王努马经常到西里欧山一带和女神（Nymph）相会，可见这里自古就充盈着清澈的泉水和茂盛的植被。据发掘调查，这里曾有着很多深宅大院和数个聚居区，也接近市中心，可人口却相对较少，在罗马时代应该是高档居住区。马可·奥勒留就出生于西里欧山，时间为公元 121 年的 4 月 26 日，时值哈德良统治的第 4 年。

马可母亲的娘家拥有丰厚的资产，并且母亲多米提亚·露西拉是家族里的唯一财产继承人。据说其家庭资产包括两家制砖场。罗马时代的建筑框架，都是用砖石堆砌，中间采用灰泥黏合。看来，哲学家皇帝母亲的娘家在从事罗马时代的基础产业。

马可·奥勒留的父亲出身于维鲁斯家族，追寻其先祖，可以得知他们来自罗马的行省西班牙。大约在马可·奥勒留出生前的 100 年，他们迁徙到了罗马，是当时罗马人所谓的“外来户”之一。可是后来，他们顺利地融入了罗马社会，不但曾祖父成功进入元老院，而且被韦斯帕芗皇帝升为贵族。话虽如此，维鲁斯家族的兴起却并不是特例，而只是当时罗马社会阶级间平常的流动变化而已。

到了祖父这一代就进入了帝国的权力中枢，祖父马可·阿尼乌斯·维鲁斯深得皇帝哈德良的信赖。每当皇帝外出视察，阿尼乌斯·维鲁斯经常接受委托，代替皇帝处理国家事务。在马可·奥勒留出生的公元121年，祖父正好第二次就任执政官。五年之后祖父第三次当选。该职位不但是个荣誉，而且也掌握着权力。三次就任执政官的，除去皇帝哈德良之外，只有奥勒留祖父一人。

国家在共和时代的最高官职就是执政官，转变为帝制之后，皇帝成为最高权力者，而执政官虽然是由元老院选举产生，任期也依然只有一年，实际上执政官的重要性已经下降。不过，即使皇帝身在首都，元老院的会议议长却仍由执政官担任，在内阁之中，全权处理事务的也是执政官。也许帝政时代的执政官和现在的日本官房长官很相似，不，这个官职应该比官房长官的责任更重大。因为哈德良皇帝有三分之二的当政时间并不在首都。

不过哈德良也的确以知人善用而著称。因为有哈德良的推荐，阿尼乌斯·维鲁斯曾三次担任执政官，其余的时间里也依然是内阁成员。毫无疑问，他是皇帝的重臣之一。这样看来，无论是社会地位还是资产，马可·奥勒留生来就属于当时罗马社会的最上层。两年之后，他的妹妹降生了。当马可·奥勒留3岁时，父亲亡故。因为缺乏详细的记录，估计不是战死就是病故。幼年丧父的孩子一般由祖父收为养子，这种情况在罗马社会并不少见，也就是说从那以后，祖父成了马可·奥勒留的坚强后盾。

成长

在罗马人的家庭里，婴儿一出生，父亲就用双手高举着，展示给亲友和仆人看。婴儿出生后的第九天，举行祛除邪秽的仪式，此时给婴儿起名。我想之所以一定要等到第九天才冠名，很可能是因为当时婴儿的死亡率比较高的缘故。当一个人成为他人的养子，或是地位有所上升，往往会用家传的名字作为伴随自己一生的个人名，因为此人这时的社会生存率无疑比较高。后来的哲学家皇帝所起的名字，和他的父亲及祖父一样，都叫马可。罗马人的姓名由个人名、家传名、家族名三部分构成，在做皇帝之前，马可·奥勒留所用的名字是马可·阿尼厄斯·维鲁斯。

罗马人的家庭还有一个习惯，就是在起名的同时赠给婴儿两种东西：一种是在又细又轻的金环上挂些东西，一摇就发出声音，有点类似于拨浪鼓；另一种是黄金质地的护身符，用一根细绳挂在脖子上，直到成人礼举行之前，这个护身符都不能摘下。

历史学家塔西佗曾留有以下文字，我们可以从中一窥公元2世纪前后罗马上流家庭养育孩子的状况。

> 在从前的罗马，一个经过正式结婚生出的小孩不可能放在女奴的小屋里，而是要生长在母亲的怀抱中。亲手养育子女不但关系到母亲的颜面，而且展示母亲的爱心，是非常风光的事情。流传至今的很多资料显示，格拉古兄弟（指提比里乌斯·格拉古和盖约·格拉古。——译者注）的母亲科尔涅利娅和尤里乌斯·恺撒的母亲奥雷利娅最关注的事情就是养育孩子。她们毫不吝惜地倾注母爱，对孩子的文化修养和身体健康等方面无微不至，最终培养出了罗马的领袖。
>
> 可是如今，母亲的任务在婴儿落地时就宣告结束，为婴儿哺乳的是奶妈，断奶之后就利用学习希腊语的托辞，将婴儿交给来自希腊的女奴。在上流社会的家庭里，养育幼儿的通常不是某一个人，而是由好几个人共同负责。这些女人除了会说希腊语之外别无所长，大多难以胜任其他重要工作。也就是说，孩子处在低贱的毫无教养的女奴们的包围之下，听着她们无休无止地闲谈，看着她们绞尽脑汁地偷懒耍滑头，结果整个家庭中没有一个人真正关注小主人的内心感受和言谈举止，尽管真正意义上的养育子女正需要在这些细节上体察入微。

少年时代的马可·奥勒留

多米提亚·露西拉

塔西佗这个人生活在帝国的鼎盛期，可不管对什么事情都持悲观态度。所以我们在接受这位一流的帝政专家的言论时，还是打些折扣才好。不过，对公元 2 世纪培养孩子的现状大发感慨的，却并不只有塔西佗一人。在恺撒时代 200 年以后，统治阶层教育子女的方式恐怕也是当时诸多变化之一。马可·奥勒留在他的《沉思录》中，也谈到了自己是由奶妈哺乳的。

不过，他的母亲多米提亚·露西拉却完全不是那种执迷于社交生活而把孩子甩给女奴的贵妇。马可·奥勒留 3 岁时，父亲就故去了，而当时女子一般在 15 岁时就结婚，所以马可·奥勒留的母亲成为寡妇时很可能还不到 20 岁。富有，年轻，又有生育的经验，这些都是罗马社会里再婚的绝好条件。尽管如此，多米提亚却没有再婚。她的儿子后来这样描述自己年轻的母亲：

从我的母亲那里，我濡染了虔诚、仁爱和不仅戒除恶行，甚而戒除恶念的品质，以及远离奢侈的简朴生活方式。（本段译文参考了《沉思录》，

何怀宏译，中央编译出版社2011年版。——译者注）

虽然马可·奥勒留的母亲可能不像格拉古兄弟的母亲和尤里乌斯·恺撒的母亲那样，能够和以后活跃于政坛的儿子平等交流，但她也没有将育儿大事推给别人。马可·奥勒留在确定成为下一任皇帝之后，仍旧和家庭教师之间保持书信往来。他在书信的最后，往往特地附上母亲发出的问候。一位母亲和孩子少年时代的教师之间密切的沟通于此可见一斑。

马可·奥勒留的记忆里不曾存留父亲故去的情景，母亲的离开则是在他34岁的时候。所以他是在慈爱平和的祖父及母亲的守护下度过的少年时代，而这一时期也是罗马帝国的和平年代。

少年时代

公元127年，后来的皇帝马可·奥勒留仅仅6岁，还使用着马可·阿尼厄斯·维鲁斯的名字。然而就是在这个年龄，他就已经身处仅次于元老院阶级的骑士阶级。在罗马社会中，贵族是当然的元老院议员，在罗马统治阶层的子嗣中，也曾有过15岁的成人礼之后就立刻位列骑士阶级的人。因为直到30岁才能获得进入元老院的资格，那么骑士就成了一个领袖的预备课程，所以15岁之后列为骑士的不乏其人。然而，如果一个人在6岁就做了骑士，实在是出人意料的年轻。话虽如此，在位10年的皇帝哈德良也未必认为这个6岁的少年表现出了皇帝的潜质，毫无疑问，这更多是皇帝赐予忠臣的礼物。祖父维鲁斯经常在皇帝外出视察的时候代为处理政务，是皇帝的左膀右臂，对于马可而言，他也是父亲的化身。

从公元128年开始，马可就要接受7岁到11岁的初等教育。社会地位和经济地位都极为优越的他当然不会像其他孩子那样到市井中的私塾去读书，而是

奥古斯都

聘请了家庭教师。当然，无论是进私塾还是聘请家庭教师，初等教育都是以读写和计算为基本内容，无须赘述，不过这一时期倒是有一件事值得特别一提。

像犹太教或基督教这种一神教既然有经典，那么负责向一般信徒进行解释的祭司阶层就必不可少。而与此相对，信奉多神教的罗马社会里没有宗教经典，也就不需要专职的祭司或神职人员。这样也不必担心神职人员在行政事务方面多嘴多舌，进而自然而然地实现政教分离。现在我们认为所谓的政教分离就是政治由政治家负责、宗教由宗教人士负责，可是当时的情形仍旧有些不同。从理论上讲，只要是信奉罗马诸神的成年男子都有担任祭司的资格。

因为不是专职的神职人员，所以在举行祭典时也没有专门的法衣。即便是罗马皇帝，通常的装束也不过是在短衣之外裹上托加，社会里的中上层男子都是如此。作为大祭司，皇帝必须在节庆日举行祭典，这时他也是身着托加来主持的。不过有一点不同。在元老院的会场，人们的托加并不遮挡头部，而在神殿前举行祭典时，人们会用托加把头部遮住。这是人们敬畏神灵的具体表现。每个罗马人家庭都拥有自己的守护神，而各自的祭神仪式也不过是皇帝主持的祭典的缩小版，由遮挡住头部的家长主持，参与者也仅限于家庭成员和奴仆。在多神教的古代，诸神与人的亲密关系远超后世我们的想象。

7 岁时的马可获得了一个称号，拉丁语叫做“Salius Palatinus”，翻译过来的意思是“战神马尔斯的祭司会”，马可是其中的一员。在意大利半岛，供奉战神马尔斯的祭典每年举行两次，分别在3月19日和10月19日，因为这两个日期代表着战争季节的开始和结束。仅在罗马一地，就有两组人负责这个延续已久的祭典，他们每组都有12名少年，每逢祭典，少年祭司们都要身着古代意大利的战斗装束：皮制的胸甲，军用的斗篷，圆锥形的战盔，腰佩短剑，左手持八角形盾牌，右手持长矛。

12人组成的战团在街道上行进，时而停下来为战神马尔斯表演舞蹈，同时用长矛叩击盾牌，口唱赞歌。每当这种古老的仪式操练告一段落，沿街围观的人们就兴奋地拍手欢呼。献给战神马尔斯的赞歌全部用古拉丁语写就，对于一个7岁的少年来讲显然是太难了。可是少年马可却将其背诵得滚瓜烂熟，每次祭典都积极参加。所以，一个人不畏艰难，认真完成每一项任务的刚毅性格应该在这时就已经显现出来。并且，成为皇帝的马可·奥勒留十分尊重罗马的传统，或许就是少年时代教育与经历的结果。

到12岁就要开始接受中等教育。在通常情况下，一个人17岁就步入社会，所以罗马人非常重视步入社会前的5年中等教育。最有力的证据，就是表示中学教师的词语“grammticus”也指代所有的教师。马可的教育环境优越，家庭教师们也都由声誉最高的希腊人担任，并且不同的学科由不同的人负责。可见在公元2世纪，随着学科的确立，培养学生的家庭教师也出现了专业分工。在《罗马人的故事10·条条大路通罗马》的教育制度一节里，我们已经就教育内容进行过阐述，现在就不再重复了。不过有趣的是，当时人们很重视辩论，即“dialogus”。这种学习的重要内容就是首先要知道不同意见的存在，然后通过了解，掌握说服持不同意见的人的技巧。这种辩论技巧在希腊以苏格拉底最为有名，在罗马人们将其应用于元老院会场和法庭。

然而，学习这些内容的12岁少年马可却迷上了希腊哲学家们的生活方式。他执意穿着粗布衣服听课，晚上就直接睡在地板上，虽然最后他还是没能拗过母亲，几天后结束了这种苦修，改为在铺有毛皮的床上睡觉，可如果用俗气的话来讲，这时的马可·奥勒留已经掉进了希腊哲学的“陷阱”。而喜欢开玩笑的哈德良当然不会放过马可。因为马可的姓“维鲁斯”的意思是“真实”，皇帝就在其后加上了表示最大的词尾，“维鲁西姆斯”就成了皇帝给少年马可起的绰号，意为“真实最好”。

公元135年，经常离开首都视察帝国全境的哈德良自觉体力日衰，终于决定回归本国。相比于罗马市内的皇宫，59岁的皇帝更喜欢待在郊外的蒂沃利别墅。而14岁的马可在祖父的带领下谒见皇帝的机会并不稀少，因为此时的哈德良对这位少年的态度显然已经超越了对一个忠臣的孙辈通常的关注。

成人礼

对努力自强、尽职尽责的最高统治者而言，此时还有一项任务没有完成，就是选择继承人。这件重要的事情如果不经过深思熟虑的话，那么无论以前的政绩多么出色，都如同画龙没有点睛，存在着前功尽弃的风险。哈德良走遍了整个帝国，缔造了罗马的黄金时代，同时他也致力于帝国的长治久安。所以，在继任者这个问题上，他绝不能有丝毫马虎。

那一年，59岁的哈德良的目光停留在了30岁上下的路奇乌斯·凯奥尼乌斯·康茂德身上。此人虽然身体纤弱，但品质与智力都无可挑剔。不过，在哈德良内心里，选择这个年轻人还有一个不可言说的缘由。

将近20年以前，哈德良继位不久，就动手清除了前任皇帝图拉真在位时的四位重臣。当时并没有进行正式审判，而是以图谋政变的罪名直接杀掉了。为了帝国由图拉真的军事扩张路线转变为专事防守路线，采取强硬手段虽然是迫不得已，但也不能排除哈德良神经过敏的成分。那时的情景他大概永远也不会忘记，因为四位重臣纵然在国策上持有不同意见，但他们都是不折不扣的爱国者。

四位重臣中的尼格里努斯有一个女儿，凯奥尼乌斯·康茂德迎娶了她做妻子。夫妻二人生有一个男孩，当时年仅 6 岁。在这个男孩体内，实实在在地流淌着蒙冤的尼格里努斯的血液。在哈德良的内心里，之所以选择凯奥尼乌斯·康茂德作为继任者，是不是存在着对自己从前无奈手段的赎罪心理呢？凯奥尼乌斯·康茂德还有一个 11 岁的女儿，而这一年，少年马可 15 岁。

埃里乌斯·恺撒

拉丁语“toga virilis”的意思是成人礼。男孩要脱掉少年时代的短衣，换上成年男子的服装托加，宣示自己的成年并接受亲朋好友的祝贺。或许此时祖父已经故去，也有可能是皇帝哈德良暗中帮忙，因为成人礼结束之后，马可很快就确定了婚约。

未婚妻就是凯奥尼乌斯·康茂德的女儿凯奥尼娜。不久之后，哈德良就宣布凯奥尼乌斯·康茂德为皇帝的继任者，改名为“埃里乌斯·恺撒”，成为皇帝哈德良的养子。马可因此成为下一任皇帝未来的女婿。马可和这位下任皇帝之间存在着 15 岁的年龄差距，如果一切顺利，埃里乌斯·恺撒的儿子将来也有望继承父位，他比马可小 9 岁。或许，当初哈德良并没有把马可作为候补皇帝之一，他也本可以更好地辅佐埃里乌斯·恺撒，并在其子继位以后以姐夫的身份尽心尽力地协助治理国家。大概正是因为有着这些可能性，马可和凯奥尼娜才得以确立婚约。

有的人至死也不会为了自己的升迁而不择手段地排挤、肃清别人，马可·奥勒留就是这种人。哈德良应该也注意到了马可的这个特质，哈德良本人也绝不会为了升迁而去排挤别人，但他同时也认为一将功成万骨枯是理所当然的事情。一个人如果自己是自我中心主义者，反而会更加重视他人诚实可靠的品质。

不难想象，哈德良的金手指还在发挥作用。15岁的马可被任命为首都罗马在拉丁节期间的行政长官。拉丁节（feriae Latinae）是一种古老的庆典，在距离罗马20公里的阿鲁巴诺山举行。两位执政官都要出席庆典，为了不耽误首都的行政事务，需要在庆典时期任命一位“特别长官”。尽管这实际上只是个名义上的官职，通常都在年轻的领袖后备队中选拔，可是马可对这一职位同样一丝不苟。顺便说一下，这一年的执政官之一就是被哈德良指定为下任皇帝的埃里乌斯·恺撒，他对未来女婿的兢兢业业十分满意，特地赶往蒂沃利别墅汇报此事。

在公元136年，马可的家里喜事连连，十分忙碌，最后也是以喜事结束。比马可小两岁的妹妹克鲁尼菲奇亚和表兄渥米狄斯·库瓦德拉特结婚。新娘的父亲和新郎的母亲是同胞兄妹。在罗马的上流社会中，表亲之间的婚姻已经并不少见。而这种情况即使不回溯到共和时期，在百年前的帝政初期也是不可想象的。

帝王教育

尽管举行了成人礼，但马可毕竟只有15岁，学习非但不能因此而终止，围绕在马可周围的教师阵容反而愈加豪华。据说这些教师都是哈德良亲自指定的人选。如此说来，在老皇帝的心目中，对少年马可的评价可谓一天比一天好。

我们仅举三位经过选拔的教师，就可以看出当时的情形：

出身于小亚细亚佛里吉亚的希腊人阿勒库桑多斯，是研究荷马的著名专家，在纯正的希腊语教学方面无人能出其右。

托西乌斯·阿贝尔出身于今天的斯洛文尼亚，在罗马时代属于意大利，所以也可以说他是出身于意大利的拉丁人。理所当然，他负责教授纯正的拉丁语。

北非曾是过去的大国迦太基的领土，来自那里的科尔涅利乌斯·弗龙托指导马可的辩论技能。

罗马帝国把欧洲、中近东和北非都并入了自己的版图，后世的历史学家都一致认为哈德良治下的罗马帝国的确是世界性大国。其实即使历史学家没有这种论断，现代人也能从当时的教师人选上发现这一点。不过意味深长的是，这些人教授少年马可的科目和自己的出生地全然没有关联，凭借的完全是自己精英分子的技能。

拉丁语和希腊语是双语国家罗马帝国的两大官方语言，教师们除了讲授纯正的拉丁语和希腊语之外，同时也传递出一种价值观，即有些人的母语既不是拉丁语也不是希腊语，对于他们生硬的词汇或错误的语法，倾听的时候绝不能表露出丝毫的不快与轻视。语言交流中最重要的，是了解对方所要表达的内容，至于交流方法则是次要的。之所以不必特地纠正对方的语法和发音，是因为如果人们都在统治者跟前三缄其口，那么对统治者来讲肯定是非常不利的。

既然如此，那么一个人不论来自帝国的什么地方就都不是问题了。青少年时期的马可后来的教师里面不乏来自希腊、中近东和北非的人，不过都是根据这种实力主义进行选拔的结果。在这种观念的引导下，那些受到重用的行省人，就像后代的历史学家所强调的那样，几乎都认为自己是罗马人，而不是什么高卢人、西班牙人、希腊人、叙利亚人或北非人。当年掌握英格兰正音，同时对于语言上未必说得如此纯正的殖民地人民，同样愿意以绅士风度倾听的英国人无疑很多，但是印度和新加坡、埃及等地的人们几乎从不认为自己是英国人。这就是虽然同为“帝国”，但罗马和英国之间存在着决定性差异。在确立精神修养的少年时代，马可·奥勒留就是在哈德良所缔造的世界主义中度过的，然而还不到两年，马可的人生却发生了巨大改变。

公元 138 年 1 月 1 日，已经被确定为下任皇帝的埃里乌斯·恺撒在出席元老院会议之前，突然大口吐血而死。此前一年，为了锻炼身体，加上哈德良皇帝也主张其为了日后登基治国，应当体验边境军营的生活，埃里乌斯·恺撒前往多瑙河前线。但是，他看上去似乎患上了肺结核，根本无法适应剧烈的环境变化。今天的维也纳和布达佩斯都是欧洲国家的首都，但这两大都市都起源于罗马时代的军团基地。虽然到公元 2 世纪已经出现了一定程度的城市化，但和帝国首都罗马的舒适生活远远不能相提并论，当地的气候对出身于南国的他而言也十分严酷，纵使他 30 岁出头正值盛年却最终没能经受住这次考验。

对皇帝哈德良而言，以前的计划完全被打乱了。这个时候最重要的，是赶快寻找一个替代人选，因为 62 岁的老皇帝心里最明白，以前长年累月地在外视察，过度的操劳和病痛正在煎熬着自己。

埃里乌斯·恺撒死后还不到一个月，替代者就已经选出来了。此人就是后来著名的皇帝安敦尼·庇护。他的祖上来自行省高卢，本人不但是元老院的议员，而且作为“内阁”成员深得哈德良的信赖。年龄是 52 岁，在注重成熟度的罗马社会里，这是富有竞争力的年龄。

目前还没有证据表明，这个安敦尼在埃里乌斯·恺撒死前就是皇帝的候补

安敦尼·庇护

哈德良

者之一。首先哈德良与安敦尼两人在性格上就完全不同。一言以蔽之，相对于哈德良的犀利，安敦尼表现出来的则是稳健，这也正是哈德良所欠缺的资质。正如小普林尼所说："元老院的议员们喜欢皇帝像元老院的成员一样行事。"在这一点上，安敦尼简直可以打包票。

从哈德良的角度看，安敦尼最大的好处在于他只有女儿没有儿子。此外安敦尼 52 岁的年龄也是有利因素。哈德良当时 62 岁，他肯定认为比自己年轻 10 岁的继任者可以在位 13 年。只要维持住这 13 年，当时 17 岁的马可就 30 岁了，达到了就任国家要职的最低年龄要求。毫无疑问，自从埃里乌斯·恺撒死去以后，在哈德良的头脑中，马可的存在已经是越来越重要了。

安敦尼作为继任者的唯一不利因素，恐怕是此人不够丰富的国外任职经历，他只在小亚细亚做过一年的行省总督。而且这个行省并不像卡帕多西亚（土耳其中部高原地区的古地名，主要城市为开塞利，公元前 3 世纪独立，公元 17 年并入罗马。——译者注）那样，即使不在战争状态下，也必须丝毫不能懈怠地对假想敌帕提亚时刻保持警戒，其总督并不负有指挥边境防卫军团的任务，当地还盛行着希腊文化，如同西边一样舒适与和平。在罗马帝国，即使同样被称为行省，位于边境防线上的行省总督由皇帝亲自任命，一般选择有军旅经验的人。而没有防卫任务的行省总督则是在元老院议员们中间相互评选产生，只需具备执政官的经验即可。所以即使同样称为行省，也有皇帝行省和元老院行省之分。二者还有一项区别，就是皇帝行省的总督任期经常能够长达数年，而元老院行省的总督任期则规定为一年，因为这样可以使尽可能多的议员们分享到行省总督这种"荣誉"。安敦尼所担当的职务，正是"元老院行省"的这种总督。不过，总督时代的安敦尼广施仁政，在意大利本土也树立了良好的口碑，清廉、诚实、具有强烈责任感的他无疑胜任这一职务。

并且在皇帝哈德良看来，继任者缺乏行省经验可能也算不上了不起的问题，毕竟他本人已经视察过全部的 36 个行省，所有必要的行政措施都已推行下去。在马可成为皇帝之前的 10 多年间，让帝国保持现状不是很好吗？

然而，预计是 13 年，实际上却成了 23 年。

公元 138 年 2 月 25 日，皇帝哈德良宣布了新的继承人。这时安敦尼已经接受了哈德良提出的所有条件：第一，收养即将 17 岁的马可以及已故的埃里乌斯·恺撒之子，现年 8 岁的路奇乌斯为养子。第二，在马可与埃里乌斯·恺撒的女儿到达适婚年龄的时候，让他们履行婚约。第三，当路奇乌斯也到达适婚年龄时，安敦尼的女儿芙斯汀娜要嫁给他。

只要阅读一下这些条件，我们就知道哈德良不但重新构筑了帝国的防卫体系，而且还完善了帝国的法律体系，其追求尽善尽美的个性于此可见一斑。很明显，其实哈德良想让马可继承皇位，安敦尼只是一个过渡人物。还有一点，在自觉来日无多的哈德良的内心里，充斥着对执政初期整肃图拉真四重臣的赎罪意识。他为其中一人的血脉安排了美好的前程。

就这样，在所有的责任和义务都完成的 5 个月以后，皇帝哈德良终于撒手人寰。

今天我们往往喜欢强调这位皇帝的奇妙灵感和他对希腊文化的依恋，这虽然是事实，却并非他的全部。作为多民族国家罗马帝国的统治者，排在尤里乌斯·恺撒和奥古斯都之后的，我想就是这位哈德良了。他是卓越的政治家，拥有着自己的简明哲学，虽然没有像马可·奥勒留那样有《沉思录》和骑马像传世，却留下了他的哲学思想，其代表就是至今屹立不倒的罗马万神殿。

罗马人的哲学

不管外形是圆是方，只有这座万神殿和其他为数众多的神殿截然不同。即使在雅典的帕台农神殿，参拜的人也只能面对雅典娜一个神。在人神关系方面，建在罗马卡匹托尔山上的朱庇特神殿也因袭了帕台农神殿的做法。

而顾名思义，万神殿（Pantheon）则加进了不同民族甚至战败者们所信奉的神，是“供奉全部神的神殿”，并且，万神殿的特点还不仅如此。对从入口进来的人们而言，神殿里面的诸神并没有矗立在神殿深处，而是环绕在周围，从而构成建筑物本身。这座万神殿是唯一现存的保持着古罗马时代风貌的建筑，既没有立柱也没有横梁，宽度和高度却达43米。其实这些令建筑学家们吃惊不已的现象不说也罢，但优秀的建筑肯定能体现出建造者的哲学。真正令我们感叹不已的，正是万神殿的哲学。

万神殿的内部

进入万神殿内部，站立在浑圆的殿堂中央，抬头就能望见圆形天窗外的蓝天。这时，流连于此的游客仿佛都消失了，一切喧闹声都归于沉寂，在宏伟的万神殿内部，只有伫立在中央的你和排列在墙面上的诸神。在其他神殿里，被供奉着的神是主角，可是在万神殿里，人被守护神所围绕，成为主角。这种安排形式，是多神教的古代精神的具象化，也体现了罗马帝国的哲学。

这座万神殿当初是由奥古斯都皇帝的左膀右臂阿格里帕在公元1世纪主持修建的。可是到公元2世纪需要重建的时候，哈德良皇帝将其从方形改成了圆形，并且把诸神的位置从中央挪到了周围。哈德良属意待时机成熟后在马可守护下的罗马，正是“万神殿”所体现的罗马帝国。

顺便说一下，罗马的万神殿自建造开始到现代，已经经历了近两千年的岁月，然而在这期间，却没有第二座、第三座万神殿出现，因为自从进入了一神教时代以来，直到今天，人们都视自己所不信奉的神为邪神。万神殿是多神教时代的产物，已经成为过去时代的纪念碑。

“庇护”的意思是“深怀慈悲的人”，在哈德良之后，安敦尼因“庇护”的称号而名垂青史。历史学家们评论安敦尼·庇护治下是“罗马人最幸福的时代”。史学家吉本也曾感慨地说，该时期几乎找不到值得记录的问题。的确，这个皇帝态度宽容，行事果断，致力于人才的公平选拔，遏止了公帑的浪费，维持了健康的财政。他这些举措在 23 年的德政中一以贯之，统治着大家族一样的罗马帝国。后世的研究者们将其列为五贤帝之一时，不曾有过丝毫犹豫。不过，他之所以能够如此专注于政治，或者说专注于政事，是因为在他执政时期，正好很幸运地享受到了先人的丰功伟绩。

说到先人的丰功伟绩，仅帝政时代，皇帝们在保障国家安全这一职责方面，就有很多重要事件。

帝国的安全保障史

尤里乌斯·恺撒——征服了高卢全境，确定了莱茵河防线，阻挡住了日耳曼民族的侵略，对狩猎民族高卢人推行的农耕化十分成功。因为农耕民族以土地为生产基础，很难想象他们会舍弃自己的土地去侵犯别人的疆域。

奥古斯都——如果谈判的对象不像高卢人那样分成多个部族，而是有着领袖的统一国家的话，那么他也往往表现出妥协的态度。和帕提亚王国之间最终能以幼发拉底河为界，就是因为外交比武器发挥了更大的作用，东方防线定为幼发拉底河也由此成为罗马帝国的基本战略。

提比略——此人真正建立起了多瑙河防线，和莱茵河一起构成了帝国的北方边界。匈牙利首都布达佩斯的起源，就是提比略为监视多瑙河对岸的蛮族而设立的营地。不过，这个皇帝值得大书特书的功绩，还在于整饬了帝国内部的治安。这虽不像抵御外敌那样光芒四射，然而重要性却毫不逊色。因为无论怎样铺设石板道路，面对旅途中盗贼袭扰的危险，道路网也难以发挥血管的作用。

克劳狄乌斯——尤里乌斯·恺撒认为，面对日耳曼人的入侵，只靠莱茵河还不足以维持高卢的稳定，必须在不列颠建立霸权才能断掉敌对者的后路。一百年以后，正是克劳狄乌斯实现了这个目标。结果驻扎在高卢地区的罗马军队只需在里昂配备一个大队，也就是说有 1000 名士兵就足够了。因为这 1000 人还负责守卫帝国设在里昂的金银币铸造所，相对于后世完全覆盖法兰西的高卢而言，罗马士兵的驻扎数量几乎接近于零。至于以斯特拉斯堡为基地的另一个军团，仅从地势上也能看出，他们的任务就是死守莱茵河防线。

而一旦高卢安定下来，与其以比利牛斯山脉为界的西班牙也得以安定。在整个伊比利亚半岛也驻有一个军团，因为他们需要隔着“赫丘利之柱”的直布罗陀海峡与北非对峙。

对罗马而言，高卢的安定就是这么重要。当军事力量集中在莱茵河与多瑙河防线上的时候，后方高卢的不稳定是不可想象的。

图密善——莱茵河与多瑙河都发源于阿尔卑斯山脉，因而这两条大河的上游都相互接近。对莱茵河与多瑙河两道防线而言，这一带就犹如人的软肋，也就是最薄弱的部分。提比略最早考虑到要强化这里的防卫，而将这一想法付诸实施，建立起日耳曼长城（ Limes Germanicus）的则是图密善。因为日耳曼长城的修建，一向被日耳曼人视为自家庭院的黑森林（Schwarzwald）也被囊括进罗马的版图。以往人们不敢轻易涉足的可怕的黑森林，如今修通了罗马式的道路，不但利于行军，一般的旅人也可进入了。并且，莱茵河—日耳曼长城—多瑙河，由此形成一道相互联系的有机的整体，从北海一直延续到黑海，构成了罗马帝国的北部防线。军团的转移也变得方便，进而遏制了军费的膨胀。而

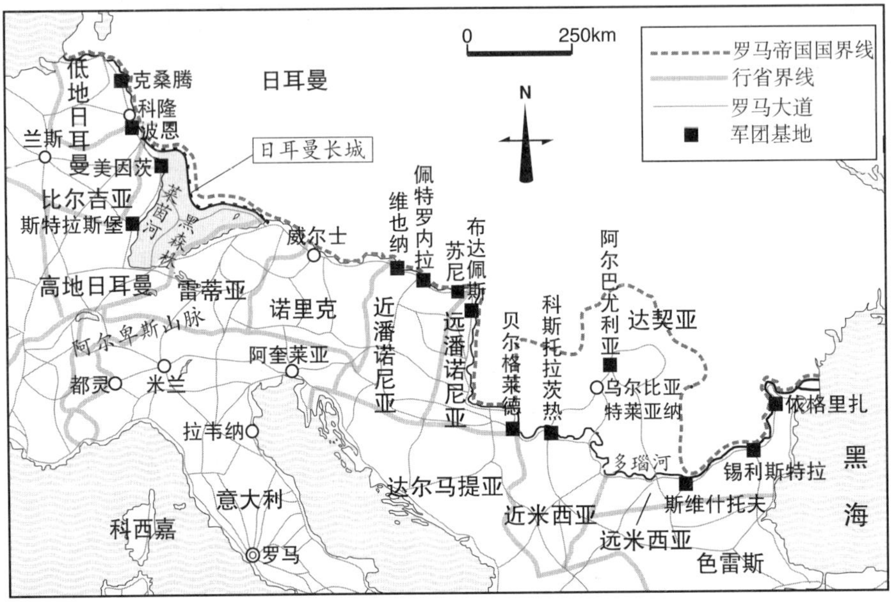

罗马帝国的北方防线

图拉真的强化和哈德良的重建，也凸显了日耳曼长城战略价值的重要。因为罗马帝国在欧洲北部所面对的，并不是行动一致因而可以寻求妥协的帕提亚，而是以蛮族统称的众多部族集团。

图拉真——对罗马而言，分散居住的蛮族虽容易各个击破，但一旦对方出现强有力的领袖，分散的各部族就有团结起来的危险。例如达契亚部族的首领德凯巴鲁斯就拥有了自称为王的力量，罗马当然不能坐视不管。在罗马的图拉真记功柱上，有一幅以“达契亚战争”为名的浮雕，展现了这场罗马取得全胜的战争。达契亚由此成为罗马的行省，多瑙河下游的居民也看不见对岸蛮族的踪影了。也就是说，多瑙河防线又强化了一大步。

罗马人对未开化民族感到束手无策的缘由之一，在于对人命的不同态度。每当要渡河时，相比于利用木筏或小船，罗马人更喜欢架桥。而蛮族却对自

恺撒

奥古斯都

克劳狄乌斯

提比略

图密善

图拉真

己在架桥技术方面的欠缺不以为然，因为他们最大的“力量”，就在于利用木筏和小船强渡多瑙河时，对可能的牺牲无动于衷。图拉真征服了达契亚，将其划为一个行省。而元老院对他“至高无上的皇帝”的颂词并不只是祝贺他战争的胜利，更是欢庆新领土的获取。并且有一点不能忽略，即元老院议员们虽然都安全地居住在远离多瑙河的首都罗马，可是却和前线的士兵一样，日夜都能感受到蛮族的威胁。“头脑”与“四肢”思虑相通的组织是健全的，因而也是强大的。

哈德良——和前任截然不同，这个皇帝一次也没有举行过凯旋仪式。不过此人所推行的坚守防卫策略不同于现代的和平主义。他谙悉人类欺软怕硬的本性，因而采取了这样的策略。他在长达 21 年的统治期间，绝大部分时间都花费在对帝国辽阔边疆的视察上了，最后的结果就是所有防线都固若金汤。换句话说，无论是北非沙漠深处的游牧民族，还是意图跨越幼发拉底河进行领土扩张的帕提亚，也无论是多瑙河与莱茵河岸边伺机而动的北方蛮族，还是企图越过哈德良长城的喀里多尼亚人，都不得不承认，面对这样严密的防守体系，轻易出手必定招致严厉的反击。现代人称这种战略为“威慑”。

尽管防线犹如铜墙铁壁，却并没有造成内外隔绝。罗马的国界本来就不是关闭的，应该说是开放的国界，而哈德良也继承了这一传统。每到集市日，经常可以看到防线外部的蛮族也带着自己的土特产品进入防线内出售，然后购买罗马境内的物产。不只是普通百姓，就是驻扎在当地的军团也都从防线两侧的商品交流中购买必备的物资。当然，军团并非只有购买蛮族的物产才能满足日常所需，而是通过商业交流来抑制蛮族的掠夺欲望。这同样是极为高超的政治策略，后世的研究者称其为“半罗马化”。意思是当国境内推行“罗马化”的同时，也没有忘记在国境外侧推行“半罗马化”。而所谓的“罗马化”，就是组成命运共同体。

不过，尽管遵循坚守防卫的路线，却同样是在强化防卫体系，而与之俱来的费用膨胀是不可避免的。可是罗马帝国却很难增加税收，正如“百分之一税”、“二十分之一税”等别名所示的那样，开国皇帝奥古斯都所确定的税率已经固定，对待拥有选举权的人，上调税率可不是一个聪明的办法。罗马的皇帝并不像基督教世界里的皇帝或国王那样“君权神授”，所有的权力最终都要归结到人上面。统治者只有在得到拥有权利的罗马公民和罗马元老院的委托之后才能行使权力，所以凡是拥有罗马公民权的人就都是当权者。而间接税是主体，增税的最大受害者就是普通公民。

那么，是不是可以向不具罗马公民权的行省民众增收行省税呢？这话说起来虽然轻巧，一旦推行同样困难重重。行省税又称“什一税”，顾名思义就是收入的十分之一。在古代，无论什么地方，税率都大致处于这个水平。迦太基按照 25% 的税率征税，就被人说是高得异常。尽管免除了兵役，这种行省税的推行依然十分勉强。这时如果调高税率，必然招致叛乱。那样的话，就算没有外敌威胁，内乱也同样会破坏安全保障体系的重建。在这种状态下推行改革，只能走节约之路。

在《罗马人的故事 9 · 贤君的世纪》中，详细记录了哈德良皇帝的事迹。我想引用一段，来说明哈德良的施政方针：

> 军团长下面有两个专门负责基地内务的指挥官：一个是财务检察官，是财务方面的负责人；另一个是基地总管，负责基地内部的管理。基地总管的重要任务是补充并保管兵器和粮食。
>
> 由于前线基地时刻处于和敌人对峙的状态，随时有可能遭到敌人的包围。所以，为了防备这一情况，往往在不知不觉间，粮食和武器补充过多，结果出现了大量库存积压。
>
> 库存过多，粮食就会发霉腐烂，导致无法食用，只能丢弃。兵器长时间不用也会生锈。即使送到军团所属的兵器修理站，依然可能无法修复，不能使用的兵器堆积如山。这就是说，虽然主观上从未想过要浪费，但是，实际情况却是购买军粮、军需的经费浪费极大。

哈德良非常不希望看到这种情形。他在军团基地、军粮供给地以及联系两者的补给线之间推行了系统化的管理。只要流通有了保障，就不需要有过多的库存。这种做法的成效就体现在基地内的库存量控制在了最小的限度内。

我回想起自己撰写这一段时，不禁哑然失笑。这简直就像丰田汽车的“及时生产系统”(just in time)。

当然，发明丰田“及时生产系统”的人很难从两千年前的罗马皇帝那里获得什么启示。但我认为，不论是谁，只要明确了最重要的目标，再加上无往而不胜的意志力，就都能想出类似的策略。在这里还可以顺便说一下，后世人们对哈德良皇帝的一个评价就是：“务实的罗马皇帝中尤其务实的一位。”

但是，哈德良的这种做法也存在着缺陷。正如很多精密机械，只要一个齿轮出现问题，就会导致整部机械设备的故障。为防范这种风险并继续发挥制度的效能，只能不断进行调整。我认为，安敦尼·庇护虽是大家公认的贤明皇帝，他却并没有很好地做到这一点。他可能会辩解说，制度已经在发挥效力了。可是，前一天万里无云，第二天就大雨倾盆的情况并不少见。如果所有的公民都准备了雨伞，那么领袖就没有存在的必要了。领袖之所以被赋予强大的权力，就是要让他未雨绸缪，在大雨不期而至的时候为大家准备好雨伞。哈德良真正的伟大之处，就是他在众人都未曾想到的时候，认识到了重建帝国制度的重要性并加以推行。

下任皇帝马可

公元 138 年 7 月 10 日，随着哈德良的过世，安敦尼·庇护的时代开始了。不过他还不算正式登基，因为还需要元老院议员以多数赞成票的形式予以承认。然而这就像一家公司，如果退休的总经理指定了一个新经理，董事会都予以承认。注重实际的罗马人往往把老皇帝的逝去之日算做新皇帝统治的开始。事实上新皇帝安敦尼也没有浪费时间，尽管他并不是那种一掌权就变脸的人。

安敦尼已经把马可收为养子，所以自己就是养父。此时养父召见了马可，向他提出了一个建议，即马可应该废除与埃里乌斯·恺撒女儿之间的婚约，转而与自己的女儿芙斯汀娜订婚。只有17岁的马可稍加思索之后，便应承了下来。而芙斯汀娜已经同埃里乌斯·恺撒的儿子路奇乌斯订婚，安敦尼此举等于让埃里乌斯·恺撒的两个遗孤同时解除了婚约。安敦尼虽然公正慈悲，可最终还是没能免俗，安排了自己的独生女成为下任皇帝的皇后，使老皇帝哈德良当初的如意算盘化做了泡影。

据说当时芙斯汀娜只有8岁，所以即便订立了婚约，却并不能立刻结婚。然而，因为承认了这纸婚约，后来的哲学家皇帝马可·奥勒留也制造了近亲结婚的一例。

皇帝安敦尼·庇护的妻子和马可的父亲是同胞兄妹，所以安敦尼也是马可的姑父，安敦尼的女儿芙斯汀娜和马可属于表兄妹关系。统治阶级往往喜欢在家族内部相互通婚，这种婚姻绝不是个人问题，而是家族和家族之间的结盟。罗马当然也不例外。不过以前离婚并不少见，所以下一代往往是同父异母，即便结婚也不是那种姑表近亲。历史学家塔西佗总是大张旗鼓地抨击统治阶级伦理混乱，但具有讽刺意味的是，正是这些伦理乱象有效地防止了近亲结婚的发生。到了公元2世纪，离婚的现象减少了，或者也可以说离婚现象消失了，五贤帝之中没有一人离婚，一夫一妻成为通行法则。然而这种能令墓中的塔西佗喜极而泣的伦理进步却导致了近亲结婚的增加，而婴儿的存活率大为降低也不知是不是由此导致的。

到了第二年，即公元139年，18岁的马可首次担任了公职。他被选举为财务监察官，这是担任国家要职的开始。在元老院所进行的选举中，马可因为得到了皇帝的推荐，候选也就等同于当选。当时 25 岁前后的人出任此职较为常见，18 岁当选当然是太年轻了，是特例。人们称这种公职经历为“光荣的职务”，是领导阶层的责任和义务。图拉真在 28 岁时，哈德良在 25 岁时，才开始分别走向该职位，但他们此前都积累了军旅经验，而马可则省略了这一步。很明显，这是皇帝安敦尼安排的结果，因为在接下来的公元 140 年，马可在皇帝的推荐下，很快就要作为候选人参加执政官的选举。

执政官本来有两位，其中的一位就这样被早早地指定了。所谓的“光荣的职务”，往往先是担任财务监察官，接下来成为元老院议员，然后做法务官、执政官等，按部就班地高升，而马可既不是元老院议员，也没有法务官的经历，出人意料地突然成为执政官，而且只有 19 岁。

早在公元 139 年，马可 18 岁的时候，皇帝安敦尼就授予了他“恺撒”的称号。按照常规，任何一个罗马皇帝都要将罗马帝国的开创者尤里乌斯·恺撒和奥古斯都二人的名字加进自己的正式名称中。我们以安敦尼·庇护为例，他的正式名称是“皇帝·恺撒·提图斯·埃里乌斯·哈德良·安敦尼·奥古斯都·庇护”，其中的“提图斯”是安敦尼的个人名，之所以还加进了“埃里乌斯·哈德良”，是根据古代的记名办法，养父和父亲的名也要记入，而如果是下一任皇帝，名称中只需记入“恺撒”。又如马可，把出生时的姓名“马可·阿尼乌斯·维鲁斯”变成“马可·埃里乌斯·维鲁斯·恺撒”，也可以这样理解，名称中只要包含有“恺撒·奥古斯都”，就意味着“皇帝”，如果只有“恺撒”，就意味着“皇太子”。可见，哲学家皇帝早在 18 岁时，就已经获得了帝位的保证。在这里，我们除去五贤帝中在位时间只有一年半的涅尔瓦，将其余四位的职历列成表格，供大家参考。

如果是我，肯定会产生疑虑。可是当时，无论是元老院议员还是普通公民，都对执政伊始就宣布继承人的安敦尼·庇护表示赞赏，认为他恪守了对先帝的承诺，是一位公正无私的皇帝。

从图拉真到马可·奥勒留四位皇帝的职历年龄比较

	财务监察官	法务官	执政官	被指定为下任皇帝	即皇帝位	过世
图拉真	28	34	38	44	45	64
哈德良	25	30	32	41	41	62
安敦尼·庇护	25	30	34	52	52	74
马可·奥勒留	18	—	19	18	40	58

不错，安敦尼的确遵守了他和哈德良之间的约定，将马可·奥勒留确立为下任皇帝，可是这一切都建立在马可成为他女儿的丈夫这一前提之上。而哈德良也并没有临终嘱托，让两任后的皇帝人选马可在10多岁就获得“恺撒”的称号，然后立即让他做执政官。哈德良在指定安敦尼为帝位继承人的时候，附带的条件只是让其将尚是少年的马可与路奇乌斯收为养子，尽管养子就意味着继承人。

也就是说，安敦尼·庇护在登上帝位还不足一年的时候，急急忙忙加以实施的，竟然是给未来女婿提供关照。历史学家对这一点视而不见，而吉本之后，更将其定义为充满人格魅力的明君，塑造出了一个“慈悲的安敦尼”。不过话也说回来，人格高尚的人也未必就一定是卓越的政治领袖。

安敦尼·庇护的责任感非同一般，对继承人的培养也是一丝不苟。不过，他的培养方法并不是让继承人外出经历风雨，而是安排在身边积累经验。

公元139年，马可虽然只有18岁，却获得了“恺撒”称号，被确立为下任皇帝。因为安敦尼希望马可能和自己一起住在皇宫里，所以马可从西里欧山搬到了帕拉蒂尼山。

这一时期的马可正在接受高等教育，他豪华的教师团队网罗了北非的弗龙托、希腊的赫罗狄亚斯·阿提库斯等知名教授。虽然这些教授是被招到罗马的，教育对象是下任皇帝，可他们却坚持认为自己同马可依然是师生关系。也就是说，他们理所当然地认为教师无须到弟子家去讲课，而是马可应该主动到教师家里来听课。无奈之下，安敦尼也只好接受了这一点，并且还开玩笑说，老师们从希腊来到罗马，舟车劳顿，可能不愿在罗马市内往来奔波。就这样，18岁的马可每天都走下帕拉蒂尼山，前往教师家中学习。冬去春来，到了公元140年，马可除了上学，还要承担起另外两项重要政务。

无论是共和制时期还是帝制时期，每年1月1日都是罗马的公务起始日。这一天不仅要召开新年第一次元老院会议，而且该年度执政官的任期也从这一天开始。公元140年两位执政官中的一位，依照前一年的预定，由距离19岁还有4个多月的马可来担任。而同他一起掌权的另一位执政官，则是皇帝安敦尼。和现任皇帝共事当然是极其崇高的荣誉，而每当皇帝想向一般公民宣示自己对某人的重视时，也经常采用这一办法。

在罗马，人们表述年份时，并不说建国多少年，而是说"某人和某人担任执政官的那一年"。对葡萄酒产地和年份的关注也是从罗马人这里开始的。罗马的美食家们一边把葡萄酒从陶壶注入玻璃杯或者银杯中，一边向客人劝酒说："这是意大利南部萨莱诺出产、安敦尼和马可担任执政官那一年的酒（vinum）……"

附带提一句，"vinum"这个词在拉丁语系的意大利语中表述为"vino"，到了希腊语中，它又变成了"oinos"。只要观察一下现代各国语言中对"葡萄酒"一词的表达就可得知，在帝国西部的欧洲，种植葡萄并把葡萄酒推广开来的，就是古罗马人。法国和西班牙自不待言，甚至德国名酒"摩泽尔"的产地也位于罗马帝国境内。而同在帝国境内的英国之所以没能成为葡萄酒产地，是因为罗马人认为那里根本不适合种植葡萄。葡萄酒有过这样一段历史，所以我每当看到有人用英文"wine"来代表葡萄酒时，总觉得不能接受。就好像"地中海"这三个字，音义结合，相得益彰，"葡萄酒"这个词不也同样是形神兼备的译法吗？

言归正传。这一年19岁的马可需要完成的另一个重要政务，是担任"内阁"（consilium）的常任委员。和常年不在首都的哈德良不同，此时皇帝直接担任全权处理政务的内阁主席。内阁委员除了有皇帝，还有两位执政官，该年度如果财务官存在的话也要出席，法务官、财务监察官和按察官虽然都有好几个，但只要派出各自的代表列席会议就可以了。此外还有从元老院议员中抽选出来的 15 人。公元 140 年马可成了执政官，当然也就充分具备了参加内阁会议的资格。其实即便马可在年龄上不够资格，安敦尼也希望他能出席。就这样，内阁会议中皇帝旁边的位置，就留给了这个最年轻的人。

纵然年轻，可毕竟也是下一任皇帝，所以应该使其积累政务经验。安敦尼出于这样的考虑培养马可，本人也受到了元老院议员们的交口称赞，因为他没有去独霸权力，而是周到细致地考虑到了继承人的培养。不过这样贤明的举措同时也意味着马可无止无休、辛勤操劳的日子开始了。

罗马人的一天

罗马人习惯于日出而作，无论是元老院会议还是内阁会议都在上午进行。如果这两大机构均无事可议，马可就跑到家庭老师之一的家里去接受一对一的教学。罗马人每天工作和休闲的时间各占一半，因而老师们也只在上午开展教学。

到了下午，马可也没有时间像其他同龄人那样去竞技场锻炼体魄。在人类社会里，地位和权力的上升也意味着工作量的增加。再加上乐于同他人分享权力的安敦尼甚至把皇帝的工作也一并推给马可，自己则始终在优哉游哉的闲散中度日。

其实马可真正感兴趣的学问是哲学，可是如此一来，他刻苦钻研哲学的时间恐怕就只有夜晚了。皇宫当然不同于一般家庭，不管灯亮到多晚都不会有人提出意见，可是这样的生活对身体健康十分不利。何况次日一早如果内阁召集会议，基本上没有睡觉的马可还要跑去参加。当年图拉真和哈德良在这个年龄的时候，都是身处边境军团，亲率军士在多瑙河畔往来巡查，再看看首都皇宫中的马可，虽然环境无比舒适，但这样度过青年时代实在有些可怜。搬到皇宫的最初几年，马可的身边没有母亲的陪伴，如果有母亲同住的话，肯定有人惦记马可的健康。总之，这样的生活一直持续了5年，皇帝即使到乡间的别墅去，也都叫上马可跟随左右。虽然内阁会议和元老院会议不会在乡间别墅里召开，但无论皇帝身在何处，需要他亲自决断的事情总会找上门来，并且安敦尼执著于古罗马人的田园生活，对扶犁耕田情有独钟。马可随侍皇帝左右，下午的散步和垂钓时也要听候吩咐，学习时间就更不得不推迟到夜晚进行了。

教师弗龙托

生活在将近一千九百年之后的我们之所以能够一窥马可青年时代的生活，是由于他与教师弗龙托之间往来的书信流传了下来。弗龙托是马可的拉丁文教师，所以与用希腊文撰写的《沉思录》不同，二者之间的书信大部分用拉丁语写就，偶尔夹杂一些希腊语。

致我最敬爱的老师

专门传递公文的信使终于出发了，而我才因此得以向您报告这三天的情况。话虽如此，可我向您的倾诉也只能到此为止了，因为我现在总算将30多件公文口述完毕，声音沙哑，累得都快喘不过气来了。

致我敬爱的老师弗龙托

只有您能从我写作能力的不稳定上正确判断出我现在的健康状况，实际上我也感觉到了这一点，也就是说我终于稍稍恢复了健康。因为我听从了医生的劝告，胸口的疼痛已经有所舒缓。我想克服病痛的唯一办法，就是认真遵从专家们提出的治疗方案。

尽管如此，我患病的时间却越拖越长，心理方面不可避免地受到了影响，真是太可悲了。因此现在我每天都在深刻地体会着健康的重要性。

再见！我的尊师。母亲也向您表达问候。

从不满20岁的这个时期开始，马可·奥勒留直到死去，都一直被这种“胸口痛”所纠缠。尽管痛感恢复健康的必要，可是他由衷地热爱学习，尤其是哲学。这种愿望到达了极致，使他不由得提起笔来，给老师写了下面这样的书信。在介绍这封信的时候，我忍不住要在旁边多嘴。我在大学里主修的也是哲学，唯一的收获就是了解到了自己是个多么形而下的人。在热衷形而上的马可的字里行间插入括号，括号内的文字就是我这个形而下到无可救药地步的人的“声音”：

我狂怒不已，同时也极度悲伤，因为我所追寻的东西，丝毫不见踪影。

（当然了，三千年的哲学史上，还没有可以轻易发现的真理。）

冥思苦想之余，我不禁把自己的能力和其他哲学家作对比。

（最好别这样。）

我茶饭不思，头脑中充斥的都是一知半解造成的焦虑，简直就要爆炸了。

（这毫无意义。）

在雅典的议会里，当辩论出现白热化，无法形成一致意见时，有一位议员提出了这样的建议，即每当争执不下的时刻，全体议员先回家睡上一觉，然后再作决定。现在我也要采取这个办法，把所有的一切都放下，先去睡觉。

（这就对了，这是最好的办法。）

信中的马可以令人感动的坦率表现出了真实的自我。但是马可的教师并非只有弗龙托一人。如果将来自北非的弗龙托比作马可高中时代的老师，那么其他灿若群星的希腊学者们也在负责马可的教育。可是马可并没有像对待弗龙托一样与他们每个人都保持书信往来。我想如果用平常的话来讲，这可能是因为希腊的学者们都有些俗不可耐。很多希腊人都持有这样的观点，即希腊人虽然受到罗马人的统治，可是希腊在文化上更胜一筹。罗马的精英阶层对希腊文化的偏爱也对这种意识起到了强化作用。凡是罗马的精英人物就都懂希腊语，然而在希腊，即使是知识分子也未必通晓拉丁语。罗马帝国是双语国家，西部的官方语言是拉丁语，东部的官方语言是希腊语，所以这种意识的源头还得从学习意愿上去寻找。

弗龙托来到首都罗马，在法庭上做辩护律师，取得了成功，最终被哈德良选拔为少年马可的家庭教师。不过这个弗龙托的家乡，却远在努米底亚行省，位于今天阿尔及利亚境内的君士坦丁。如果再上溯350年，那个地方还归迦太基领有，所以弗龙托遗有一篇《代表迦太基人在元老院的致谢演说》。然而他同时也无视自己的出身，坚持认为自己就是罗马人。那么他代表迦太基人去发表演说就如同一个仅是出生于静冈的日本人声称自己代表静冈一样。其实如果探寻马可·奥勒留的祖先，会发现他们来自西班牙南部的贝提卡行省。

可弗龙托也是极其优秀的教师，他在写给学生马可的信中，有这样一句话：

“哲学告诉你该说些什么，而雄辩告诉你怎么说才令人信服。”

当时的马可痴迷于哲学，甚至一度模仿犬儒学派的哲学家，身穿粗布衣服直接在地板上睡觉，后来虽然不再坚持，但在内心仍存留着些许遗憾。而弗龙托这样开导马可：

“恺撒啊，我们先假设你同克雷安德和芝诺（二人均为公元前3世纪希腊形成的斯多葛学派的代表人物。该学派认为幸福实际上并不依赖于任何外在的善。他们采取与苏格拉底和柏拉图同样的立场：一个人幸福的唯一条件是过一种有德性的生活，而德性是以知识为基础的。——译者注）等卓越的哲学家一样，生来就具有非凡的智慧，可是你单单与这个愿望背道而驰，命中注定穿不上哲学家的粗布衣服，而是披着皇帝紫色的斗篷。”

就这样，师徒二人的亲密关系一直保持了将近30年。身披紫斗篷成为皇帝的弟子是老师的骄傲，弗龙托曾这样回复皇帝马可·奥勒留写给自己的祝寿信：

> 就我个人而言，我对人生感到充实和满足。可是我的人生不仅于此。
>
> 你将来必定像我所强烈期待的那样，是个英明的皇帝。在你尚且年幼时，我就确信这一点。那么在你身居帝位的现在和将来，你也的确是公正完美的君主。身为教师的我还有一个长远的梦想，就是你能受到罗马帝国广大民众的爱戴，由衷地拥护你做他们的领袖。并且你还是我心目中暗自期待的弟子。这些虽然是你平时的自我要求，你却通过鼓舞性的言论引导了人们，充分展现出了领袖的风采。

很多年过去，在人生的最后，皇帝马可在《沉思录》中，这样阐述他领导下的罗马帝国的最终目标：

> 与法相合的事情对一切都是公正的。个人的权利与言论自由都受到保护。实现这个目标，正是以全力保护全体臣民的自由为基础的君主政体存在的理由。（相关内容见《沉思录》卷十二。——译者注）

文中关于法制平等、尊重人权、言论自由等观点，丝毫不亚于一千六百年以后在欧洲兴起的启蒙主义思想，真正的问题是怎样将其付诸现实。

对“res publica”这种共同体或国家进行运筹管理，并不是只要树立一个崇高的理想就能够实现。如果不把共同体中那些和崇高理想距离遥远的成员拉拢过来，理想永远不能变成现实。人和人之间本来就各不相同，所以这也是理所当然的。

一千三百五十年以后出生的政治思想家马基雅弗利说，构成共同体的民众尽管对抽象的事物判断错误，可是对具体事项往往能够作出正确的判断。而词典中所谓的“形而上”，就是“无法感知的形”、“超越有形的（事物）”，也就是“无形”。反之“形而下”则是“用形来展示的事物”、“具备形的东西”，也即“有形”。只靠形而上的思想无法推行政治，原因也正在于此。马基雅弗利还说，保证自由和法制平等虽然无比重要，可是民众最关注的仍旧是安全与食物的保障。对待民众，的确需要通过简单明了的“形”，而且是与他们最关注的事物相联系的“形”去宣示理想。

那么，怎样才能展示出崇高理想的具体的“形”呢？

这些已经不是通过课本就能够学到的东西，可以去实际体验，只能根据现实情况研究适当的对策。头脑中的冥思苦想未必能找到有效的解决方案，尤其是在精神形成期的青年时代没有积累过实际经验的人更是如此。在这种情况下，结婚可能是一个转机，可是在马可这里，婚姻非但没有带来转机，反而使当时的生活固定化了。

结婚

从公元145年开始，在马可写给老师弗龙托的信件的结尾，“母亲也向您表示问候”这句话变成了“我妻子也向您表示问候”。虽然母亲多米提亚·露西拉并没有过世，可是马可却在自己24岁的这一年和皇帝的女儿芙斯汀娜结婚了。此前双方的婚约延续了7年，因为他们要等到新娘长到15岁。

皇帝安敦尼以从不关照亲朋好友而闻名，不过对自己的女儿却是例外。有人说，如果皇宫里没有芙斯汀娜，那么安敦尼宁可去流放地生活。在皇帝的安排下，马可获得“恺撒”称号后不久就住在皇宫里，包括中间结婚，前后长达22年。这正符合安敦尼对“甜蜜家庭”的喜好。

不过，正如众人所称道的那样，皇帝并没有垄断所有权力。女儿大婚之际，女婿也第二次就任执政官，又成了皇帝的同事，真可谓双喜临门。在罗马，担任执政官是莫大的荣誉，甚至有“前执政官”这种专门称谓。当时罗马人只要一听说某某是前执政官，立刻就知道他肯定是元老院里的重量级人物。通常情况下30岁才是进入元老院的年龄，可是马可早在24岁时就已经是第二次成为执政官了。

马可的妻子芙斯汀娜

又过了两年，公元147年11月30日，芙斯汀娜产下第一个孩子。因为是女儿，所以采用了祖母和外祖母的名字，即以多米提亚·芙斯汀娜为名。

第二天，12月1日，因孙女的诞生而兴奋不已的安敦尼将皇帝的特权之一“护民官特权”分赠给了马可，同时赋予女儿“奥古斯塔”（皇后）的称号。

所谓护民官特权（tribunicia potestas），指的是共和制时代具有独特意义的护民官（tribunus plebis）所得到的特权。这个词翻译得十分精彩，因为在共和政体初期，罗马和希腊的雅典都发生了贵族和平民的严重对立，这个职位就是为了保护平民而设立的。之所以说是“特权”，是因为执政官以下的其他要职，都是在公民大会上由具备罗马公民权的贵族和平民毫无差别地投票选举出来的，唯有护民官是通过平民集会进行选举，只有平民才有权参选。我以前曾把这个职位比喻为工会主席。

皇帝拥有护民官特权是从尤里乌斯·恺撒开始的，因为在他构想的罗马新秩序即帝制之下，罗马国内不允许存在体制与反体制两种力量。社会的分裂会造成国家的衰落，他可不想重蹈城邦国家雅典的覆辙。

恺撒之后，奥古斯都按照恺撒描绘的蓝图建立了帝国，护民官特权也作为历代皇帝的职责之一延续了下来，而现在安敦尼·庇护却将其送给了马可，这就使马可不再仅仅是单纯的皇位继承人，而是成为一个真正接近帝位的下任皇帝。在帝位继承人时期就获得“护民官特权”的还有图拉真，可图拉真是在44岁时才获得的，而马可仅26岁，就已经获得了未来职位的保障。如果这不是皇帝因含饴弄孙赠与女婿的礼物，那还能是什么呢？另外，赋予生产不久的、年仅17岁的女儿“奥古斯塔”的称号，也让我们看到了贤明皇帝安敦尼·庇护的另一面。

奥古斯塔（Augusta）是奥古斯都（Augustus）的阴性词，“奥古斯都”既是开国皇帝的名字，同时也代表着后来的历任罗马皇帝，所以“奥古斯塔”指的是“皇后”，而绝不是“太子妃”。若用拉丁语称呼“恺撒·奥古斯都”指的就是皇帝，而“奥古斯塔”就是“皇后”。如果只有“恺撒”一词，则指“皇太子”。此时安敦尼的妻子已经去世6年多了，宫中第一夫人的位置长期空缺，也不排除皇帝可能有填补空缺的考虑，然而丈夫尚且只是“下任皇帝”，妻子却提前一步荣获皇后才拥有的名号，这令马可的地位出现了微妙的变化。

哈德良皇帝之所以指定安敦尼为继承人，是因为安敦尼接受了把马可收为养子的这一条件。然而，登上帝位的安敦尼很快就撕毁了哈德良为马可订立的婚约，而把自己的女儿芙斯汀娜推过来李代桃僵，时至今日，又为她罩上了“奥古斯塔”的光环。因为妻子的捷足先登，马可认为自己是先成了芙斯汀娜的丈夫，然后才获得的下任皇帝的资格。据说后来有人建议马可·奥勒留和芙斯汀娜离婚，可是马可回答说：“如果离婚，那么我必须交出帝位。” 就这样，先帝哈德良早就为马可安排好的皇帝位置，结果却被安敦尼·庇护拿来做了女儿芙斯汀娜的嫁妆。

结婚的马可日常生活并没有什么变化，获得“护民官特权”之后也同样如此。皇宫生活从公元139年开始，直到161年安敦尼撒手人寰，其间经历了22年之久。如果从结婚后开始计算则是16年，这16年间夫妻二人共生了9个孩子，其中有4个未满周岁就夭折了，但如果加上公元161年出生的一对双胞胎，这个帕拉蒂尼山上的“甜蜜家庭”简直就是个幼儿园。

几点疑问

在这里，我想说一说内心里长期保留的疑问，共分三点：

一、自登上帝位开始，23 年来，皇帝安敦尼·庇护的行动范围就仅限于罗马和那不勒斯之间的地区，这难道对罗马帝国的未来没有影响吗？

二、对下任皇帝马可而言，这 23 年相当于从 17 岁直到 40 岁，为什么安敦尼没有让马可离开自己，到帝国的行省去体验生活呢？

三、在人的一生中，从精神到肉体，17 岁到 40 岁之间都可谓最佳时期。马可本人难道不曾向皇帝提出过请求，希望也获得去地方上积累经验的机会吗？如果没有，那又是为什么？

据我所知，目前还没有任何历史书籍或研究论文提出并回答上面的第一条疑问。

后世不吝以“五贤帝时代”这个词来称颂涅尔瓦、图拉真、哈德良、安敦尼·庇护和马可·奥勒留五人的统治，时间则是从公元 96 年开始直到公元 180 年间的一个世纪。只要是出生于这个时代的人，无论是罗马人还是希腊人，都会用“黄金世纪”（saeculum aureum）来称呼这一百年。吉本在《罗马帝国衰亡史》中，用前三章对帝制时期进行总结，而真正开始讲述衰落与灭亡过程的第四章，是从马可·奥勒留死后，其子康茂德公元 180 年登上帝位时起笔的。也就是说，吉本认为，罗马的衰亡是随着五贤帝时代的结束才开始的。不只是吉本，直到现代，盛行的观点都大致如此。正因为这样，也就没有人试图从安敦尼·庇护的统治中探寻后来罗马帝国的灭亡原因。实际上，如果只从表面现象看，安敦尼·庇护的确是个贤明的皇帝，在公元 2 世纪，当时他的罗马人同胞也认为安敦尼·庇护的统治具有“秩序支配下的稳定”（tranquillitas ordinis）的特征。后世的历史学家也曾叹息，说这 23 年间简直“无事可记”。

除了在不列颠及北非的极少数冲突，包括与国界外伺机而动的蛮族之间，罗马几乎没有发生过什么战争。虽然有些继任者喜欢随意改变前任的人事安排，可安敦尼却完全加以延续，没作任何改变，甚至连围绕着人事安排的情感变化都不曾出现，这种“稳定”代表了安敦尼的治国风格。人才录用的公正和战争的平息也使国家财政制度得以健全。既然国家财政保持着盈余，那么也就没有必要去变更行省和地方自治体的财政秩序，所以罗马帝国的城市核心与地方自治体也都能充分发挥功能。我在《罗马人的故事9·贤君的世纪》中所描述的安敦尼·庇护，就是在这样一个没有任何问题的时代里，幸运地治理着国家的皇帝，也即迄今为止的历史学家们所认识到的贤明皇帝安敦尼·庇护的形象。

并且从理论上看，即使蛰居于首都罗马23年，安敦尼也仍有充分可能对整个帝国实施有效统治，因为这其实取决于组织机构能否迅速快捷地收集情报和发送指令。送抵皇帝处的情报大致分两种：一种是总督或军团长通过罗马派出的信使呈送而来的报告，另一种则是行省民众发出的请愿。而罗马的历任皇帝都致力于加强帝国的国营邮政制度，其水准之高在当时是不容置疑的。陆地上的罗马大道有如今天的高速公路，每个驿站都可以换马，日夜兼程。而海路上的每个港口都能保证信使换上最早出发的船只。直到一千七百多年以后发生了产业革命，人们才终于突破公元2世纪罗马人在安全和快捷两方面所达到的信息传递水平。故而，当安敦尼指出“留在首都罗马这个帝国中枢能够掌握更多的情况，也方便依此作出决策或发布紧急命令”，宣布自己不会像先帝哈德良那样去帝国各地视察时，当时没有任何人提出批评意见。而且，皇帝安敦尼·庇护在长达23年的时间里，也证明了自己的做法是无可指摘的。后世的历史学家发出“一切顺利，无事可记”的叹息就是证据。

其实安敦尼内心的真实意图是不愿让自己犹如晚年的哈德良那样健康受损，所以才把活动范围局限在罗马和那不勒斯之间，而结果说明一切，尽管皇帝除了在上述两地工作和休息之外从不去周边地区，帝国却完美地发挥着功能。当然，这也是皇帝对监督的确从不懈怠的缘故，虽然他进行的只是一种遥控式的监督。我想也正是这种成功的结果导致了后世的历史学家没有去关注皇帝安敦尼23年仁政背后的各种因素，因为如果有人问：“难道这种管理不完美吗？”我们似乎也只能回答：“不，它很完美！”

身居意大利本土，而能够顺利统治整个帝国的先例，比安敦尼更为彻底的是提比略。此人连首都罗马都放弃了，直接搬到了那不勒斯湾的卡普里岛上统治帝国。不过，虽然登上帝位之后再也没有离开过意大利本土，可是像他那样在成为皇帝之前就踏遍了帝国全境的人却也是凤毛麟角。因为当年皇帝奥古斯都将责任重大的职位赋予了妻子莉薇娅带过来的与前夫所生的提比略和杜路苏斯两兄弟，把尚且年轻的他们送往各地的战场。提比略未能涉足的地方，恐怕只有北非了，也就是说，在56岁继皇帝位时，他已经积累了充分的实际经验。在这方面，仅仅在小亚细亚担任过行省总督的安敦尼不可与其同日而语。而且，提比略同样没有忘记在情报的收集和命令的下达方面开动脑筋。在气候恶劣的冬季，卡普里岛有沦为孤岛的危险，这时提比略会选择离开，搬到那不勒斯湾西侧米塞诺海军基地附近的别墅里。这里和海上的联系很方便，并且同首都罗马之间有阿皮亚大道相连。很明显，这是为了避免情报断绝而采取的措施，而最后他也是在这座别墅里离世。

帝国初期提比略皇帝能做到的事，帝国鼎盛时期的哈德良皇帝当然也不会做不到，因为紧接着他登上帝位的安敦尼事实上就采用了同提比略相似的方式来治理国家。而且安敦尼和提比略在位的时间都同样是23年。可是，为什么只有哈德良却不惜折损自身的寿命，呕心沥血地到帝国各地去视察呢？

第一，他把思考的重点放在了知识与经验的关系上。

有一句格言，智者学习历史，愚人学习经验。可是我认为，如果想成为智者，历史和经验两方面缺一不可。“历史”也可以说是书籍，学习它的好处在于能对古今中外人们无比丰富的思想与经验进行再体验，这些知识是一个人穷其一生也不可能直接获得的。而另一方面，我们自身的“经验”会告诉我们怎样灵活运用这些依靠再体验而获得的知识。也就是说，书本上学来的东西只有和现实体验相结合才能成为可以灵活运用的知识。树立起这样的指导思想以后就会明白，那种认为只要依靠正确情报就能采取适当对策的论调，不但是过于依赖了没有知识含量的情报，而且制订出的对策也是充满危险的。

第二，出于他对于情报本质的认识。

情报不可能自动汇聚，在收集情报阶段，人为因素的掺入是无法避免的。情报负责人只收集和呈送他们自己认为重要的情况，也就是说，在收集整理阶段就已经掺杂了个人对问题的认识标准即忧患意识，而且还不止于此，在接收情报加以利用的阶段，个人的问题意识就更无法回避了。即使在现今的计算机时代，这一点仍旧没有丝毫改变。哈德良之所以选择了身体力行眼见为实的做法，可能就是因为他谙知情报的这一性质。因为不管是多么优秀忠诚的部下，也未必具备与他完全一致的忧患意识。

第三，在于他对合理与不合理的关系的认识。

他通过亲自巡回视察来重建帝国的安全保障体系，是“合理”的。相对的，检阅承担防卫任务的兵士，对他们承受边境不便生活的苦劳表示慰问，用“你们挑起国家安全的重担”等豪言壮语去激励他们，所有这些都诉诸感性，因而是“不合理”的。众所周知，战场上的胜利必须依靠主力，但如果没有辅助力量从旁策应，主力就不可能运用得完美。合理与非合理的关系也是如此。对驻扎在边境上的军士而言，能够亲眼看到身兼最高总司令的皇帝、亲耳听到皇帝讲话的机会，无疑一生只有一次。罗马帝国疆域辽阔，防线漫长，由于当时交通情况所限，纵然是哈德良也不可能一而再、再而三地多次视察同一地区。

罗马帝国是多民族国家，有点类似于现在的跨国公司。总裁毫无遗漏地巡视分散在各个国家的分公司和当地法人，一旦发现问题立刻提出解决办法并加以实施，选拔负责人时也本着人尽其才的原则，发现了值得提拔的人才以后，不分人种和民族一律录用。——跨国公司的这些做法也是哈德良在20年间的国家治理中不断思考并加以推行的政策方针。

而与此相对，安敦尼·庇护则类似于蛰伏于公司本部，根据收集到的各种信息来管理跨国企业的总裁。他的全部海外经历只不过是董事时期曾在一家分公司担任过总经理而已。尽管如此，由于皇帝在位时期国泰民安，因而也没有人对这种做法提出质疑。当皇帝 75 岁故去时，整个帝国都沉浸在哀思之中。

接下来是第二个疑问。在安敦尼·庇护在位的 23 年间，对下任皇帝马可·奥勒留而言，就是从 18 岁直到 40 岁之间的时光，安敦尼为什么没有让马可离开自己，到帝国的行省和边境去体验生活呢？

虽然以前的历史学家和研究人员不曾关注过这个问题，可我还是找到了一位和我同样持有疑问的人。他就是曼彻斯特大学的安敦尼·巴勒教授（Anthony Birley）。据这位英国学者计算，马可真正离开皇帝安敦尼的生活可以说只有两天。23 年乘以 365 天得到的结果超过 8300 天，可是马可只拥有两天自己独立的生活。该教授认为，皇帝安敦尼已经安排下任皇帝即自己的女婿马可充分参与了中央的政治生活，再加上帝国基本维持了和平，他可能觉得没有必要让马可再去边境地区进行实地体验了。不过，只要想一想马可成为皇帝以后需要面对众多这样那样的困难，我们也可以说，安敦尼的这种做法是“应该加以批评的”。

我内心的第三个疑问，就是在皇帝安敦尼身边生活，从 18 岁到 40 岁之间，难道马可自己不曾主动要求过到地方上去积累经验吗？对此问题，安敦尼·巴勒教授一句话也没提。罗马时代的家长制权力十分强大，是不是养子马可只能遵从“父皇”的意见呢？

可是，在罗马的“儿子”里面，也有不少反对“父亲”的。当年在跨过卢比孔河的恺撒麾下，就聚集着元老院议员的儿子们，以致西塞罗发出悲叹，称当时是“儿子张弓瞄准父亲的不幸时代”。西塞罗的儿子也是恺撒的拥护者，结果西塞罗只好把这个儿子送往希腊留学，以免他卷入内乱。而且，罗马时代人们在 18 岁到 40 岁的这段时期，和现代迥然不同。如果是一名军团士兵，那么此时 20 年的服役期即将结束，他会带着退役金开始自己新的人生。难道说，即使在这样的人生阶段里，马可也一直遵从着“父亲”的安排吗？

我认为，解开这个谜题的钥匙应该隐藏在此间马可和恩师弗龙托频繁的通信中。很遗憾，这些信件还没有译文，每当阅读这些信件时，马可的形象就浮现在我的脑海里。

诚实好学，具有强烈的责任感，能够毫无抵触地接受别人教给的知识。好学生，重视家庭生活。身为皇帝，有着率先垂范的强烈自觉。对于自己的引路人充满深厚的敬爱之情。

马可忠实地恪守师长的教诲，在观赏有如现代一级方程式的四马战车竞速比赛时，也绝不倾向于任何一方。看来所谓的帝王教育，还要求接受者必须作出巨大的牺牲。然而，在这些工工整整的信笺中，我们却丝毫没有发现一个年轻人所应该具备的强烈的独立精神，而当时人们对贤明的马可·奥勒留皇帝的唯一批评，就是他的“虚伪”。（相关内容见《沉思录》卷九。——译者注）

不过我想更重要的因素是，或许登基前的马可和安敦尼一样，都不具备哈德良的那种忧患意识。现在我们只要用罗马大道的整修做比喻，就可以说明这个问题。

罗马的工程技术人员曾夸下海口，说他们铺设的是一条一百年也无须整修的大道。可是，他们所谓的“无须整修”，指的是不必像尤里乌斯·恺撒、奥古斯都以及图拉真那样，把道路最上层的铺路石全部掀开，重新修筑下面的四层路基。工程师们的意思绝不是说道路不用进行日常维护。事实上，每一条罗马大道都设置了一种名为“驿长”（curator）的官职，专门负责日常维护等必需的小规模工程，以使道路时刻保持在完美的状态上。

哈德良的治国方式，就如同奥古斯都对弗拉米尼亚大道进行全线整修。距哈德良一百年后出现的历史学家卡西乌斯·狄奥曾说，直到他那个时代，哈德良重建的军事体制仍旧在充分发挥功能。

虽然真正的大修一百年进行一次就已经足够，但日常的维护必不可少。安敦尼·庇护也好，马可·奥勒留也好，恐怕都对这种“日常维护”的必要性缺乏自觉。晚年的哈德良变得性情暴躁，难以交流，所有人都对他敬而远之。我想这很可能是因为即便是对他毕生事业具备理解能力的人，也不能真正理解他，所以他才深感绝望和愤怒。顺便说一下，马可在《沉思录》中，用了很长的篇幅表达自己对安敦尼的温暖回忆，而对哈德良却只字未提。我认为，一个人和别人之间能否具有共同的忧患意识，可能并不在于他社会地位的高低，也不在于他掌握知识的多寡，而是在于他对那些日常生活细节的内心感受。

各位读者可能以为，本卷书会接续《罗马人的故事9·贤君的世纪》，以马可·奥勒留的统治为开篇，肯定想不到我竟然用如此之长的篇幅作铺垫。可是，如果不把这些背景叙述完毕，我们就无法谈论登基后的马可。因为和安敦尼时代“秩序支配下的稳定”截然不同，到了马可·奥勒留时代，棘手的问题变得堆积如山。

作为罗马帝国口碑最佳的皇帝，关于马可·奥勒留的传记和评论也为数众多。这些文字对马可的一贯评价是，他虽生于艰难时世，却是一位全力以赴、坦率处理所有难题的贤明皇帝。尽管他死后罗马帝国很快滑向衰亡的下坡路，但那也是从那他无德无能的儿子康茂德登上帝位之后才开始的。也就是说，成为皇帝的马可·奥勒留连遭不幸，所以他在《沉思录》中流露出了失意与忧愁也情有可原。然而，我却怎么也不能接受这种简单的解释，因为我认为皇帝马可·奥勒留所必须面对的众多难题可以分成四种：

一、像天灾这种任何人都无法预测的问题。

二、在安敦尼·庇护治下的23年间，如果始终怀有忧患意识的话，有可能预测到的问题。

三、马可在登基之前，从18岁到40岁的时间里，如果去积累实际经验，那么做了皇帝以后的他可能改变对策的战略战术问题。

四、时代的变化。

在此希望读者阅读本书时，能把这四种问题放在脑海里。这并不是说皇帝马可昏庸无能，而是恰恰相反，这有助于大家更深刻地体会连贤明卓越的马可皇帝都不得不饱尝的苦恼。

皇帝马可·奥勒留

公元161年3月6日，在罗马近郊别墅里小住的皇帝安敦尼·庇护，突然感到身体不适，两天之后就死去了。与23年来国家“秩序支配下的稳定”相映照，他像睡着一样安详地离开了人世。再有半年皇帝就75岁了，深感自己阳寿已尽的他只来得及留下了一句遗言和一道指示。遗言的内容是国葬不要过于奢华，而最后的指示则是吩咐侍臣把应该放在皇帝卧室中的幸运女神金像搬到马可的卧室中去。这样做只表示一个意思，即下任皇帝是马可。

当一个家庭里的长辈离世，首先要安排的就是死者的葬礼，帝王之家当然也不例外。安敦尼的养子和继任者马可的任务就是为“父亲”安敦尼举行国葬。然而马可并非单枪匹马，而是和比自己小9岁的弟弟路奇乌斯共同主持此事。当年安敦尼接受哈德良的要求，同时收养了马可和路奇乌斯两个人为养子，然而在安敦尼·庇护治世时，只有马可被提拔到权力中枢，路奇乌斯则是配角，形象模糊，差距明显。因而在出席国葬的元老院议员们看来，兄弟二人只是在父亲的葬礼上同时出现而已。

随着遗体火化完毕，国葬也就宣告结束。安敦尼生前作为最高统治者为国操劳，死后还想继续守护罗马国民，所以当他的骨灰被安放到人称“哈德良神殿”（Mausoleum Hadriani）的皇帝祠堂后，两位养子还有一项必须完成的任务，那就是提请元老院通过决议，将亡父神格化。

可是在罗马，连败者的神明也能获得类似公民权一样的存在资格，所以尽管说是提请决议，也只不过是让罗马人多达30万的神明多出一个而已，而并不是要树立一个像一神教的那种万能的神明。

实际上，前任皇帝安敦尼·庇护的神格化很顺利地就实现了，因为早在马可提出请求前，元老院就已经全票通过了该决议。这和哈德良的情况完全不同。当时元老院在安敦尼提出请求前，就迫不及待地通过了拒绝将哈德良神格化的决议，以至于安敦尼为推翻决议不得不苦苦哀求，几乎流下了眼泪。这是

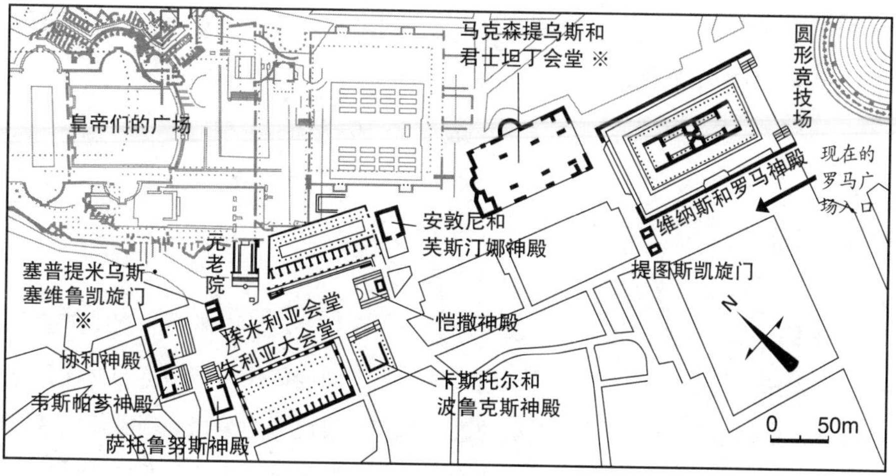

马可·奥勒留时代的罗马广场（带有※的为帝国后期建筑物）

因为哈德良个性独断，在任内总是离开首都外出视察，而元老院则喜欢凡事与自己沟通的皇帝。安敦尼·庇护在位期间一直住在意大利本土，作决策时也一贯尊重元老院的态度，所以最后享受优待也是理所当然的。

神格化的同时，还要建设供奉升格为神的前任皇帝的神殿。献给安敦尼·庇护的神殿竟然建在了罗马市中心地带罗马广场（Forun Romanum）。在罗马按照王政、共和、帝政依次发展的历史进程中，罗马广场一直是政治、经济、司法和行政的中心地带，很像是现在的国会，元老院也位于此地。帝政时期的皇帝们先后建设广场，中心地带不断扩大，但只要一听“罗马广场”这个词，就连从未到过罗马的偏远行省的居民也会立刻知道，这一带就是罗马帝国的发源地。皇帝和元老院的关系类似于今天的总统与国会，而元老院居然以全票通过将“安敦尼·庇护和芙斯汀娜神殿”（Templum Antonini pii et Faustinae）建在罗马的中心地带，也进一步证明了安敦尼将这一关系处理得十分融洽。作为继任者，马可直到 40 岁都一直围绕在安敦尼身边，政务处理能力不输给任何人，毫无疑问，元老院的议员们也相信马可治国期间会像安敦尼一样，继续维持“秩序支配下的稳定”。

两位皇帝

皇帝的登基典礼在元老院的议事厅举行。既然是仪式，就有一套既定的程序。首先，由元老院的全体议员派出一位代表，面向前任皇帝指定的继任者发出邀请，请他就任皇帝。而被邀请的人则需表示自己无力承担此项重任，予以回绝。于是议员代表只好再次发出请求，对方此时才可以正式接受邀请，同时向议员们宣布自己出任皇帝所要采用的名称。

登基典礼至此才算宣告结束，因为不管怎么说，罗马的正式统治权仍属于罗马元老院和罗马公民权的拥有者，罗马帝国的皇帝只是接受他们的任命，代为治理国家。

可是，那一天的典礼打破了这套既定的程序。因为马可当场宣称，要接受登基邀请的不能只有他自己一人，而是他和路奇乌斯两人。

这可完全超出了元老院的预料，议员们都难掩惊讶之情。因为在罗马的帝政时代，还不曾有过同时树立两位皇帝的先例。然而，马可那静静伫立着的沉着姿态，表现出了深思熟虑后的坚定决心。于是元老院的代表只好同时向 40 岁的马可和 31 岁的路奇乌斯两人发出登基邀请。两人也依照惯例，拒绝过一次之后接受了邀请。两位皇帝还公布了自己的正式名称如下：

马可——“皇帝·恺撒·马可·奥勒留·安敦尼·奥古斯都”（Imperator Caesar Marcus Aurelius Antoninus Augustus）

路奇乌斯——“皇帝·恺撒·路奇乌斯·奥勒留·维鲁斯·奥古斯都”（Imperator Caesar Lucius Aurelius Verus Augustus）

请各位注意，在两人的正式名称中，都含有“皇帝”、“恺撒”和“奥古斯

马可·奥勒留

路奇乌斯·维鲁斯

都”这三个词。“恺撒”和“奥古斯都”应该不必再解释了，而意味着最高司令官的“皇帝”一词，当年终身独裁官尤里乌斯·恺撒使用了这个名称并得到元老院的承认以后，自奥古斯都开始的后代历任皇帝都在自己的名称前冠上了这个词，意思是说虽然与尤里乌斯·恺撒没有血缘关系，但罗马帝国的历代皇帝都是这位实质上的首位皇帝的继承人。

那么，马可·奥勒留为什么要突破先例，毅然决然地实行两帝并立呢？而且两人还不是“首席皇帝”和“二号皇帝”的关系，而是拥有同样级别的尊严与权力，完全平等的两个皇帝。

一、共同享有代表皇帝的“恺撒·奥古斯都”的称号。

二、共同享有赋予罗马军队最高责任者的“全军最高司令权”。

三、共同享有保护一般公民权利的“护民官特权”。

四、共同享有“第一公民”的称号，意思是公民中的“第一人”。

罗马没有专职的祭司阶层，所以他们二人唯一不能共享的，是由皇帝兼任的大祭司。依据罗马的传统，这个职位只能由一人担当，于是马可·奥勒留单独就任了大祭司。

我想当哈德良要求安敦尼收养尚处于少年时代的马可和路奇乌斯的时候，并没有考虑过让这两人同时就任皇帝，而是认为马可体质孱弱，一旦出现意外，路奇乌斯就可以顶替马可，履行皇帝的职责。后来安敦尼·庇护即位，把意味着下任皇帝的“恺撒”称号只授予了马可一人，也很明确地表明了将来只让马可一人登基。而元老院也理所当然地认为马可·奥勒留即位之后，再把“恺撒”的称号授予弟弟路奇乌斯，明确弟弟下任皇帝的地位。

可是现在，马可作出了与路奇乌斯共享帝位的选择，这是为什么呢?

在《沉思录》中，某些内容涉及了罗马帝制的反对者，即“反体制派”的人们。马可通过塞维鲁斯知道了这些人，并一一列举出了他们的姓名。除了其中一个，其余的都是元老院议员。我想，观察马可·奥勒留对这些“反体制派”的记述，应该是了解他当时思想的一个有效手段。

马库斯·波尔奇乌斯·加图——为了和历史上的大加图相区别，史称此人为小加图。西庇阿·阿非利加（约公元前235—前183）在第二次布匿战争中击败迦太基名将汉尼拔，此后一直享有救国英雄的荣誉，是大加图基于共和制的罗马无须英雄的信念，将其拉上法庭，使其失去政治势力。小加图是大加图的后代，斯多葛学派的哲学家，同样是彻底的共和主义者。于是理所当然，小加图发誓要打倒的敌人，只能是尤里乌斯·恺撒。这个人有名的地方在于，他与恺撒作战失败，逃到了乌蒂卡，明知投降就可获得赦免，却依然慷慨赴死。他并没有服毒或割腕，而是选择用切腹的方式自杀，悲壮的死给人们留下了深刻印象。

马库斯·尤尼乌斯·布鲁图——小加图的外甥，同时也是小加图的女婿。此人执迷于斯多葛学派的哲学，是共和主义者，元老院派领袖。公元前44年3月15日，布鲁图暗杀了尤里乌斯·恺撒。两年以后，在希腊的腓立比郊外，他同恺撒派的马克·安东尼和屋大维（后来的奥古斯都）组成的联军展开激战，败走途中，刎颈自杀。

托拉塞亚·佩多斯——是帝政时期有名的共和主义者卡艾奇纳·佩多斯的女婿，此人撰写了斯多葛学派哲学家小加图的传记。在每年布鲁图的诞辰日，他家都要举办庆祝宴会。当尼禄下令杀掉母亲阿格里皮娜时，他从元老院退场以示抗议。这一举动当然会引起尼禄的愤怒，最后佩多斯被迫割破自己的血管自杀。

埃尔维狄乌斯·普利斯库斯——托拉塞亚·佩多斯的女婿，斯多葛学派哲学家，曾受到岳父的牵连而入狱。获释后毫无顾忌地四处宣讲自己的共和主义主张，招致了皇帝韦斯帕芗的不满，被以图谋推翻帝政的罪名处以死刑。

普鲁萨的狄欧——图密善时代到图拉真时代的最有名的辩论家，他并没有隐瞒自己共和主义者的身份，但在《沉思录》里提到的共和主义者中只有他活了下来。

即使在帝政时代，人们也不会仅仅因为憧憬共和而遭到镇压。比如小加图就一直敌视恺撒，再比如布鲁图的投降也被恺撒所接受。恺撒曾给立场对立的共和派雄辩家、同时也是自己友人的西塞罗写信，其中有下面这样一段话：

> 即使被我赦免的那些人日后再次朝我拔剑相向，我也不会感到丝毫懊恼。我对自己提出的要求就是，只要活着就要忠实于自己的思想。我想别人当然也会这么认为。

开国皇帝奥古斯都是恺撒的后继者，也是他的养子。在奥古斯都治下，罗马刊行了被共和派视为“圣经”的西塞罗著作全集。历史学家李维从不掩盖自己共和主义者的身份，而奥古斯都却戏称他为“庞培迷”。而庞培和小加图、西塞罗以及布鲁图一样，都属于反恺撒派，后在与恺撒的法萨卢斯会战中败北。

也就是说，在罗马的帝政时代，人们只要没有推翻现行体制的行为，大可以自由向往共和。可是，如果作为帝国象征的皇帝本人也对共和政体态度暧昧的话，情况就会出现微妙的不同。因而皇帝马可·奥勒留似乎也只能在并无刊行计划的私人笔记《沉思录》中，悄悄记下这些“反体制派”的名字。我想，即使只从这一行为观察，也不难理解马可推行两帝并立制度时的心情。罗马在共和时期，公职的特性之一就是复数并立制度。除了大祭司职位以外，就连职位最高的执政官也都是由两人共同担任。这样做的目的当然是为了避免权力过分集中到一个人手里。那么实施了帝制以后，只有皇帝是一人制，理所当然，皇帝一人集中了权力。恺撒和奥古斯都都认为，如果不推行这种专制体制就不可能成功管理这样的大帝国。这虽然是现实主义的考虑，可假如有人认为不论何种理由都不该垄断权力的话，那么在这种帝制之下，他只能加入反体制的阵营。即使在罗马的帝制政体稳固以后，共和主义者依然层出不穷，因为帝制下的共和主义已经成了理想主义。既然人称马可·奥勒留为“哲学家皇帝”，那么他也应该是个理想主义者。我想就是这个原因，最后造成了史无前例的两帝并立事件。而真正的问题在于，帝国能否在这种体制下发挥功能。

皇帝路奇乌斯

两位皇帝的共同统治无比顺利地开始了。元老院起初虽然错愕不已，但他们还是正确理解了马可推行这一制度的真正意图。本对此事漠不关心的士兵和普通公民也都同样友好地接受了这一结果。按照皇帝即位后的惯例，在访问首都附近的近卫军军营时，两位也是共同出场，他们还同样按惯例给近卫军发放了赏金。至于庆典时送给普通民众的礼物，如在圆形竞技场（斗兽场）举行角斗比赛，或者在大竞技场举行四马战车比赛，两位皇帝也是同时出现在并排的贵宾席上。和 70 多岁死去的安敦尼皇帝相比，40 岁的马可和 31 岁的路奇乌斯给人一种新鲜的感觉，民众十分满意。

路奇乌斯·维鲁斯并没有像马可·奥勒留那样接受过正统的帝王教育，不过“养父”安敦尼也让这个“儿子”拥有了一些“光荣的职务”，即 23 岁时就任财务监察官，24 岁第一次就任执政官。安敦尼·庇护过世的公元 161 年，执政官正巧是马可和路奇乌斯二人，当时马可是第三次任执政官，路奇乌斯则是第二次。安敦尼·庇护肯定以为自己已经让哈德良托付的两个孩子充分积累了政务经验，可是，路奇乌斯·维鲁斯直到31岁时，既没有军旅生活的经历，也没有离开过意大利本土，在这一点上，马可和路奇乌斯两人简直毫无二致。

至于这个路奇乌斯的性格，一言以蔽之，可以说具备着一般次子性格的优点。他没有长子型的马可那种强烈的责任感，却有着奔放豪迈的性情。如果说我们从马可与家庭教师弗龙托的通信中可以看出自我控制下的坦诚，那么这个路奇乌斯的坦诚就完全是自然流露出来的。路奇乌斯并不是十分好学，但他也知道自己必须具备出类拔萃的教养。

并且，与自幼丧父的埃里乌斯·恺撒相仿，路奇乌斯也生有一副令女性倾倒的纤美容貌。虽然不能无视他略微狭窄的额头，但额头下面却是一张瓜子脸，所以他用哈德良式的大胡子遮住下巴来改变这种脸型带来的纤弱形象。其实后来罗马历任皇帝都在模仿哈德良的大胡子。

对皇帝安敦尼而言，路奇乌斯即便拥有了“光荣的职务”，也仍然不是马可之后的候补皇帝。简单说来，他只是个板凳队员，本来与安敦尼的女儿芙斯汀娜订有婚约，这是哈德良早就安排好的，可是后来安敦尼把芙斯汀娜改许给了马可，对路奇乌斯的婚姻就不再问津了。

结果现在路奇乌斯·维鲁斯已经31岁，却仍旧是个没有订婚的单身汉。不过，这一点发生在皇帝身上却正好是个优点，整个罗马的女性都为这个年轻的光棍皇帝而疯狂。

最值得浓墨重彩予以书写的，是这个路奇乌斯对马可的感情。待遇的差距往往造成羡慕和怨恨，可是路奇乌斯却完全不以为意，反而似乎认为兄长马可本该处处领先才是。两人虽然没有血缘关系，但的确情同手足。

路奇乌斯性格和善，即位之后仍旧和马可一样，与恩师弗龙托保持着书信往来。所以从弗龙托的角度看，两个弟子同时登基，真是让人又高兴又自豪。而皇帝幼时的教育居然是由来自偏远行省的人负责，这也为后世的历史学家提供了极好的理由，说罗马是一个世界主义国家。

而从马可这方面看，登基的公元161年是于公于私都忙得不可开交的一年。

首先，8月31日，妻子芙斯汀娜生下了一对双胞胎，这样40岁的马可就已经有过11个孩子。可是11个孩子中的4个不到1岁就夭折了，这一年出生的双胞胎中也有一个在5岁时死去，长大成人的只有5个女儿和这对双胞胎中的另一个男孩。这个男孩就是后来即位的皇帝康茂德。到第二年，即公元162年，马可家又诞生了一个女婴，随后又有婴儿降生但很快死掉了，如果加上公元170年最后出生的女子，马可前后共生养过14个孩子。看来，哲学家皇帝在制造继承人这个问题上，也和哲学方面的思考一样认真。然而在政务方面，仅凭认真是远远不够的。

饥荒与洪水

他们遭到的第一个灾难，就是农作物的歉收。或许是公元161年的气候就不正常，往年的夏季几乎不下雨，而这一年的雨天却格外多。这当然会影响农作物的收获。罗马人的主食是小麦，这些小麦除了从埃及、北非以及西西里岛和撒丁岛购入之外，意大利本土也有出产。可是这一年小麦颗粒无收，并且葡萄、水果和蔬菜等其他农作物也受到了严重打击。灾民的悲号传到首都，即位不久的两位皇帝只能埋头商讨对策。然而祸不单行，到了秋季，台伯河水又出现了严重泛滥。

现在的台伯河因两岸筑有高高的堤坝，中间的河水缓缓地向下游流淌。然而这样的护岸工程是19世纪建设而成的。在这之前的台伯河水是直接流过两岸人家的房前。如果沿着台伯河的东岸向下游走，与曾经的哈德良神殿“圣天使堡”相对，西岸鳞次栉比的房屋尽收眼底，比沿河岸修筑的车道还要低五六米。现代的护岸工程修筑前的台伯河河岸也就是这个高度。

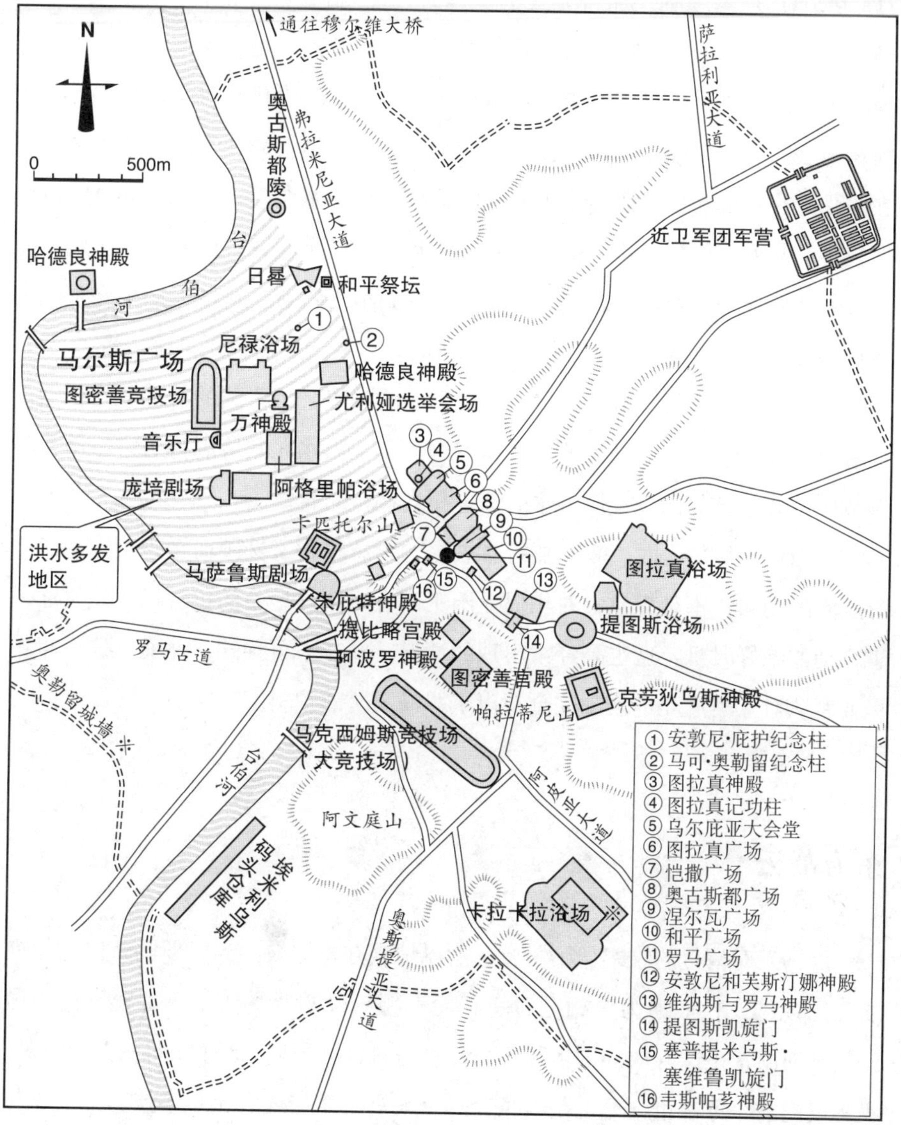

公元 2 世纪后半期的罗马地区（带有※的为帝国后期建筑物）

罗马现在的纳沃纳广场就是当时的图密善竞技场（Stadium Domitian），今天仍旧能看到的通往竞技场入口的大门已位于地面以下。而附近的万神殿（Panthcon）是至今唯一保持完好的罗马时代建筑物，当时需要登上台阶才能到达神殿入口，但是现在，游客必须走下万神殿前面广场的缓坡，才能进入神殿的内部。这是因为只有万神殿存留至今，而周围的古代建筑早已崩塌，被掩埋在地表之下，后来各朝代又在上面大兴土木。台伯河向西弯曲，东边的陆地在罗马时代是公共建筑比较集中的地区，被称为马尔斯广场（Campus Martius，即战神广场），尤其在这一带，现在的地下一层实际上是古代的地上一层。每当人们一修建地下停车场，随便一挖就会挖到地下古迹。所以人们只好把汽车停在路边。如上页图所示，台伯河水泛滥时，容易受灾的也正是这一带。

因此尽管有常任官员专门负责台伯河岸的整修，但帝国的首都罗马仍旧不能避免洪灾，尤其是在马可即位之初的这一年，洪水尤其肆虐得厉害。虽然没有造成公共建筑的倒塌。但洪水的消退相当耗费时日。

正当焦头烂额之时，叙利亚行省总督的紧急报告又接踵而至，帝国的东方有危险的动向。不难想象，对帕提亚国王而言，罗马皇帝的更替期正是发起军事行动的绝好时机。这也是经常出现的情况，并非不可预知。然而，这一年帕提亚军队对亚美尼亚进攻却完全超出了罗马军队的预料。

东方战云

罗马人对情报的收集从不懈怠，所以情报并不短缺。当时罗马帝国和帕提亚王国以幼发拉底河为界相互对峙。无论哪一段的罗马防线，都允许内外居民往来通商，是“开放的国境”，而在幼发拉底河防线，这种倾向就更为明显。罗马境内的东方都市，无论是安条克还是大马士革，或者帕尔米拉，都依靠与东方的贸易生存。

另外，幼发拉底河与底格里斯河的中间地域称为美索不达米亚地区，在这一带，亚历山大大帝东征时遗留下来的希腊人建起很多城市。而幼发拉底河西侧广阔的罗马帝国境内，主要都市的居民也都是希腊后裔。对这些人而言，所谓防线是两国发生军事冲突时才在意的东西，而在和平时期，几乎等同于没有。

因此情报就可以自由传递。在幼发拉底河上来往的人，容貌、服装、语言等完全相同，就连派遣间谍潜入帕提亚王宫，也并不是什么难事。而帕提亚在罗马皇帝更替时期发起的挑衅也一再重复，甚至到了令人感到愚蠢的地步。可是这一次，位于安条克的叙利亚总督府还是大意了。为什么呢？自从哈德良皇帝重建帝国防卫制度，东方的防线坚如磐石，持续了 44 年的和平或许已经太久了。

帕提亚国王沃洛吉斯四世率军侵入的地区，并不是幼发拉底河以西广阔的叙利亚行省，而是位于幼发拉底河上游，即位于帕提亚王国北方的亚美尼亚王国。罗马的传统政策，是利用结盟的亚美尼亚去牵制帕提亚，所以历代罗马皇帝都十分期待亚美尼亚的王位掌握在亲罗马人士的手中。

然而，相对于罗马，亚美尼亚在文化上更从属于帕提亚。因此出于现实考虑，尽管附加了其必须是亲罗马人士的条件，罗马的领导阶层却也不得不认可由帕提亚王室成员出任的亚美尼亚国王。而帕提亚之所以接受"亲罗马人士"这一条件，也不外乎是惧怕罗马的攻击能力。因此一旦出现可乘之机，帕提亚经常要挑起事端。

攻入亚美尼亚境内的帕提亚军队进展神速，他们围攻首都，并利用不安的居民发动叛乱，成功驱逐了亲罗马的国王，拥戴反罗马的帕科鲁斯取而代之。而罗马当然无法对这样的事态袖手旁观。

只是叙利亚的行省总督所对峙的是拥有庞大军事组织能力的帕提亚王国，所以罗马帝国赋予了他远超于其他行省总督的权力。其他行省总督只具备本行省驻军的指挥权，而叙利亚的行省总督则是幼发拉底河防线上卡帕多西亚、叙

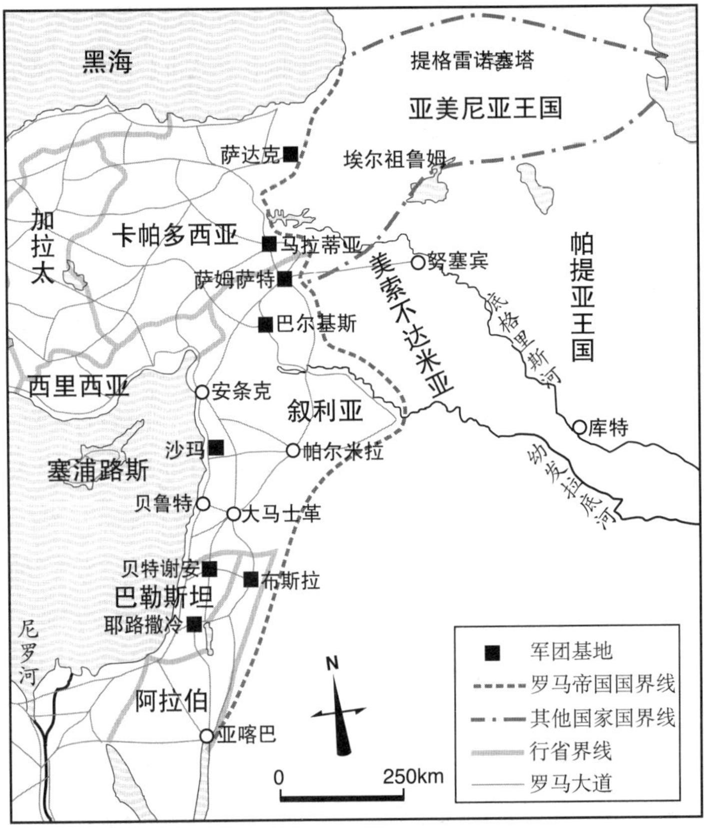

马可·奥勒留时代的幼发拉底河防线

利亚、巴勒斯坦、阿拉伯 4 个行省的总负责人。所以每到紧急时刻，除了驻扎在自己任职地叙利亚的 3 个军团，还有卡帕多西亚的 2 个军团、巴勒斯坦的 2 个军团、古阿拉伯即今天的约旦地区的 1 个军团共计 8 个军团都会归入叙利亚行省总督的麾下。

这里有一点需要事先明确，那就是记述安敦尼·庇护和马可·奥勒留两位贤君 40 余年统治的文献史料格外稀少，所以在很多情况下，我只能进行“大概如何如何”之类的推测。那么这一段的史料为什么稀少呢？

所谓的文献史料，大致可以分为以下三种：

第一种是当事人自己书写的记录。

第二种是与当事人相对立的人写的。

第三种则是“局外人”写的。而所谓的局外人，当然有除当事人以外的同时代的人，而且在空间上，也包括远离首都罗马的偏远行省的居民，在时间上，也包括一百年甚至更长时间之后阐述以往历史的人们。

那么这三种文献史料在各个时代是以什么样的作品表现出来的呢？

我认为公元前 1 世纪正是拉丁文散文的黄金时代，因为以上三种文献史料都充分存在着。

第一种文献史料的代表为尤里乌斯·恺撒的《高卢战记》和《内战记》。

第二种文献史料的代表则是西塞罗的所有著作。西塞罗这个人，简直可以称为书信狂，以推心置腹的阿提库斯为首，从恺撒到布鲁图都是他的通信对象。所以西塞罗的著作和恺撒的著作一样，具有不可估量的历史价值。

只要第一种史料和第二种史料内容充实，深受其影响的第三种史料的质量也绝不会逊色。这包括可视为优秀文学作品的萨鲁斯特 [Gaius Sallustius Crispus，公元前 86—前 34 年，古罗马著名历史学家。主要作品有《喀提林阴谋》(*Conspiracy of Catiline*)、《朱古达战争》(*Jugurthine War*)。——译者注] 的两部著作，以及出自恺撒部将之手的《亚历山大战记》、《阿非利加战记》和《西班牙战记》等。如果同时代人的记录很丰富的话，那么几百年后的人们就会很容易地阐述过去的历史。即便是对两千年后关注罗马的我们而言，那一政局动荡的时代同时也是文献史料最为丰富的时代。

这是因为该时代的当事人尤里乌斯·恺撒需要为自己的行为进行辩护，至少他本人感觉到了辩护的必要性。如果想用言论作为武器，那么只有让自己的支持者理解事件经过，并说服那些态度尚不明朗的人才能做到。文笔不凡的恺撒知道，要想达到这个目的，客观叙述比自我辩护更有效果。因此记述的虽然是他自己的言行，但他没有用第一人称“我”，而是用第三人称“恺撒”。所以尽管著名的《高卢战记》和《内战记》是恺撒的自辩书，但人们还是将其视为最重要的历史资料。

那么，恺撒为什么认为有自我辩护的必要呢？具体到《高卢战记》，因为恺撒有必要向元老院和罗马公民说明为什么罗马必须去征服高卢。当时小加图义正辞严地指责恺撒，说他不等元老院作出决定就擅自攻入高卢，这就是无视元老院的证据，所以应该解除恺撒的总督职务，交给被他击败的日耳曼人。对恺撒而言，如果不想垮台的话，绝对应该将自己的行为正当化。

而执笔《内战记》的目的，则是把他渡过卢比孔河的行为予以正当化，而他这一次并不是未有元老院的许可而出击蛮族。卢比孔河虽然仅仅是一条小河，却是罗马本国与北意大利行省的边界。依照规定，罗马军人不得率军由此南下，带领第十三军团一起渡过卢比孔河的尤里乌斯·恺撒已经触犯了罗马的国法。罗马人是人类史上第一个建成法律体系的民族，也就是说，他们认为自己的国家是法治国家。面对这样的民众，恺撒当然有必要说明自己为什么不得不触犯国法。

当权者如此热衷舆论战，反对派当然也不会沉默。在军事方面，反恺撒派的头面人物是庞培，在元老院，小加图主导了论战，而西塞罗的著作则为反对派提供了理论支持。西塞罗撰写了一部名为《加图》的书，歌颂小加图剖腹自杀的壮烈行为，转眼之间，恺撒也出版了一本书，名为《反加图》，对西塞罗的观点予以回击。这个时代的确是武力称霸的时代，但同时也是唇枪舌剑的论战时代。

公元1世纪初叶，既不是武力称霸的时代，论战的风气也逐渐衰退，帝政开始走向前台。为使自己不像恺撒一样遭到谋杀，奥古斯都一方面公开宣称共和政体的回归，背后却稳固扎实地推行帝政。狮子披上了斑马皮，暂时按捺住百兽之王的咆哮。也就是说，对开国皇帝奥古斯都而言，大张旗鼓地出版自我辩护的书籍，恐有此地无银之嫌，政治上反而不利。他留下的《奥古斯都功德碑》（简称《功业录》）只是列举了他统治期间传给后世也无关痛痒的措施。

当权者推行怀柔政策，反对派也就失去了锐气。所以说，“罗马统治下的和平”已经剥夺了反对派的存在理由。因为在万千人面前，帝政也能维持罗马国家运转的事实得到了充分展示。我认为，在想象力方面恺撒可能略占上风，但在推行政策方面，奥古斯都的手腕无疑更加巧妙。

可是，到了公元 1 世纪中期，随着帝政的稳固，狮子开始掀掉斑马皮。这么说并不是因为当事人的话语增加了，而是因为皇帝们已经没有必要再为自己辩护了。而反对派也不得不承认帝政适合于统治辽阔的疆域，不再采取反体制的行动。不过，他们虽然不再反对皇帝的统治体制，但当皇帝出现不胜任的情况时，他们也不会噤若寒蝉。这种体制内反对派的代表是塔西佗。此人被视为帝政时期最优秀的历史学家，其著作充满了悲观情绪，虽然令人有些望而却步，但的确是忧国之士的真诚呐喊。悲愤真可谓杰作之母。

公元 2 世纪是五贤帝的时代。在这一时代出现的历史著作本应为数众多，然而事实却远非如此。我在《罗马人的故事 9 · 贤君的世纪》中，一开始就叹息有关图拉真皇帝的史料过于稀少，其实，这也是很多历史学家所共同面临的问题。

首先是作为当事人的皇帝们的言论。不过贤明的皇帝们连“必要之恶”都没有沾过，所以他们也的确没有为自己辩护的必要。只有哈德良皇帝曾经从事过“必要之恶”，所以他写过回忆录，目前却已经散佚。而马可·奥勒留的《沉思录》是自己与自己的对话，并没有记载试图向他人表达的事项，在该书中没有“他人”存在的空间。

如果连当事人们都是这种状态，那么塔西佗自然也就失去了阐述事实的兴趣。而这些事实也表明，对皇帝们表示不满的人几乎没有。也就是说，文献史料极度缺乏。后世的我们之所以能够得知这些人当时的业绩，主要是因为在 19 世纪人们关注的不仅是文献，而且也包括碑文和货币。从历史著作的角度看，平安无事的稳定时代注定也是歉收的时代。

那么，当动荡年代再次到来时，历史著作就会显现活力吗？也不能简单地得出结论。思维如同肌肉，需要不停地锻炼。换句话说，就是一旦长期疏于思考，感觉也会变得迟钝。

现在让我们回到公元161年。当时叙利亚的行省总督是阿提狄乌斯·科内利安努斯，此人老迈年高，已经决定退休，每天都在等待新皇帝任命的下任总督到达。因为安敦尼时代的史料欠缺，我们无法得知此人承担叙利亚总督的重任已经多久了。不过，安敦尼·庇护只要觉得一个人胜任职位，就会毫不在意地让他一直做下去。以往曾有先例，相当于罗马市长的“首都长官”职务竟然被同一个人占据了20年之久，直到这位“首都长官”本人提出了隐退的要求，安敦尼才让别人取代他。

我想，不论是多么称职的官员，在同一职位上停留10年、20年绝非良策。历史研究者们一致认为，安敦尼·庇护是对人事安排不作轻易改变的皇帝。在习惯于安定生活的时候，突然传来的帕提亚国王亲率大军入侵亚美尼亚的消息，显然是叙利亚总督科内利安努斯最不愿听到的。不过，既然已经知道了，那么他就有采取行动的义务。

作为东方防线的最高负责人，科内利安努斯命令卡帕多西亚总督塞达狄乌斯·塞维利安努斯率领两个军团中的一个进攻亚美尼亚，迎击帕提亚大军。

对卡帕多西亚的驻军下达的迎击命令本身并没有问题，因为负责守卫卡帕多西亚行省的两个军团的基地都位于亚美尼亚国界附近，只要越过国界向东进发就可以了。然而，面对帕提亚国王亲自率领的大军，却只命令一个军团出击，我们只能说，在拥有过44年之久的和平之后，罗马人的感觉已经变得迟钝了。

如果把技术人员和医生等特殊人员也计算进去，那么罗马的每个军团由6000人组成。而哈德良皇帝重建了帝国的防卫体系，如本书第078页表格所示，每个战略要地都配备了一个军团，他们像佛珠一样彼此相连，构成了帝国的整个防线。也就是说，每个军团都分别担负着基地及其周边的防卫任务。在这种情况下，即使命令整个军团全体出击，6000 人也不可能全都离开驻地。实际上，就算军团长率先出动，高举着代表军团的银鹫旗，跟随他的也只有 6000 人的一半。当危险程度稍低时，或许也能派出三分之二的兵力。在罗马的军团基地附近，肯定会有辅助兵基地。由行省民众组成的辅助兵与拥有罗马公民权的军团兵在数量上相同或略少，但在哈德良所建立的防卫体系里，绝不允许只让辅助兵守卫基地而军团兵倾巢而出的情况发生。出击亚美尼亚的罗马军团也是如此，兵士的数量有可能达到 6000 人，但主要作战力量恐怕只有 3000 人。而东方的君主则普遍认为，能亲率大军才是王者的证明。

通过身在安条克的叙利亚总督发往罗马的第二份战报，是由突围的士兵层层递交上来的。当时军团遭到包围，士兵奋勇抵抗，最后整整一个军团全军覆没。前敌指挥卡帕多西亚行省总督塞维利安努斯虽然是出身高卢的将领，但他效仿以往的罗马武将，承担起失败的责任，愤而自尽。

对于罗马帝国的两位皇帝而言，必须采取紧急对策的时候到了。一是因为一个军团的覆灭是军事上的巨大损失，二是因为一向战无不胜的罗马军团惨遭失败，必然会对形势复杂的东方产生深刻影响。

罗马帝国的东方防线，并不是只以幼发拉底河为界与帕提亚王国相对峙这么简单。在两大强国之间，还有类似亚美尼亚的为数众多的小王国，以及处于当地豪门部族支配下的领地。他们发挥着必不可少的缓冲作用，而这也正是中近东地区所特有的情况。这些国王和领主之所以站在罗马一边，并不是出于政治和社会等方面的价值判断，而只是单纯对罗马军事力量的仰慕。东方的人们追随强者，当年亚历山大大帝东征之所以所向披靡，原因之一就在于这个马其顿的年轻人总是取得压倒性胜利。只要阅读一下亚历山大大帝的东征记就可以知道，每当他获得全胜，周边的国王和豪族都会带着黄金桂冠前来劳军。黄金桂冠表示归顺之意，他先以雷霆万钧之势取得胜利，收集黄金桂冠，接受周边

军团配置一览表

	行省名	军团数	军团名	基地（当时地名）	基地（现在地名及国名）
	Britannia（不列颠）	3	II Augusta	Isca Silurum	卡莱奥恩 / 英国
			XX Valeria Victris	Deva	切斯特 / 英国
			VI Victrix Pia Fidelis	Eburacum	约克 / 英国
莱茵河防线	Germania Inferior（低地日耳曼）	2	I Minerva	Bonna	波恩 / 德国
			XXX Ulpia	Castra Vetera	克桑腾 / 德国
	Germania Superior（高地日耳曼及日耳曼长城）	2	VIII Augusta	Argentorate	斯特拉斯堡 / 法国
			X XII Primigenia Pia Fidelis	Mogontiacum	美因茨 / 德国
多瑙河防线	Pannonia Superior（近潘诺尼亚）	3	X Gemina	Vindobona	维也纳 / 奥地利
			X IV Gemina	Carnuntum	佩特罗内拉 / 奥地利
			I Adiutrix	Brigetio	苏尼 / 匈牙利
	Pannonia Inferior（远潘诺尼亚）	1	II Adiutrix	Aquincum	布达佩斯 / 匈牙利
	Moesia Superior（近米西亚）	2	IV Flavia	Singidunum	贝尔格莱德 / 塞尔维亚
			VII Claudia	Viminacium	科斯托拉茨热 / 塞尔维亚
	Moesia Inferior（远米西亚）	3	I Italica	Novae	斯维什托夫 / 保加利亚
			XI Claudia	Durostorum	锡利斯特拉 / 保加利亚
			V Macedonica	Troesmis	依格里扎 / 罗马尼亚
	Dacia（达契亚）	1	VIII Gemina	Apulum	阿尔巴·尤利亚 / 罗马尼亚
幼发拉底河防线	Cappadocia（卡帕多西亚）	2	XII Fulminata	Melitene	马拉蒂亚 / 土耳其
			XV Apollinaris	Satala	萨达库 / 土耳其
	Syria（叙利亚）	3	X IV Flavia	Samosata	萨姆萨特 / 土耳其
			IV Scythica	Zeugma	巴尔奇斯 / 土耳其
			III Gallica	Raphaneae	沙玛 / 叙利亚
	Palestina（巴勒斯坦）	2	VI Ferrata	Scythopolis	贝特谢安 / 以色列
			X Fretensis	Aelia Capitolina	耶路撒冷 / 以色列
幼发拉底河防线	Arabia（阿拉伯）	1	III Cyrenaica	Bostra	布斯拉 / 叙利亚
	Aegyptus（埃及）	1	II Traiana	Nicopolis	亚历山大东北部 / 埃及
	Numidia（努米底亚）	1	III Augusta	Lambaesis	龙柏斯 / 阿尔及利亚
	Hispania（西班牙）	1	VII Gemina	Legio	莱昂 / 西班牙

合计 28 个军团 Legionaris（军团兵）——16.8 万人（主力）
Augiliaris（辅助兵）——约 14 万人（包括特殊技能兵种）
Numerus（季节兵）——3 万—4 万人

另外还有海军——除在米塞诺、拉韦纳和弗雷瑞斯等军港以外，在多佛尔海峡、莱茵河、多瑙河、黑海等处也有配备。其由水兵、划桨手、操舵手，当然还需加上医生，构成类似陆上军团的战斗力量。

地区的归顺，然后再度进军，胜利之后再度收集桂冠。反复重复这一过程，终于在最短的时间内成就了东征大业。如果必须一个一个地击溃面前的敌人，那么纵然他发动闪电战，也不可能在不足十年的时间里打到印度。因此在东方世界，罗马必须不断宣示自己的强盛，否则罗马将失去缓冲地带，不得不与帕提亚直接对峙。

然而，这种情况在西方就截然不同。西方人倾向于从自身的角度出发，不但在军事上，而且在其他所有方面都作出价值判断，然后再决定是否结盟。在第二次布匿战争中，每每给予罗马以重创的迦太基名将汉尼拔的错误，就在于他在西方的意大利也因袭亚历山大大帝的战略。尽管汉尼拔所向披靡，其战绩甚至可以作为现代军事院校的教材，但与罗马结盟的意大利人并没有归附于他。在罗马和迦太基正面冲突的布匿战争中，这才是罗马人取得最终胜利的真正原因。

因为在东边防线常年配置着 8 个军团，可见公元 2 世纪的罗马领导人也谙知东方人这种特殊的习性。而在公元 161 年所受到的打击，其危险性也远超一个军团的覆灭。罗马必须抓紧时间，专心开展应对策略。

帕提亚战争

形势紧迫，可是马可和路奇乌斯都没有丝毫军事经验。他们既不曾到访过守卫边境的军团基地，更没有接见过军团士兵。如果说两位皇帝接触过的军事人员，恐怕只有驻扎在首都罗马近郊的近卫军将士。至于他们认识的将军级人物，往往都是经皇帝推荐当选为执政官的边疆行省总督或军团长。这些人在执政官的一年任期结束后，仍旧返回边疆行省。进行人事安排不能缺少基本资料，可是偏偏在这一点上，先帝安敦尼没能使马可拥有足够的经验。如果以往出现过类似情况，那么当时的对策也可以作为现在的判断依据，然而先帝治下的23年间，连编年史的作者都叹息无事可记，所以这种判断资料也同样是白纸一张。

结果，马可和路奇乌斯任命斯塔提乌斯·普利斯克斯继任战败自杀的卡帕多西亚行省总督塞维利安努斯。因为这位将军是两年以前即公元159年的执政官，两位皇帝认识他。不过，这样的人事安排并不是单纯因为面熟。此人出身于元老院阶级之下的骑士阶级，在当选为执政官之前，已经先后担任过达契亚、米西亚和多瑙河前线行省的总督。这种人在军中百炼成钢，从能力考虑的确是最佳人选，45到50岁之间的年龄也是一个积极因素。但是，决定将其派往卡帕多西亚的时候，普利斯克斯正在不列颠行省总督任上。从不列颠前往卡帕多西亚，是从帝国的西端到东端的漫长旅行，相当于从今天的英国前往土耳其，并且他还无法利用飞机、火车等现代交通工具，只能靠船只和马挨过这艰难的行程。

如果是我来决策，那么我会找身在附近的人才接替战败自杀的行省总督塞维利安努斯，暂且填补上总督这个空缺。战败的军队士气低落，司令官也已自尽，在这种情况下，不但少数侥幸突围逃脱的士兵惊魂未定，就连驻守在卡帕多西亚行省的另一军事基地里的士兵肯定同样心惊胆战。而且，在卡帕多西亚以南，是帝国东部的防卫要冲叙利亚行省，与帕提亚之间已经40多年未曾开战，刚一交手就大败，对驻扎在叙利亚行省的3个军团不可能没有影响。

而暂时填补空缺，也不存在人才不足的问题。哈德良皇帝任用人才一贯重视能力，安敦尼·庇护则萧规曹随，那个时代的武将仍旧占据着各行省总督的职位，他们的手下也是人才辈出。马可在今后不得不面对的战争中，依靠的还是这些与自己同时代的年轻将领，不过，要认识这些离获选为执政官还有一段年龄差距的军官，只能到远离罗马的军团基地。

在罗马军队，普通的军团士兵几乎堪比终身雇用，在20年的兵役期间，都在隶属同一军团的同一基地服役。但是到了大队长以上的职位，所属的军团和基地发生变更则比较常见。马可早在 20 多年前就已经是内阁成员，肯定了解这些年轻将领的姓名和经历，只不过没有和他们见面说话的机会。

既然决定让不列颠行省总督普利斯克斯前往卡帕多西亚，那么也应该尽快填补普利斯克斯离任形成的空缺。罗马时代的不列颠行省，相当于今天的英格兰与威尔士，以哈德良长城为界，北面是广阔的苏格兰，当时称为喀里多尼亚，位于罗马的势力范围之外。他们每年的重要活动，就是骚扰罗马，因此罗马只好派出 3 个军团，常年驻守不列颠。皇帝马可任命卡尔普尼斯·阿格里科拉为总督，指挥驻军，承担保卫不列颠行省安全的任务。同时，马可还更换了莱茵河防线上两个行省之一的高地日耳曼的总督。前往美因茨赴任的新总督是马可的同窗，也是恩师弗龙托的女婿，名叫奥菲狄乌斯·维克托利努斯。不过，这与其说是新皇帝的改弦更张，不如说是先帝时代的防卫负责人因年龄关系的正常轮替。

正当马可忙得不可开交的时候，东方的第三封战报到达了。攻陷亚美尼亚、歼灭罗马一个军团的帕提亚军队这次改变了进军路线，挥师叙利亚行省。总督科内利安努斯虽以老迈之躯奋勇出击，依然不幸败北。罗马军队虽然免遭覆没，却不得不全线后退。因罗马的败绩，东方的一些小君主已经蠢蠢欲动，意欲断绝与罗马的同盟关系，改同帕提亚结盟。如果这种倾向表面化，那么罗马帝国的东方防线就有可能全面崩溃。

御驾亲征

马可·奥勒留知道，目前除了真正与帕提亚展开较量，已经没有其他办法了。而罗马所谓的真正的较量，指的就是皇帝御驾亲征。自图拉真皇帝东征以来，罗马已经半个世纪不曾做出这样的举动了。这半个世纪中，哈德良、安敦尼·庇护两位皇帝任上都没有战事，而现在居然要由气质上距离战争最为遥远的马可·奥勒留来打破困境，并且还是在他即位的第一年。对哲学家皇帝而言，这应该是一个痛苦的抉择。不过，罗马皇帝最重要的职责，正如“Imperator”（凯旋将军，元首，皇帝）字面上的含义，就是指挥军队保卫帝国。正因为他是罗马全军的最高司令官，所以才被称呼为“皇帝”（Imperator）。

最后出征东方的，是31岁的皇帝路奇乌斯·维鲁斯。据历史学家卡西乌斯·狄奥记载，当时人们认为路奇乌斯比马可“年轻力壮，更适合于前线指挥”。虽然大家很快就意识到了这是严重的失算，但在当时都觉得这是非常稳妥的选择。马可则留在首都，在后方做总指挥。如果两位皇帝一前一后各司其职的战略体系能够发挥作用的话，也可以从实践方面证明马可·奥勒留所推行的两帝并立制的有效性。

然而，路奇乌斯和马可一样，既没有在行省任职的经历，也不具备相应的军事经验。所以马可安排了很多能力卓越、经验丰富的人，随伺在路奇乌斯左右。这些人并不直接指挥军团，官职叫“comes Augustorum”，直译过来的意思是“奥古斯都的随从”，用现在时尚一点的话来说，就是“智囊”。

在这个智囊团中有一个人，名叫弗利乌斯·维克托利努斯，他除了曾经常年担任包括卡帕多西亚在内的小亚细亚全境的财务官，而且还有埃及长官的任职经历，非常了解帝国东方的具体情况。此人的军事经验也很丰富，曾在不列颠、多瑙河防线以及西班牙有过长期的军旅生活。一般“皇帝的随从”都是元老院议员，而之所以把本属于骑士阶级的这个弗利乌斯·维克托利努斯提拔成智囊团的领导，首先就是因为他具备的经验。在元老院议员中挑选出来的随行人员，也都是以经验的多寡作为评判标准的。比如庞提乌斯·雷利亚努斯虽已老迈，但历任不列颠、日耳曼、潘诺尼亚、叙利亚等重要行省的总督，通晓莱茵河、多瑙河、幼发拉底河帝国三大防线的所有情况。马可的恩师弗龙托曾经称赞他“是踏实正派的人，罗马传统军纪的奉行者”。我想马可或许期望此人发扬传统，为东方军团“纠偏”。因为在罗马出现了一种专断的声音，认为时隔44年连败两阵的原因就在于东方军团的软弱化。

尽管马可如此贯彻实力主义，可是在考虑力不从心的叙利亚总督的替代人选时，却任命了自己的表兄阿尼乌斯·里布，这个人与马可年龄相仿，也是四十出头，承担重任虽无不妥，但同样没有行省与军团的任职经历。

在罗马，与马可·奥勒留同辈甚至小一辈的元老院阶层，很多人既没有离开过意大利本土，也全然不知边境地带的军团生活。这与其说是因为和平持续得太久，还不如说是当年在位的皇帝安敦尼·庇护根本不重视实地经验的风气起了主导作用。连皇帝本人都仅在罗马和那不勒斯两地之间往来，良家子弟间自然不会流行积极进取的精神。背景深厚的里布就任叙利亚总督，最后果然事与愿违。不过，依靠自身实力奋斗出来的骑士阶级还是支撑住了大局，从这个时代起，出身于罗马社会骑士阶级的人纷纷走上了军团长的职位。

既然是由皇帝路奇乌斯·维鲁斯担任最高司令官的罗马军队，更需在量与质两个方面都得到绝对保证。或许马可对负责幼发拉底河防线的8个军团仍旧不太放心，决定再从西方抽调3个军团和分团规模的军队。即从莱茵河防线的军团中抽调驻守波恩的第一密涅瓦军团，从多瑙河防线的军团中抽调驻守布达佩斯的第二亚狄托里库斯军团，以及驻守在依格里扎的第五玛肯多尼加军团。这3个军团都以银鹫旗为先导，由军团长亲自率领。另外以维也纳为基地的第十杰米纳军团也派出了几个分团规模的大队，由军团长带队向东挺进。

如前所述，军团里的6000人不可能悉数离开基地，所以虽然是以军团为单位的抽调，可是前往东方的，也不过是三分之二的兵力。在通常情况下本来只能派出二分之一，可是这个罗马皇帝给各基地的军团长发出了命令，如果驻地发生意外，不要去刺激境外的蛮族，而是尽量采取外交手段和平解决。毫无疑问，虽然3个军团明知后方空虚，可还是尽最大努力抽调兵力前往东方。这样，来自西方的援军就达到了1.5万人左右，加上东方的8个军团可以派出三分之二的兵力，即 3.2 万人，计划于公元 163 年开始大反攻的罗马军团，主力军团兵已经达到了 4.7 万人。这个数字虽不是多得令人瞠目，却也没有少得令人可怜。

路奇乌斯·维鲁斯离开罗马向东进发的时候，已经是第二年即公元 162 年的初夏。从罗马先沿阿皮亚大道南下，到终点布林迪西港换乘等在那里的舰队继续向东，马可送行到了半路上的加普亚。可是，当马可回到罗马后接到的，却不是部队已从布林迪西港起航的消息，而是路奇乌斯在阿皮亚图拉真大道旁的小镇卡诺萨病倒的紧急报告。惊讶不已的马可于是策马赶往卡诺萨。路奇乌斯的症状并不严重，主要是登基以来首次外出，欣喜若狂，而沿途城镇也一再举行欢迎宴会，令他疲于应对。经过三天修养之后，路奇乌斯再度踏上征程，从布林迪西港开始，在舰队的护卫下，浩浩荡荡向东进发。

在十万火急的情况下，完全可以一直航行，直接前往叙利亚行省的首府安条克。顺风时 10 天左右，假如风向不稳必须击桨而行，也不会超过 40 天。这就是“有桨战舰”的海上速度。皇帝路奇乌斯所乘坐的，是罗马帝国设备最先进的米塞诺舰队。只要路奇乌斯下达命令，舰队完全可以不做任何停靠，横穿东地中海，直接抵达安条克。40 年前的哈德良皇帝不但曾数次穿越东地中海，甚至还曾从西班牙的塔拉戈纳出发，主要海港城市都没停留，从海路直抵安条克。虽然行程是路奇乌斯的两倍，但却只用了一个月时间。所以只要有激昂的意志，完成这一半航程绝对不在话下。可问题是路奇乌斯没有这种意志，因为如果只在海上航行的话，就无法享受到陆上举办的迎宾大典和美味珍馐。

即便路奇乌斯不是皇帝，而是一个普通的人，这种心态也不难理解。自年幼时期开始，他就一直在务实耿直的“父亲”安敦尼·庇护和顺从的“兄长”马可身边长大，家庭教师也都是有名的学者，在这方面他和马可并没有区别。但 30 年的生活中如果只有这些的话显然很无聊，如今路奇乌斯·维鲁斯已经过了 30 岁，终于可以摆脱繁文缛节的束缚了。

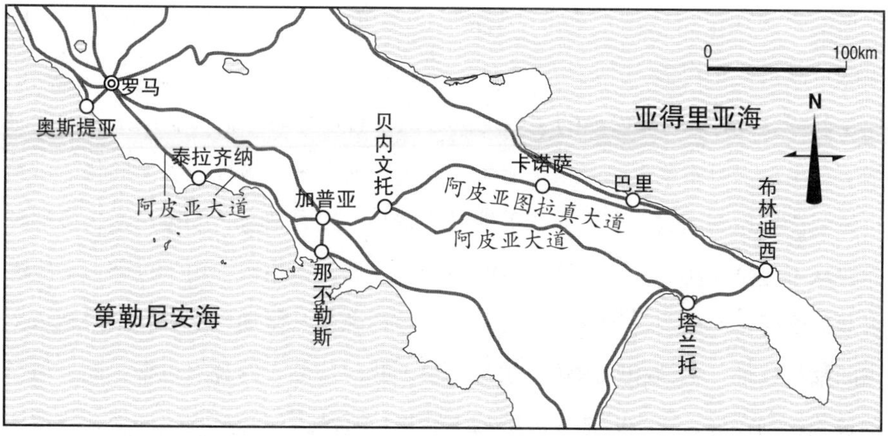

从罗马到布林迪西的主要道路

从布林迪西港起航，经海路到达希腊，在科林斯上岸，然后沿陆路前往雅典。或许在路奇乌斯看来，皇帝就应该这样出行，一路上歌手和乐师随伺左右，十分排场风光。

在雅典，名师中的名师赫罗狄亚斯·阿提库斯已经安排了豪华的欢迎仪式，迎接昔日的弟子、如今的皇帝路奇乌斯。所谓“阿提库斯”本是个诨名，指的是以雅典为中心的“阿提克地区的人”，此人真名为提比略·克劳狄乌斯·赫罗狄亚斯。从姓名可以看出，这个人的家族是在皇帝克劳狄乌斯时代获得罗马公民权的希腊人。不过，真正使他成为公元2世纪文化圈代表人物的，不只是学问，更是因为弗龙托等人都望尘莫及的富有，而且人们对他的评价是“极善花钱”。罗马帝国的公共事业有中央政府、地方自治体和个人捐赠三大支柱，因赫罗狄亚斯·阿提库斯的存在，第一个近水楼台先得月的，便是他所属的地方自治体雅典市。同时，对雅典的学术中心地位不惜大手笔投入的罗马中央政府，也知道对这种热心支持公益的人进行回报。安敦尼时代的公元143年，赫罗狄亚斯·阿提库斯获得了皇帝的推荐，被选为执政官。虽然同为皇位继承人家庭教师的弗龙托在这一年也荣任执政官，可是和阿提库斯的正式职位相比，弗龙托只是替补。尽管是捐款，但在罗马时代，对国家的贡献最受重视。

赫罗狄亚斯·阿提库斯的父亲也做过执政官，那时他们家就属于元老院阶级了。虽然出身希腊人，是被征服者，但阿提库斯早已被征服者所同化，对整个体制没有丝毫抵触。他大张旗鼓地批判罗马鼎盛时期流行的辩论术，说那种东西只不过是在玩弄辞藻而缺乏直面内心的热情。他指出，由于过分追求冷静客观的论断，对欲望、苦恼、愤怒和欢喜等情感却一概加以抑制，结果塑造出来的就是忧郁、怠惰和麻木的人生与社会。我对这个人的观点也很认同。适当的自我控制还好，可当时很多教师却主张皇位继承人应当自重，即使在欣赏四马战车比赛时也不该为心仪的赛手加油助威。所以在我看来，阿提库斯不但是位教师，更是一个理智的人。顺便说一下，马可·奥勒留在《沉思录》中表示谢意的"恩师"，几乎都是教他"自重"的人，因而马可对赫罗狄亚斯·阿提库斯只字未提。

啰嗦一下。在我所参观过的罗马时代的别墅遗址中，比较令人惊叹的有4处：卡普里岛的提比略皇帝别墅、奇尔切奥的图密善皇帝别墅、蒂沃利的哈德良皇帝别墅，以及紧邻阿皮亚大道的赫罗狄亚斯·阿提库斯别墅。这个公元2世纪的"享乐主义者"不仅热心于公共事业，在个人消费方面也有着自己的价值观。

当路奇乌斯途经雅典时，赫罗狄亚斯·阿提库斯正好60岁。这个生活充满情趣、万事顺遂的人一掷万金，为皇帝举行了极为奢华的欢迎大典。年龄只有他一半的路奇乌斯当然乐不思蜀，结果停留在雅典的时间一再拖延。直到32岁的生日都快临近的时候，路奇乌斯才依依不舍地登船。尽管离开了雅典，但他也没有直航安条克，而是尽情享受爱琴海上的美丽风光，还在连接小亚细亚西岸的以弗所和米利都等海港城市靠岸。皇帝一行终于到达安条克的时候，已经是那一年的冬天了。

反攻开始

幸运的是，与优哉游哉的皇帝截然不同，斯塔提乌斯·普利斯克斯正在策马扬鞭，日夜兼程，从不列颠赶往卡帕多西亚。他先渡过了多佛尔海峡，横穿高卢，然后乘上巡弋在多瑙河上的船只直达黑海，再经由赫勒斯滂海峡（Hellespont，今达达尼尔海峡）踏上小亚细亚，最后到达了卡帕多西亚。从罗马帝国的西端直到东端，真可谓一鼓作气。并且赶到之后，他仍旧马不停蹄，每天都努力鼓舞败军的士气。

而同一时期，远在罗马的马可也是日夜操劳，身心俱疲。不但帝国的西方需要他统领，而且在路奇乌斯已经前往的东方，当地官员也依旧把紧急信件送至罗马。马可写信给无话不谈的恩师弗龙托，说自己因繁忙与焦虑造成身体极度不适，可是就连在别墅疗养的四天里也同样不得休息。弗龙托给弟子回信，提醒他至少应该保证充足的睡眠。我推测，马可·奥勒留或许在精神方面的承受力比较薄弱，当然，皇帝有一位那样的搭档，产生焦虑也不足为奇。

叙利亚的安条克和埃及的亚历山大港同为东地中海的最大都市，然而每当战云覆盖帝国东方，这座城市总逃不掉前线参谋总部的命运。东方前线最高司令官路奇乌斯皇帝好不容易到达安条克，可是他主持的作战会议一开始就陷入了争执，令满怀期待的将军们大失所望。由于编年史和史书语焉不详，我们无法猜测其具体内容。可能是战略构想存在差异，也可能是单纯的个人恩怨。总之，激烈的争论并不是在路奇乌斯皇帝和将军们之间展开，而是发生在皇帝与先期到达的叙利亚新任总督里布之间。

路奇乌斯与里布二人，第一个共同点就是年龄虽然相差 10 岁，但属于同代人；第二个共同点是两人都属于罗马社会里的最高层，一个是皇帝，另一个则是皇帝马可的表兄；第三个共同点是两人虽然都担任过执政官，可至今没经历过边境的军旅生活，也不曾在其他行省担任过公职。据说，虽然同住在总督官邸，可是除了出席作战会议之外，这两个人互不理睬，形同陌路。

0
250
500km
罗马帝国国界线
罗马大道
军团基地
N
维也纳
苏尼
佩特罗内拉
布达佩斯
达契亚
阿尔巴尤利亚
多瑙河
乌尔比亚·特莱亚纳
依格里扎
贝尔格莱德
科斯托拉茨热
锡利斯特拉
斯维什托夫
黑海
锡诺普
特拉布宗
君士坦丁堡
米西亚
色雷斯
比提尼亚-本都
萨达克
布林迪西
马尔马拉埃莱利西
伊兹米特
马其顿
开塞利
卡帕多西亚
塔兰托
塞萨洛尼基
赫勒斯滂海峡
亚细亚
马拉蒂亚
萨姆萨特
尼科波尔
帕加马
加拉太
亚该亚
斯密尔纳
巴尔基斯
科林斯
雅典
以弗所
塔尔索斯
米利都
利西亚-潘菲利亚
安条克
希腊
西里西亚
叙利亚
罗得
卡莱
沙玛
塞浦路斯
贝鲁特
大马士革
克里特
地中海
贝特谢安
恺撒利亚
布斯拉
巴勒斯坦
尼科波利斯
尼罗河
耶路撒冷
沙哈特
亚历山大
亚喀巴
昔兰尼加
埃及
孟菲斯
阿拉伯

罗马帝国的东方

最后使事态得以平息的，是马可为路奇乌斯配备的“皇帝的随从”。然而说是平息，却并不意味着对帕提亚战争的最高司令官和副司令官之间关系的改善，而是众人在作战会议上干脆无视他们二人的存在。皇帝路奇乌斯很快就发现了心仪的女人，而总督里布则不适应东方的气候，身体健康受到损害，所以这两个人事实上都相当于脱离了战线。

不久以后，总督里布病死在安条克。这个消息对路奇乌斯是个打击，据说他开始后悔自己从前的言行。如此看来，路奇乌斯皇帝虽然缺乏责任感，但人还算不坏。

在对帕提亚展开正式反攻前夕，绝不能让叙利亚行省的总督职位出现空缺。虽然路奇乌斯也是皇帝，同样拥有人事权，可是选择继任者的工作还是只能由马可来完成。或许是已经领教过了上流社会名门子弟的把式，马可这一次任命的是老辣的尤里乌斯·维鲁斯。这个人在公元151年做过执政官，所以年龄可能也就是50岁出头。他也来自行省的骑士阶级，在首都罗马担任过执政官以后又返回到行省任职，曾连续6年做日耳曼和不列颠的总督。在后来危急关头的叙利亚，这个人担任过4年叙利亚总督。他在公元179年离世，尽管一生几乎都在行省任职，但在当时看，70来岁的人生应该是很长寿的了。

我为撰写《罗马人的故事》这部系列图书而暂住在罗马，好处之一就是考察罗马帝国的任何防线，都可以乘飞机在两小时以内到达。因为罗马处于古罗马帝国的中心位置，往来十分便捷。不过在日常生活中，我也深切地感受到，罗马帝国不但在各个种族、民族和文化上多姿多彩，而且在地理气候上也同样差异巨大。

维也纳和布达佩斯现在已经成为欧洲中部国家的首都，当年却是罗马人沿“北方前线”莱茵河和多瑙河设立的基地。在这里的古代遗迹中流连，还能发现房屋地面下的暖炉构造。当我冬季在多瑙河流域中部旅行，以为可以追寻马可·奥勒留之死时，不禁想起在罗马久违的“严冬”一词。而在北非的突尼斯和利比亚，我也看到了当年人们为躲避酷暑，在地下修建的住宅遗迹。在灼热的沙漠里，罗马人甚至学会了制作类似水果冰激凌一样的食物。他们了解水分蒸发会带走周围热量的原理，故而在热带也生活得十分惬意。

我之所以关注罗马领导层的行省经历，是因为他们这样不仅可以增长见闻，还能使身体习惯于各种不同的气候。普通的士兵在 20 年时间里，都会在同一军团同一地点服役，退役后大多同当地女子结婚，然后住在基地附近。罗马军团士兵的这种“土著化”是罗马防卫战略的组成部分，因而逐渐得到接受和巩固。但是百人队队长以上的职位就不同了，尤其是大队长和军团长，任职地点变化频繁，这也同样是防卫战略的一环，他们不但强健了体魄，而且适应了各种各样的气候。

在那个时代，具备这些经历以后即位做皇帝的，是图拉真和哈德良。然而时间仅过去 20 年，像马可·奥勒留和路奇乌斯·维鲁斯这样的上层人物，在走向统领国家的过程中，都与这种生活体验无缘。而真正的问题还不在这里。因为安敦尼·庇护的示范作用，人们都对行省经历的重要性缺乏认识，认为不出本国也同样可以统治整个帝国。这就好比一个跨国公司，如果在总公司里就能顺利经营的话，谁还会忍耐着时差的困扰，跑到分散于世界各地的分公司，辛辛苦苦地接触不同种族的客户呢？我认为安敦尼·庇护这个皇帝至多是个擅长处理眼前问题的优秀官员，怎么也算不上是未雨绸缪的政治家。

可是，尽管经过了安敦尼·庇护治下的 23 年，哈德良皇帝重建的帝国防卫体系却依然充分地发挥着功能。公元 163 年开始的帕提亚战争一直是总督和军团长们大显身手的舞台。路奇乌斯皇帝令人称道的地方在于，他不但对亲自带兵不感兴趣，而且也从未对带兵在前线出生入死的将军们拟定的战略战术指手画脚，因而到了真正反击的时刻，罗马军队依然所向披靡。

因公元 161 年帕提亚国王进攻亚美尼亚引起的“帕提亚战争”历时 5 年，至公元 166 年结束。战线的移动大致分为三个阶段：

第一阶段从公元 161 年到 163 年，战场在亚美尼亚境内。

第二阶段从公元163年到165年，在这两年间，战场越过了幼发拉底河，进入了帕提亚境内。

第三阶段从公元165年到166年，这一年战火继续向东蔓延，越过底格里斯河深入东方腹地。

仅看战场的移动变化，罗马军队的反击状况也可一目了然。而且，罗马国内还有一大批前线那样骁勇善战的军事指挥家。

公元163年春，罗马开始在亚美尼亚战线展开反攻，战争的主角就是奉诏从不列颠紧急赶来重整旗鼓的斯塔提乌斯·普利斯克斯。卡帕多西亚总督麾下本有两个军团的武装力量，其中的一个在战争伊始就遭歼灭，现在有了援军的加入，又重新凑够了两个军团。另一个任务就是消除军中蔓延的失败情绪，鼓舞士气。不过这对军中老将而言简直轻而易举。士兵们甚至开玩笑说，只需我们的将军在阵前一声断喝，敌军就如同中箭一样纷纷倒地。从这种玩笑话可以看出，军中的失败情绪已经一扫而光了。

在亚美尼亚战场，在小亚细亚出身的军团长克劳狄乌斯·弗龙托的率领下，驻守在波恩基地的第一密涅瓦军团参战。驻在维也纳的第十杰米纳军团派出的虽然是分队，却是由军团长亲自带领，这个军团长名叫喀米尼乌斯·马尔奇亚努斯，是来自北非的武将。并且只要有需要，在叙利亚行省伺机而动的两个军团随时可以挥师北上，指挥他们的是第三高卢加军团的军团长、叙利亚出身的亚维狄乌斯·卡西乌斯，总之，当时罗马军中高手如林，骁将荟萃。

罗马军队有个传统，如果初战失利，他们一般不会匆忙反击，而是假以时日，为反攻作充分准备。一旦准备妥当，他们会迅速出击，一蹴而就。这次的帕提亚战争也充分体现了罗马军队的这一特点。

尤其是率领卡帕多西亚军团的普利斯克斯的行动更是疾如闪电。他们自攻入亚美尼亚境内就挥师东指，春天尚未结束时，就对阿拉伯海以西300公里的首都阿尔塔库萨塔展开了攻城战。从西方赶来的援军在弗龙托和马尔奇亚努斯的率领下，积极发挥了侧翼的牵制掩护作用，所以进军首都变得顺利，也能专

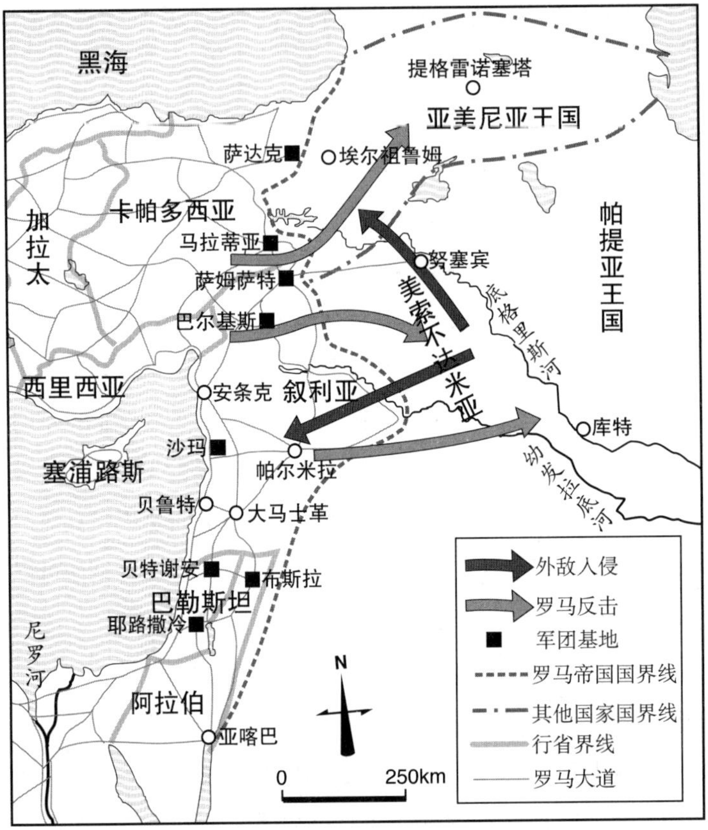

帕提亚战争中的幼发拉底河防线

注于攻城。

在罗马军队的猛烈进攻下，帕提亚控制的阿尔塔库萨塔终于陷落。由帕提亚国王扶上王位的帕科鲁斯王子遭到驱逐，亲罗马派的索菲埃姆斯登上了王位。这个人既是帕提亚的王室成员，同时也是罗马元老院议员。罗马从实际出兵到夺取亚美尼亚，实现初步战略目标，前后用了不到半年时间。在年底之前，亚美尼亚境内的帕提亚军队已经被全部驱逐了出去。

在共和政体时代，取得胜利后的罗马军队士兵，都会面向率队征战的司令官高呼“Imperator”，我们翻译成“皇帝”，实际上这个词带有浓厚的军事色彩。进入帝政时代以后，政治上的最高统治者开始兼任全军的最高司令官，因此胜利后的士兵也不再向直接指挥作战的总督或军团长欢呼，而是向皇帝欢呼了。公元163年取得胜利后的场面也是如此，士兵们欢呼的对象既不是普利斯克斯，也不是弗龙托和马尔奇亚努斯，而是不在前线的皇帝马可和路奇乌斯。马可·奥勒留每天在罗马埋头处理政务，路奇乌斯·维鲁斯则无法忍受安条克夏日的炎热，跑到西风轻拂的地中海沿岸避暑去了。据说路奇乌斯还十分关注罗马大竞技场举行的四马战车比赛结果。在红、白、蓝、绿四支队伍中，他是绿队的狂热支持者。马可的家庭教师曾反复强调皇位继承人与庶民不同，应该“自重”，不要在这种比赛中倾向于任何一方。马可遵从告诫，而接受同一批老师教育的路奇乌斯则把这些话当成了耳旁风。不久前，路奇乌斯还勾搭上了出身于小亚细亚的希腊美女潘提亚。人们传说这个美女简直就是普拉克西特里斯雕塑的维纳斯，头脑睿智，举止优雅，仅仅是说话就令人倾倒。对马可而言，这个女人的存在又给自己增添了新的焦虑。

路奇乌斯不但是马可的“弟弟”，同时也是一起治理国家的搭档。他对政务军务的不闻不问已经使马可头痛不已，现在又被这个东方女子搞得神魂颠倒就更糟糕了。路奇乌斯的独身状态也使事情变得复杂。也许是想从根本上解决问题，马可居然决定把自己的女儿露西拉嫁给他。法律名义上两个人是叔侄关系，事实上并没有血缘关系。当时路奇乌斯33岁，露西拉13岁。第二年，即公元164年，露西拉前往东方，结婚时刚好14岁。马可为路奇乌斯安排婚事的消息当然很快传到了路奇乌斯的耳朵里，有趣的是他竟欣然应允。还有一种说法，就是路奇乌斯在前往东方以前，和露西拉两人就订有婚约，马可只不过是把婚礼提前了而已。但不管怎么说，帕提亚战争和这些宫闱之事并无关联，而是很快进入到了第二阶段。

战争的第二阶段和第一阶段稍有些重叠，因为参加第一阶段战斗的将士并没有返回基地，而是直接向南推进，进入了第二阶段的战场。而在第一阶段一

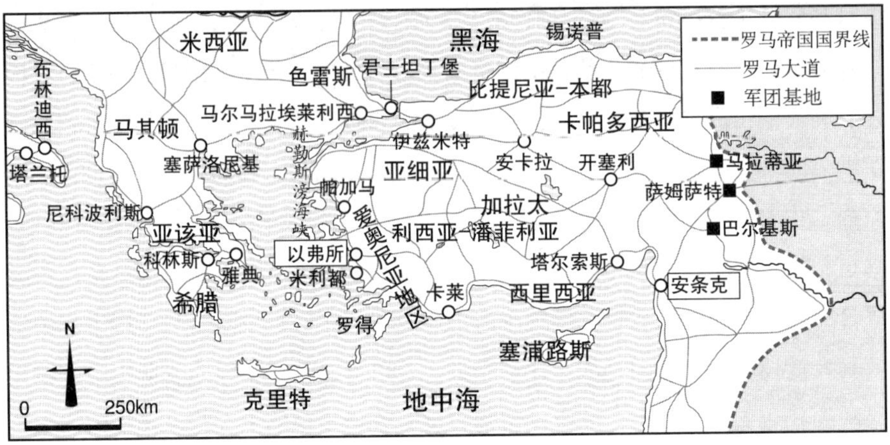

希腊、小亚细亚地区

直待命的叙利亚军团，也向东长驱直入。从北西两面突入帕提亚腹地，是罗马在帕提亚战争第二阶段的战略目标。

在第二阶段大显身手的将军有两位：一位是率领莱茵河驻军精锐参战的希腊武将克劳狄乌斯·弗龙托；另一位是亚维狄乌斯·卡西乌斯，他率领着一直摩拳擦掌急于复仇的叙利亚军团。此外，被马可和路奇乌斯赋予“智囊”头衔的庞提乌斯·雷利亚努斯也带领着一个军团向前线进发。除了北非，这个老练的武将亲临过帝国的所有防线，现在虽然老迈，但他没有在舒适的避暑胜地侍奉皇帝，而是选择了向沙漠进军。年轻时代的他曾在图拉真皇帝麾下同帕提亚战斗，或许他现在急切地盼望和同样的敌人再次交锋。无论如何，皇帝“智囊”的参战使前线的将军们更便于行动，因为不必再向不断变化驻地的皇帝派出传令兵请求指示了。

帕提亚战争第二阶段也进入到了第二年，即公元164年，路奇乌斯离开叙利亚，经海路前往以弗所。以弗所是一座美丽的都市，被人们誉为“爱奥尼亚地区（是古希腊时代对今天土耳其安那托利亚西南海岸地区的称呼，即爱琴海东岸的希腊爱奥里亚人定居地。其北端约位于今天的伊兹密尔，南部到哈利卡尔那索斯以北，此外还包括希奥岛和萨摩斯岛。——译者注）的珍珠”。路奇乌斯将在这里迎接露西拉并举行结婚典礼。露西拉离开罗马时，父亲马可把14岁的女儿一直送到阿皮亚大道的终点布林迪西港，并授予了露西拉“奥古斯塔”的尊称。在罗马，嫁给皇帝并不意味着自动获得“奥古斯塔”的称号，皇帝没有授予的话，是不能自称皇后的。当年图拉真皇帝讨厌繁文缛节，至死都没有给妻子普洛蒂娜颁发“奥古斯塔”称号，普洛蒂娜之所以拥有该称号，还是哈德良即位以后才授予她的。“奥古斯塔”的尊称代表了一种特殊的地位，虽然表达了马可对女儿的深切关怀，可是到了20年以后，这个称号却成为宫廷内斗的导火索。

在以弗所举行过婚礼的路奇乌斯，带着皇后露西拉返回了安条克。至于那个希腊美女，早已经被他抛在脑后了。虽然是一场政治婚姻，但路奇乌斯和露西拉的婚姻生活一直比较美满。身为皇帝的路奇乌斯诚实正直，光明磊落，是个善于交际的美男子。

帕提亚战争的第二阶段也十分顺利。面对越过幼发拉底河攻入境内的罗马军队，帕提亚军队只能一再后退，不但无法有效迎击，甚至全线濒临崩溃。罗马在不足三年的时间里，成功夺回了被帕提亚侵占的土地。第二阶段的战争就要以罗马的胜利而告终了。

可是这时候，皇帝路奇乌斯“似乎”对战略问题开始插嘴了。我之所以说“似乎”，是因为没有可资证明的史料。他认为战争的目的已经达到，眼下正是议和的好时机。时至今日，我们无法获知作战会议的具体经过，总之路奇乌斯收回了自己的提议。因为将军们反对此时讲和，战争继续进行。史书没有告诉我们这些职业军人反对讲和的原因，但是从战争第三阶段的进展我们可以略知一二。第三阶段的目的和第一、第二阶段的夺回被占领土不同，而是跨过了底格里斯河，深入帕提亚的腹地，彻底打击对方之后再行撤退。

第三阶段的战斗是叙利亚出身的亚维狄乌斯·卡西乌斯一个人的舞台。他对中近东的情况烂熟于心，手下的罗马骑兵神出鬼没，因此当罗马的重装步兵挺进的时候，面前一个帕提亚士兵都没有。进行过如此彻底的打击之后，罗马军队才向西方回撤。

这场战争使东方人再次认识到，一旦罗马军队出手，将会是怎样的后果。也正是因为这次战争，帕提亚王国走向衰落，成为60年后波斯萨珊王朝（226—650年，是波斯在公元3世纪至7世纪的统治王朝，亦是波斯自阿契美尼德帝国之后的首次统一，被认为是第二个波斯帝国。当时萨珊王朝与中亚的印度贵霜王朝及欧洲的罗马帝国并称，三国雄霸欧亚。萨珊王朝在最强盛之时，曾多次威胁比邻的贵霜王朝及东罗马帝国。——译者注）兴起的原因之一。罗马当时的战略方针无疑是正确的，让整个中近东再次领教了罗马的力量，保证了罗马帝国在这一地区后来30年的和平。那时帕提亚国王再也没有向罗马境内出兵。通过帕提亚战争，罗马展示了自己即便在东方也能充分施展的强大的军事力量。与其说这是两大强国相互对峙，不如说是罗马一国独霸。更不用说，在两个大国之间起缓冲作用的那些小王国和部族，又再次倒向罗马一边。

公元166年10月，战争结束了。为庆祝帕提亚战争的胜利，欢迎路奇乌斯回国，罗马举行了盛大的凯旋仪式。实际上，距上次举办凯旋仪式已时隔49年之久。上一次凯旋仪式的主角，是图拉真的骨灰坛。他在完成对帕提亚的战役后，死在了回国路上。而这一次凯旋仪式的主人则是45岁的马可和36岁的路奇乌斯。这两人身着军装，大红斗篷随风飘摆，民众当然为之疯狂。

不过，公元166年的凯旋仪式与罗马传统的凯旋仪式还有一点不同。即马可和路奇乌斯都是带着自己的妻子一同乘坐凯旋将军的黄金战车。以往都是由将军亲自驾驭4匹白马拉的战车，头上还戴着月桂树枝叶形状的黄金王冠。战车后面只载着一个奴隶，在仪式的过程中不断提醒他："不要忘记你终将难逃一死。"可是现在，胜利者的一家老小都挤上战车，后面那个起警醒作用的奴隶也不知被打发到哪里去了。总之，长期以来被罗马男子视为最高荣誉的凯旋

马可·奥勒留凯旋的浮雕

仪式，在经历了半个世纪的和平以后，变成了其乐融融的家庭聚会。车上的胜利者也从“一个人”变成了“一大家子”。

哲学家皇帝的政治

发生变化的，还不仅仅是凡事都携带家眷的作风。正当东方的帕提亚战争如火如荼的时候，身处西方的皇帝马可也在为国务忙得不可开交。这里所说的国务，指的是修改罗马旧时的法律，使之与现实相契合，以及根据需要制定一些新法律。今天我们追寻这些变化，就可以了解当时罗马社会的整体要求。其中的大多数可谓日常政务，比如确保基础设施的维护费用，改善奴隶的待遇，向各行省推广救济穷人的福利政策，加快法庭的审判速度，每年开庭 320 天等等，虽然都是贤明皇帝应该大力推行的政策，但其中有一些的确是由马可制定实施的新法律。

其中的一条法律，就是罗马公民权的拥有者生小孩时，必须在婴儿降生后的 30 天之内进行登记。这项法律的适用范围，不但只限于罗马公民权拥有者占绝大多数的意大利本土，而且也包括了居住在其他各行省的罗马公民权拥有者。至于该法的目的，应该是为了对军团兵的后备力量有个大致的估计。我想这里也不必重复，负责保障帝国安全的军团兵必须具备拥有罗马公民权。如果军团兵的数量得不到保证，那么自然也不能奢谈帝国的安全。虽然罗马推行募兵制而不是征兵制，但为有效发挥哈德良建立的防卫体系的功能，必须大致了解具备应募资格的人数。有的学者认为，马可此时的政策是希望增加税收，可是罗马公民权的拥有者负责保卫帝国，本来就免除了直接税，只有不承担防卫义务的行省居民才缴纳同时也是安全保障税的行省税。这样罗马公民权拥有者需要缴纳的就只有遗产税，而且直系亲属之间还免税，非直系亲属之间的税率只有 5%，所以很难想象马可此举是为了增加税收。我还是坚持认为，马可的目的是为了预测将来能服兵役的罗马公民人数。

可是，既然马可强烈地意识到了预测人数的必要，那么就出现了一个疑问，在马可时代，志愿当军团兵的罗马公民权拥有者是不是减少了呢？罗马当然能够保证16.8万名军团兵用做主要作战力量，不过问题在于，如果志愿者的选拔还像哈德良皇帝时代那么严格的话，这种保证会不会出现一定困难呢？和平年代军人往往遭到忽视，虽然开展了帕提亚战争，但那是在遥远的东方进行的，并且以胜利告终，帝国西方的居民没有受到直接影响。另外，世上祥和而繁荣，除了从军以外还有许多其他职业可供选择，尽管当时服兵役能得到一笔可观的退役金，但只怕其吸引力也会有所下降。这也可算"和平的代价"之一吧。

其次，马可还制定了一系列法律，用来遏制地方自治体（地方政府）的议员候选人减少的倾向。这也很引人注目。

无论是共和制还是帝制，罗马都能保证事务官员和办事人员的薪水，但以执政官为首的中央政府官员以及地方自治体官员都是没有工资的。因为参与公务尤其是出任高级职位，不但是国家公民的义务，同时也是一种荣誉。正如庞贝遗迹中残留的那些涂鸦所示，当时地方议会的选举竞争激烈，因为候选人数量众多。这些职位不但没有报酬，而且如果有人胆敢利用职权收受贿赂的话，等待他的也只有遭到揭发一途，所以在这方面绝不能抱有任何幻想。不仅如此，由于皇帝的率先垂范，人们还往往期待地方上的强势人物能对公共事业有所贡献。正是因为重视这种贵族义务，罗马才完成了那么大范围的公共建设，如果地方议会选举的候选人减少，有可能关系到地方自治体本身功能的降低。在这些法律条文中，把候选者减少的原因用"apatia"一词来表达，意为"缺乏朝气"。以前罗马人一说到代表共同体或国家的"共和"往往热血沸腾，或许此时个人主义已经开始蔓延了。具有讽刺意味的是，人们的国家意识在暴君尼禄时代尚且强烈，到了贤君马可时代却开始衰退了。

毫无疑问，制定这些法律的马可肯定发现了上述问题。时代正在变化，而且是在向坏的方向变化。在皇帝安敦尼·庇护的时代，罗马人充分享受了史无前例的安定与繁荣。和“父亲”相比，哲学家皇帝马可·奥勒留需要面对以往历任皇帝都没有面对过的深刻问题，而在这一时期，他又失去了可以推心置腹的恩师弗龙托。

瘟疫

战败的帕提亚采用了另一种形式对胜利者罗马实施报复，那就是在凯旋仪式上的士兵们中间流行着瘟疫。返回到莱茵河与多瑙河基地的士兵，也有因同样症状而倒下的。瘟疫的源头显然就在东方。

在拉丁语中，“瘟疫”一词写为“pestilentia”，虽然用“pest”（虫害）做词源，但其症状、传染程度、死亡率等都不可同日而语了。古埃及人已经知道，瘟疫的传播媒介是老鼠。

西欧史上有名的瘟疫，最早发生在公元前430年的希腊雅典。由于希腊与斯巴达之间发生的伯罗奔尼撒战争起始时间正好和瘟疫的流行时间相重合，城邦国家雅典遭受了莫大的打击。打造雅典黄金时代的政治家伯里克利也死在这一时期。

第二有名的例子，就是公元166年至167年袭击罗马帝国的这场瘟疫。

从现有的记录看，上述两次瘟疫都远不如薄伽丘在《十日谈》里描述的黑死病，那是在14世纪的意大利，一年之内整个城市的人口减少了三分之一。

到公元167年年末，瘟疫的高峰已经过去，不过即使在一年以前的公元166年，也并没有出现过一天死亡几十人或上百人的情况，并没有人逃往郊外，两位皇帝及其家属仍旧居住在罗马市中心。

可是，就好像止不住血的伤口一样，还是有人陆陆续续因瘟疫而死。尤其在帝国最重要防线上的莱茵河和多瑙河军团基地，接二连三的死亡令罗马不胜其痛。发现罗马守备虚弱的北方蛮族又开始蠢蠢欲动。而在这一时期，罗马还面临着一个新问题。

基督教徒

瘟疫的蔓延造成社会生活停滞，再加上来自北方蛮族的威胁，使罗马人的内心变得忧郁沉重，人们甚至已经逐渐淡忘了凯旋仪式时的那种祝福与欢欣了。

皇帝马可为了改变人们这种沉重的心情，决定面对诸神举行一次隆重的祈愿祭典。皇帝虽然有两个，但大祭司只由他一人担任。举行祭典时，他身着白色的托加，遮住头部，带领队伍，依次前往罗马市内各主要神殿祭拜，附近居民老幼咸集，共同参加。

但是，罗马人对诸神的祈愿，并不是祈求诸神把自己从不幸之中拯救出来，而是人们决心为脱离不幸而付出艰苦努力，祈求诸神给予帮助。在犹太教和基督教等一神教中，神会为人们的生存指明道路，而希腊人和罗马人却不会向诸神提出这些要求。他们认为，人类的生存应该由人类自己思考决定，诸神的任务只是为人类的努力提供帮助而已。

为了使众人都能参加，并且还要动用火，因此祭典在室外举行。在残留到今天的遗迹中，可以看到神殿正面的台阶中央有一个平台，这就是设置祭坛的场所。所谓祭典，就是在上面烘烤牺牲时进行祈祷。如果只烘烤动物的话，只能称为烤肉大会，而祭典活动则需将阿拉伯香料投入火中，同时必须在香烟缭绕中祈愿。活动结束后，烤熟的肉会被切开，分配给参加祭典的人们。罗马人的宗教里根本就没有祭司阶级的存在，所以这个过程既没有冗长的说教，也无须吟唱赞美诗。在国家级别的典礼上，大祭司由皇帝充任，而家庭规模的祭祀则由一家之主来主持。不过，因为到处都举行这种万众欢聚的祭典，一些不肯

在朱庇特神殿前主持祭典的马可·奥勒留（中央左）

参加的人就显得过于特立独行了。

在第十二、十三和十四社区，有基督教徒们独自开辟的聚居点。第十二、十三区位于罗马南部，第十四区在台伯河以西，都远离市中心。基督徒们遵从着圣保罗（生卒年不详，基督教最初期的传教者之一。公元1世纪时人，一生致力于在异教地区传播基督教，在各地建立教会，后在罗马殉教。——译者注）的教诲，安静地生活着。圣保罗这样教诲信徒：

> 在你们的日常生活中，不得相互诽谤和不满，也不得争斗，切勿引人注目。虽说任何神的子民都是完美无缺且洁净的，但你们不能给这邪恶堕落的社会留下指责的口实。即使生活在这邪恶堕落的社会里，你们也必须如同在黑夜中捧着明灯一样，恪守神的教诲。

基督教徒不肯参加皇帝主持的祈愿，应该说是理所当然的。因为所谓“邪恶堕落的社会”显然指的是罗马，而罗马帝国崩溃的话，到来的将是神的国度即基督教徒们的时代。并且，一神教是排斥其他诸神的宗教，信徒们自然不会参加面向诸神的祈愿活动。

不久以后，这些基督教徒的生活方式就发生了巨大转变，不过这些内容我们还是安排在下一卷里讲述，至少在马可·奥勒留时代，基督教徒们依然能够忠实地遵循着圣保罗的教诲。也就是说，即便身处同一座城市，他们的生活却和其他罗马人保持着距离。

可是，危机也能唤起人们心目中的爱国热情。这一时期，罗马人重新认识了传统诸神，对拒绝保持同步的基督教徒产生了极大的反感。罗马人指责基督教徒为“ateo”，这个词起源于希腊语，现在翻译成“无神论者”，但是在罗马时代，这个词的意思是“无信仰者”。

古代是多神教的世界。所谓多神教，就是对自己所信奉的神和他人所信奉

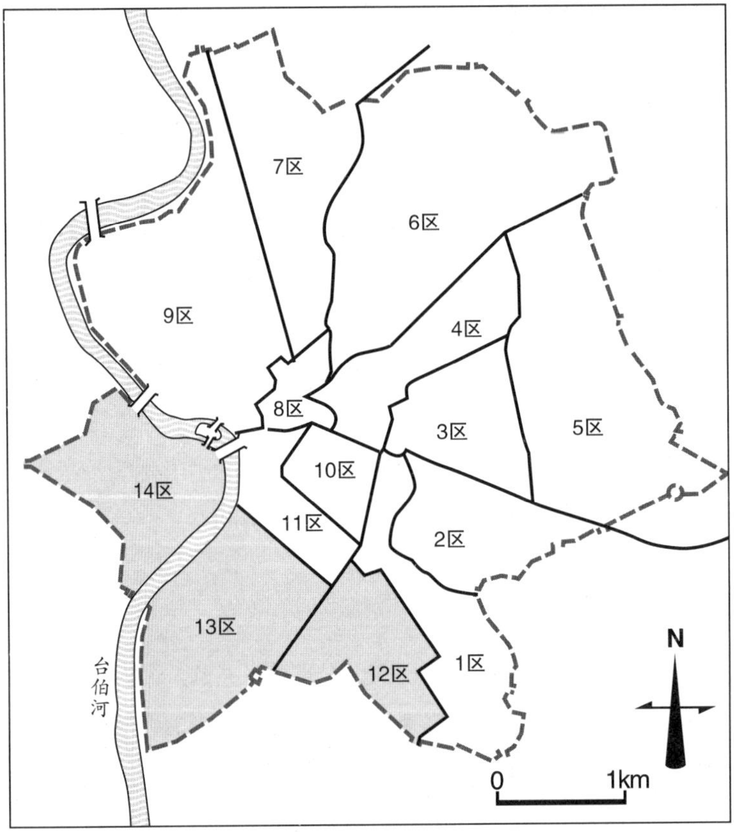

罗马的 14 个行政区，阴影部分为有基督教徒聚居的地区

的神都同样予以认可，结果就是共存的神明与日俱增。在罗马，神明的数量高达 30 万，既然人们在信仰中认同众神共存，那么对众神共存不予认可的信仰就不能称其为信仰。所以基督教徒被人们斥为“无信仰者”。

罗马公民们对基督教徒的责难还有一点，就是他们拒绝参与公共生活。基督教徒们之间热情互助，却对所在城市或地方自治体的公共事业和福利建设漠然处之。当时人们视公共生活为公民义务的观念尚未衰颓，基督教徒的做法的确给人们提供了非难的理由。不过，从基督教徒的角度去看，他们的淡漠简直是理所当然。他们生活在这个社会里就是为了等到神的国度的到来，如果对这个“邪恶堕落的社会”有所贡献，那么只能导致神的国度的姗姗来迟。

不过，在公元2世纪后半期马可·奥勒留的时代，二者的对立还不是很强烈。首要的原因就是基督教仍旧是少数派，力量薄弱。而基督教徒数量和势力的发展之所以停滞不前，主要是因为罗马人仍然信赖自己的领袖，对自己的生活充满自信。

下面，我想介绍这一时代关于基督教的三段“现场录音”：

第一段是皇帝马可眼中的首都罗马长官拉斯蒂克斯的形象。

第二段是这个拉斯蒂克斯对基督教传教士尤斯提努斯的审问全文。

第三段是皇帝马可对基督教的感受。

第一段“现场录音”：昆托斯·尤尼乌斯·拉斯蒂克斯这个人不但是著名的斯多葛学派哲学家，而且积极承担罗马时代精英分子的义务，充分参与公共生活，曾两次就任执政官，并出任罗马政府的要职之一首都罗马长官(Praefectus Urbi)。首都长官这一职务涵盖司法工作。

皇帝马可在《沉思录》的开头部分，写到了这个人对自己产生的影响。原文如下：

从拉斯蒂克斯那里，我领悟到我的品格需要改进和训练，知道不迷误于诡辩的竞赛，不写作投机的东西，不进行繁琐的劝诫，不显示自己训练有素，或者做仁慈的行为以图炫耀；学会避免辞藻华丽、构思精巧的写作；不穿出门用的托加在室内行走，或者做出类似的夸张举动；学会以朴素的风格写信，就像拉斯蒂克斯在锡纽埃瑟给我的母亲写的信一样；对于那些以言词冒犯我，或者对我做了错事的人，一旦他们表现出和解的意愿，我就乐意地与他们和解；从他，我也学会了仔细地阅读，不满足于表面的理解，不轻率地同意那些夸夸其谈的人；我亦感谢他使我熟悉了爱比克泰德的言论，那是他从自己的收藏中传授给我的。（本段译文参考了

《沉思录》，何怀宏译。——译者注）

爱比克泰德是公元1世纪到2世纪之间出身于小亚细亚的希腊人，曾是服侍皇帝尼禄的解放奴隶艾帕弗罗狄托斯的奴隶。所谓解放奴隶，原本也是奴隶，但在罗马时代，解放奴隶与社会上的普通市民无异，所以他们也可以拥有服侍自己的奴隶。但是，艾帕弗罗狄托斯深感自己的这个奴隶思想深邃，于是也给予了他自由。成为解放奴隶的爱比克泰德在首都罗马成功开办了讲授斯多葛学派哲学的“学院”。他的弟子中有一个阿里安，后来受到哈德良皇帝的重用，成为作家，撰写了《亚历山大大帝东征记》。

后世学者把曾为奴隶的爱比克泰德和皇帝马可·奥勒留并列，一起作为代表罗马帝制鼎盛时期的斯多葛学派哲学家。

是拉斯蒂克斯使马可对爱比克泰德深邃的理性产生了兴趣，下面介绍的第二段“现场录音”就是这个拉斯蒂克斯对前来罗马传教的希腊人尤斯提努斯的审问记录。作为首都长官，拉斯蒂克斯也是首都警察的首脑。罗马法律规定，对于实名检举，司法机构有进行调查和审判的义务。检举尤斯提努斯的，是犬儒学派的哲学家克雷辛斯。

传教士尤斯提努斯的思想也是以希腊哲学为起点，首先学习斯多葛学派，接着是亚里士多德学派，但他还是不满足，又加入了毕达哥拉斯学派，进而学习柏拉图学派，最后找到了基督教。这个人一直四处奔波，追求真理，最后从哲学转到了基督教，是当时帝国东方知识分子的典型。

拉斯蒂克斯：“你过的是什么样的生活？”

尤斯提努斯：“我过的是任何人都会赞同的纯洁的生活。”

“你实践什么样的教理？”

“我学习了所有教理，结果基督教的教理最为真实。这是我在学习了被教会斥为虚假和异端的东西后，得到的信念。”

“那么你是怎样获得这种信念的？”

"我通过自己接受的东西。"

"何谓接受？"

"我们信徒对基督的崇拜，来自世界唯一的神的创造。而神之子耶稣基督为拯救人类，给予人类以真正的知识，由神派到地上，也就是派到我们人类中间。

"但是在耶稣的神性面前，我的这些说明毫无意义。因为对我们而言，最重要的事情不是理解而是信仰。我们相信预言者的话，他们预言神之子即将降临。正如你所知，历史上的预言者，好几次都预言到了救世主的到来。"

拉斯蒂克斯改变了话题，但尤斯提努斯委婉地躲开了他的矛锋。

"你们在哪里相会呢？"

"在大家想相会又能相会的地方。你难道以为全体基督教信徒都在事先约定好的地方相会？"

"我想知道的是，你和你的同伙在罗马的什么地方会面？"

"这是我第二次来罗马，我住在罗马的米尔提努斯浴场楼上（罗马为数众多的小浴场之一）。他们只到这里拜访我，没有其他地方。我欢迎任何人来，我们谈论真理。"

"你承认自己是基督教徒吗？"

"是的，我是基督教徒。"

在尤斯提努斯房间里一起被逮捕的基督教徒，还有另外四男一女。其中一名男子是出身于卡帕多西亚的奴隶，在帕拉蒂尼山上的皇宫里做奴仆，其他四人的职业不详。不过从姓名可以看出，他们应该是被人从东方带来，或者是在罗马工作的希腊人。当时罗马的基督教仍然是住在首都的异邦人所信奉的宗教，在罗马人之间并不流行。首都长官拉斯蒂克斯对尤斯提努斯说：

"罗马帝国供奉诸神，使帝国得以统一，根据帝国法律，拒绝信仰罗马诸神的基督教徒所实施的是反国家行为。放弃目前的信仰可以无罪释放，拒绝放弃的人将处以鞭刑然后斩首。如果你遭受鞭刑之后被斩首的话，你相信自己死后会升往天堂吗？"

“只要我始终保持信仰坚定，我想自己应该能升往天堂。不过只有遵循基督教的正义生活的人才会得到这种恩宠（基督教中神特意给予人的爱）。”

“这么说你确信自己能升入天堂？”

“不，我虽然希望自己能够升往天堂，但并无把握。”

“我劝你放弃自己的宗教，你知道，如果你拒绝的话，等待你的就只有死刑。”

“我知道。可是我也知道，如果我不放弃自己的信仰，死后等待我的必定是救赎。”

首都长官拉斯蒂克斯宣布了判决：

“对拒绝向我们罗马的诸神供奉牺牲的人，根据罗马的法律（图拉真法），我宣判，鞭挞之后处以斩首。”

五人均被处以死刑。不过他们并非像后世传说的那样，被弄到竞技场喂野兽，而是在监狱内像其他死刑犯一样被斩首。真正把犯人送到名为“Arena”的圆形竞技场公开处死的场面，发生在10年后的里昂，那是自皇帝尼禄处死基督教徒一百年过后，罗马再次开始公开处死基督教徒。

这一时代最后一段“现场录音”，是哲学家皇帝马可·奥勒留在《沉思录》中唯一提及基督教徒的语句。

> 当灵魂不得不离开肉体时，如果能安详地接受，该是多么美好的事情啊。但是这种心理准备，必须是人依据自由的理性而达成的，而不是像基督教徒那样顽固地自以为是。（本段译文参考了《沉思录》，何怀宏译。——译者注）

无论如何，马可·奥勒留毕竟是皇帝，以守卫罗马帝国为自己的第一职责。正因为如此，罗马皇帝才被赋予强大的权力。他还有很多必须处理的其他事务，例如面对迫近北方防线的蛮族，就无法依靠信仰去缓解。公元168年1月6日，年届 47 岁的马可视察罗马近郊的近卫军团军营，对士兵们说：“北方问题已经不能再拖下去了。”这年春天，马可和路奇乌斯两位皇帝决定向多瑙河进发。

日耳曼战争

有一位名叫阿庇安的希腊人，在罗马时代撰写了《罗马史》。也就是说，他是同时代的历史学家。此人生于埃及的亚历山大，具体生年不详，只知道当时处于图拉真皇帝治下（公元 98—117 年）。当时他记录了这样一件事。当图拉真皇帝专注于帕提亚战争时，亚历山大的犹太人乘机暴动，突袭罗马的后方，仅以罗马人所建为由，毁坏了埃及人供奉涅墨西斯（希腊神话中的复仇女神。——译者注）的神殿。这一事件发生在公元 116 年，由此可以推断阿庇安的生年应该在公元 110 年或那之前的两三年，这样的话他比皇帝马可·奥勒留年长 10 岁左右，可以算同代人。

行省出身的年轻人只要积极向上，即便不是罗马公民权拥有者的后代，也有两条道路可供选择：

第一是从军，在军队中积攒资历。因为不具有罗马公民权，所以不能做军团兵，但辅助兵的大门一直朝行省出身的人敞开着。根据才能的不同，一两年之内完全可以升到 50 人小队的队长，当能指挥 500 人的时候，就获得了列席总督或军团长作战会议的资格。这时如果他还不具备罗马公民权的话就显得很不合适，因此一般都会得到。实际上很多人在领导 150 名士兵时就已经获颁罗马公民权，然后的生存就全凭实力了。顺便说一下，即便始终是一名辅助兵，在 25 年的服役期满离队时，也能得到罗马公民权，这和退役金一样，都是在入伍时就约定好的条件。

第二种选择，是到帝国的首都罗马去，在那里开始自己新的人生。有不少人一开始就确立了这种志向，十几岁时就到首都去接受高等教育。不管怎样，只要到了罗马，可以做医生，或者接受教育后做教师，还可以出任中央政府的行政人员，总之获得公民权的办法一点都不缺。因为《尤里乌斯·恺撒法》依然适用，规定向医生和教师颁发罗马公民权，行政人员所做的也是“公共服务”，也必须拥有“罗马公民”的身份。

阿庇安在哈德良皇帝时代就来到了罗马，在安敦尼·庇护时代获得了罗马公民权。这个人的最终资历，是马可·奥勒留皇帝时代类似首都国税厅的机构官员。所以，人们在接受过高等教育后出任公务人员，就能够获得罗马公民权，或者也可以先从事教职，取得罗马公民权后再出任公务人员，两条路都没问题。罗马时代的公务员制度并不严格，从教师到公务人员，然后又当作家的例子也并不稀奇。

我们不知道阿庇安的创作活动是什么时候开始的，根据其他人的做法去推测，有可能是从公共生活中引退返回故乡亚历山大之后才开始的。这个人留下来的主要著作，是从罗马建国时期到帝政时期的罗马史，以及记录同一时期事件的其他文章。下面介绍的是他著作中的一种。根据阿庇安的记述，该事件发生于皇帝安敦尼·庇护治下的公元160年，也就是说，当时身在罗马的阿庇安是现场目击证人。

> 蛮族的首领来到首都，他们向皇帝提出请求，要与并入帝国版图的其他行省的人享有同等地位。但是皇帝回答说，罗马帝国不能接受没有任何作用的人，拒绝了他们的请求。

这正是时代变化的预兆。公元160年是安敦尼·庇护在位的最后一年，这个“慈悲”的皇帝在第二年就过世了，马可·奥勒留接替了他。不过安敦尼·庇护虽然高龄，但直到离世前几天仍很精神，接见外国代表又是皇帝的事务，所以说皇帝很可能亲自接见了这些蛮族首领。而安敦尼一直让下任皇帝马可积极参与国政，当年39岁的马可极有可能参加了接见。

蛮族提出了向帝国境内移居的请求，我们暂且不讨论罗马是否应该接受请求，这里应该注意的问题是，皇帝是否意识到了这件事的重要性。因为安敦尼拒绝了对方的请求后并没有采取任何相关措施，可见他还是对该事件缺乏认识。不过，即使马可当时没有参加接见，但据说安敦尼凡事都找马可商量，所以马可知道这件事的可能性极大。如此看来，马可·奥勒留同样没有注意到这一事件预示着时代的变化。

对今天的西欧人而言，德国人蒙森和英国人吉本一样，也是罗马史的权威。但是，蒙森对马可·奥勒留的评论，却与吉本截然不同。蒙森十分明确地作出马可“不是伟大的智者”的判断，他认为，只有尤里乌斯·恺撒一人堪称“伟大的智者”，是天才。而所谓的天才，并不是能看到别人看不到的东西，而是在众多看到了问题却没有意识到其重要性的人当中，唯一能意识到问题的重要性的人。

这一问题安敦尼·庇护草率地应付了事，却造成了马可·奥勒留的终生困扰。

公元168年新年不久，马可和路奇乌斯两位皇帝就离开了首都，前往多瑙河前线。47岁的马可和38岁的路奇乌斯都身披红色的军用斗篷，骑着高头大马，只要一看就知道，他们绝不是去前线视察，而显然是出征。实际上，这是自图拉真皇帝进行达契亚战争以来，时隔60年之久，罗马第一次向国内外宣示，决心要在多瑙河防线展开真正的战争。

对马可·奥勒留而言，这不仅是47岁的他第一次到前线去，而且是他第一次离开意大利本土，甚至是第一次踏上意大利中部托斯卡纳以北的土地。这种经历不但不能同17岁就积累了边境军团经验的图拉真皇帝相提并论，而且在经验上也无法和行省任职的军团长们一较高下。皇帝之所以亲临前线，是作为罗马全军的最高指挥官，把所有军团长都置于直接指挥之下。即使具体的战斗委派给军团长们指挥，但在一窍不通的情况下委任他人和在了如指掌的情况下委任他人当然差异巨大。这一时期，马可·奥勒留总算强烈地意识到了自己实地经验的欠缺，即便从跟随皇帝的“comes”即智囊团的人选上，我们也能看出这一点。他们以帕提亚战争时被派到路奇乌斯皇帝身边的庞提乌斯·雷利亚努斯为首，还包括熟知多瑙河战场周围情况的潘诺尼亚、米西亚各行省的历任总督。这些人虽已隐退，但仍然应邀与马可同行。帕提亚战争时，因为路奇乌斯皇帝只是一味地在避暑胜地逍遥，对政治军事不闻不问，所以这些“智囊团”的作用是代替最高司令官推动战争的进展，但是在这次日耳曼战争中，“智囊团”的作用是弥补皇帝马可经验不足的缺陷。一旦发现自己存在缺点就立刻努力弥补，这一点也是马可·奥勒留被当做贤君的原因。

皇帝一行从罗马出发，经由弗拉米尼亚大道前往亚得里亚海，然后沿亚得里亚海到达阿奎莱亚，再从亚得里亚海最北端的阿奎莱亚取道东北方向，最后到达多瑙河防线。所有的行军都只需沿着遍布整个帝国的罗马道路网前进即可。

对罗马人而言，皇帝御驾亲征是60年来的盛举，而对居住在多瑙河北岸的蛮族而言，事情同样如此。既然两位皇帝亲自出马，那其麾下的罗马大军肯定也是所向披靡。日耳曼各部族以前经常乘坐小舟或木筏渡过多瑙河，频繁袭扰南岸的罗马军队基地和居民区，此时他们都闻风而逃，再也找不到踪影了。

从春到秋都是适于开战的季节，此时皇帝却能毫无顾虑地在前线驻留，正是进行视察的绝好机会。在这一时期，皇帝马可在饱受蛮族侵犯的多瑙河中游各基地反复巡视。罗马的防卫体系由“点”和“线”构成。“线”指的是罗马大道，“点”指的则是军团基地。仅在这一带，沿河流布防的“点”相互联结，计有：

第十杰米纳军团基地维德伯纳（今奥地利首都维也纳）

第十四杰米纳军团驻地卡农图姆（今奥地利佩特罗内拉）

第一亚狄托里库斯军团守卫的布里吉提欧（今匈牙利的苏尼）

第二亚狄托里库斯军团基地阿昆库姆（今匈牙利首都布达佩斯）

第四弗拉维军团基地辛基杜卢姆（今塞尔维亚首都贝尔格莱德）

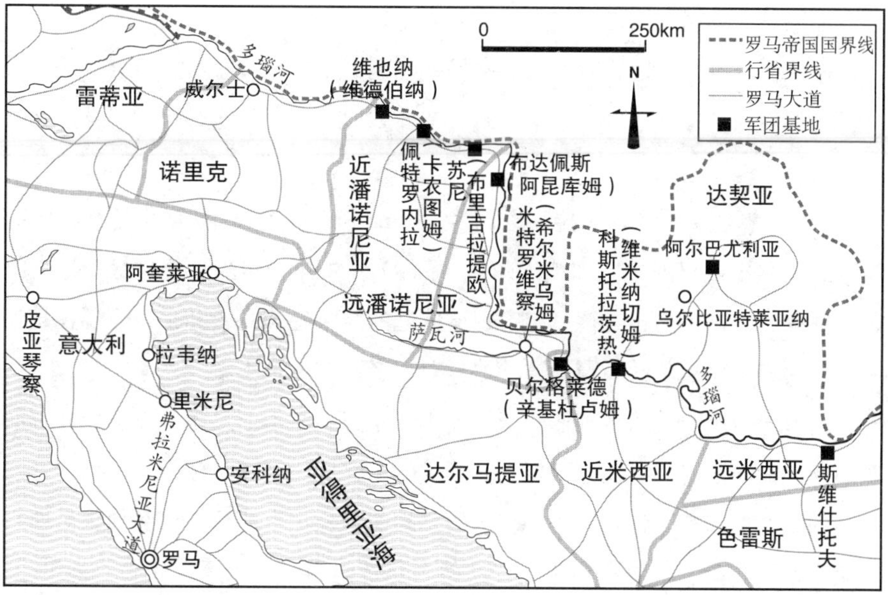

从罗马到多瑙河防线的主要道路

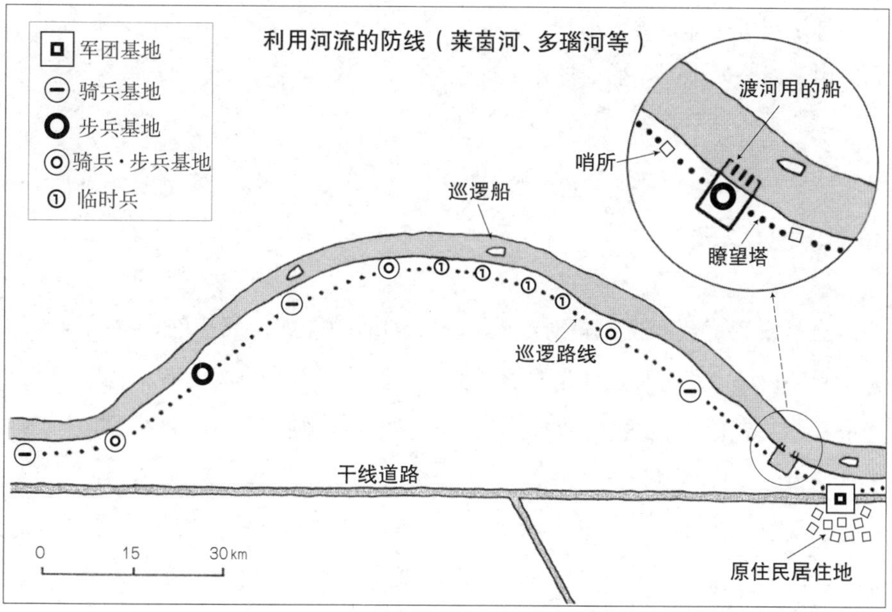

（摘自 Edward N. Luttwak, “The Grand Strategy of the Rome Empire”）

上述这些军团基地之间也并非荒无人烟，不但有辅助部队的骑兵驻地、步兵基地，而且更有当地临时征召的雇佣兵建起的要塞，所有这些不可或缺的防守设施都像珠子一样连成了一串。而且在多瑙河防线上，还有执行巡逻任务的带桨帆船基地。

马可·奥勒留就这样在拉丁语称为“Limes”（边界）的防线上巡视，同时听取着智囊团提出的主张和建议。他直到 47 岁才开始体验哈德良皇帝当年的部分征程。不过，当年哈德良皇帝视察此地的结果是确立了和平，而现在轮到马可，视察则是战争的前奏，这种差异对后者而言就是不幸。

两位皇帝决定把阿奎莱亚作为公元 168 年到 169 年的过冬地点。蛮族方面仍旧暗流涌动，阿奎莱亚处于意大利本土的东北端，同时又位于从多瑙河返回罗马的半路上。有一种说法，即多瑙河基地的瘟疫仍在流行，御医加雷努斯担心皇帝遭到传染，于是提出忠告，劝两名皇帝回到阿奎莱亚。还有一种说法，就是皇帝路奇乌斯强烈地希望返回罗马，马可则苦苦挽留。此时前线比较平静，两位皇帝相互妥协，最后采取折中办法，到了靠近罗马的阿奎莱亚。也许这两种说法可能都正确。不管怎么说，两位皇帝已经决定，在阿奎莱亚的过冬营区内，对公元 169 年的活动作出计划。

路奇乌斯之死

史书没有记载两位皇帝对公元 169 年的活动是如何安排的，可以确定的是，新年伊始，路奇乌斯就出发返回罗马。但是，当他到达距离首都约 100 公里的亚尔提诺时，突然病倒，接着就一直处于昏睡状态，两天之后停止了呼吸。后世学者推测他死于脑溢血。因为路奇乌斯虽然只有 39 岁，但生活奢华，饮食起居极不规律。两帝并立本是马可·奥勒留公平精神的产物，8 年来对方却始终没能为他分忧，在没有取得任何成果的状态下，现在总算了结了。

我们虽然不了解两位皇帝起初的计划，但知道马可伴随着皇帝搭档兼女婿的路奇乌斯的遗体一起返回了罗马，然后举行了隆重的国葬，骨灰安放在今天称为“圣天使堡”的哈德良神殿。元老院顺利地通过了马可提出的神格化申请，不过供奉前任皇帝的神殿却没有修建。马可给出的理由是，国家处于非常时期，可以用万神殿暂时代替。

路奇乌斯·维鲁斯的国葬结束后，马可在首都逗留了一段时间。这可不是因为对前线之行有所犹豫，他毕竟是罗马军队的最高司令官，出现在前线肯定对整个日耳曼战争都有积极意义，所以他的决心没有丝毫动摇。不过在离开之前，还有一些事情必须处理，就是路奇乌斯皇帝过世，自己的女儿露西拉成了寡妇，应该对她作出安排。

一些人可能会疑惑，露西拉丧期未满，至于这么着急吗？不过从马可的角度看，这个问题刻不容缓。因为自己马上要赶到与敌人针锋相对的前线去，万一出什么闪失怎么办？以前有两位皇帝，一个出了意外还有一个，可是现在只剩马可孤身一人了，而自己的儿子康茂德刚刚 8 岁。所以此时马可·奥勒留需要的是一个能在紧急关头扶助康茂德，并避免帝国陷入内乱的人选。而且既然这个人负担如此沉重的任务，为了清除可能出现的障碍，必须事先保证他的地位。

被选为露西拉再婚对象的人，名叫提比略·克劳狄乌斯·庞培亚努斯。虽然从姓名上看他很像意大利本土人，其实是出生在安条克的叙利亚人。据说在他父亲那一代才刚刚取得罗马公民权，在罗马社会里处于仅次于元老院阶级的骑士阶级（equitus）的行省人民。被选为皇帝女婿时，他正在远潘诺尼亚行省任总督，而且是驻扎在布达佩斯基地的第二亚狄托里库斯军团的军团长。在帕提亚战场骁勇善战的将军名册中，这个人并没有出现过，看样子，罗马东征帕提亚时，他当时可能驻守在多瑙河防线。此人生年不详，不过从他后来的履历推测，应该同皇帝的年龄不相上下。顺便说一句，前任皇帝路奇乌斯的遗孀露西拉这时才 19 岁。

马可为什么放弃了其他目标偏偏选中庞培亚努斯呢？显然不是出于这个来

自叙利亚的武将所取得的业绩。当时的庞培亚努斯不过是最前线的军团司令官，负责的区域以防守为主，因而也没有值得一提的战功。此人作为武将的才能，直到后来的日耳曼战争中才得以发挥，而在公元169年的选拔考试上，这一点还不能为他加分。他就任执政官也是在4年以后，公元169年时他连“前执政官”的荣誉头衔都没有。

就是这样一个人物，居然抓住了皇帝马可的心。我想其原因不外乎以下几点：

第一，一年前马可前往多瑙河防线视察时，远潘诺尼亚行省总督庞培亚努斯全程陪同，他对形势作出了正确、恰当、扎实的判断，并为毫无军事经验的马可提供了热情实用的建议。

第二，优秀的领导不会忽视对部下的能力培养，而庞培亚努斯率领的第二亚狄托里库斯军团的年轻将士的确表现得训练有素。

第三，人格正直，无比朴实。

第四，恐怕这一点最能抓住马可·奥勒留的心，即这个叙利亚出身的“罗马公民”表现出了强烈的罗马精神，这也是西班牙出身的图拉真皇帝和哈德良皇帝所拥有的精神。可以毫不夸张地说，在公元2世纪的罗马帝国，和意大利本土的罗马人相比，反倒是拥有强烈自觉的行省人在支撑着罗马精神。庞培亚努斯就是其中的一个，马可·奥勒留上溯四代也来自西班牙。

事实证明，马可在政治上完全取得了成功。在此后持续了10年的日耳曼战争中，马可虽身在前线，但实际指挥全靠庞培亚努斯。再放眼后来20年，肩负守卫帝国重任的武将绝大多数都出自庞培亚努斯的帐下。他为人诚实，从没有背叛过马可。当马可死后，年幼的康茂德即位，深感孤立的康茂德当时唯一信任的人，就是这个庞培亚努斯。

可是，庞培亚努斯与露西拉的婚姻在政治上固然很成功，在现实生活中却比较失败。夫妻间的年龄差异还不是主要原因，问题是前任皇帝的皇后、现任皇帝的女儿露西拉不满庞培亚努斯卑微的出身。据说她母亲芙斯汀娜起初也站在不愿屈尊下嫁的女儿一边。这个问题双方以露西拉继续保持“奥古斯塔”尊称为条件相互妥协。后来两人也有了小孩，可见露西拉并没有拒绝与丈夫同床共枕，但不管怎么说，二人的婚姻生活从始至终都是冰冷的。

既然连喜爱哲学的皇帝马可·奥勒留都无法回避家庭问题的困扰，那么我们现在就索性谈谈这位哲学家皇帝的婚姻生活。

皇帝搭档路奇乌斯的突然死亡以及随后举行的国葬，女儿露西拉的再婚，接着 7 岁的次子又夭折，公元 169 年发生了很多事，马可为此忙得焦头烂额。等到他再次离开首都，赶赴多瑙河前线的时候，已经是这一年的秋天了。而第二年，他最后的孩子萨宾娜出生。

从第一个孩子降生的公元 147 年算起，加上中间两对双胞胎，马可夫妇在 23 年中共生下了 14 个孩子，虽然长大成人的只有一男五女共六人，但我想这 23 年里 14 个孩子的纪录不仅表示高产，也表现了性生活的和谐。而且马可·奥勒留是忠诚的丈夫，从不拈花惹草。还有一个理由可以推测他们家庭生活的幸福。马可离开 4 年以后，皇后芙斯汀娜追随马可来到了多瑙河沿岸，此后终生陪伴在丈夫身边。另外芙斯汀娜也没有像一般皇后那样沉迷于豪华舒适的生活，而是居住在混杂不堪的基地内，慰问伤兵，关注军团兵们基地外事实上的家属的生活。士兵们赠予了这位皇后以“基地之母”（mater castrorum）的尊称。

可是，同时代的人对芙斯汀娜的评价却非常差。这其实是受了儿子康茂德皇帝口碑不佳的连累。女人们都知道，贤妻与良母未必总能集于一身。芙斯汀娜或许不是一个良母，但应该算是个贤妻。丈夫马可在《沉思录》中也曾言及自己死去的妻子，他这样写道：“我幸而有一个贤妻，如此的柔顺，如此的亲爱，如此的朴素。”（本段译文参考了《沉思录》，梁实秋译，译林出版社 2012 年版。——译者注）两个人的婚姻生活一直持续了 30 年。

在马可·奥勒留长达 19 年的在位期间，所有的灾难竟然像烈焰一样同时喷发，令人不禁扼腕叹息。而马可深得自己人生伴侣的助益。《沉思录》虽然是马可在哲学思辨方面的遗作，但我认为在这部著作中，他的贤淑妻子拥有充分的资格得到体现。如果没有芙斯汀娜，马可纵然是贤君，也会因沉重的精神压力患上胃溃疡。

战争开始

我们把话题回到公元 169 年，再次回到多瑙河前线的皇帝马可决定，公元 169 年到 170 年的冬天在远潘诺尼亚的补给基地之一希尔米乌姆（今塞尔维亚的米特罗维察）度过。皇帝的驻地自然就是参谋总部。

罗马时代的希尔米乌姆，是重要性仅次于军团驻地的补给基地之一。巴尔干半岛上的萨瓦河向东奔流，在贝尔格莱德附近注入多瑙河。希尔米乌姆就位于萨瓦河沿岸，从这里向北 20 公里就能到达多瑙河，距离近米西亚行省首府、第四弗拉维军团基地贝尔格莱德 60 公里。五条罗马大道都会聚到了这里，是哈德良防卫体系中，军团基地附近设置大规模补给基地的现实演示。在城镇建设方面也不亚于军团基地和行省首府，配备有罗马人都市中的必要设施。只要是补给基地，最重要的条件就是交通便利。顺便说一下，在不列颠，前线是分隔英格兰与苏格兰的哈德良长城，哈德良长城后方是约克、切斯特、卡莱奥恩三个军团基地。向这些防卫组织提供物资供应的补给基地就是今天的伦敦，在罗马时代称为“伦底纽姆”（Londinium），因为从高卢出发渡过多佛尔海峡的运输船可以直接上溯进泰晤士河。罗马帝国的防卫体系是由“点”和“线”构成的，伦敦和希尔米乌姆虽然不是军团基地，但也是重要的“点”。罗马军队的确是“后勤制胜”。

之所以选择希尔米乌姆作为公元 169 年到 170 年间的越冬地，除了因为这里适合于召集多瑙河中游流域的防卫负责人之外，还有一个原因。由图拉真皇帝开辟为帝国行省的达契亚，是越过了多瑙河突出到北岸的一片地域，达契亚

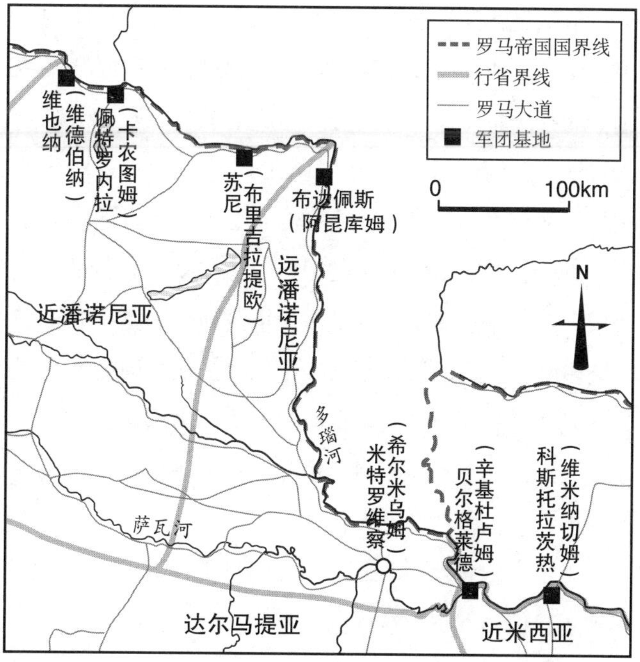

远潘诺尼亚及其周边地区

成为行省，的确减少了北方蛮族对多瑙河下游的袭扰，不过，达契亚这面“盾牌”本身却处于多瑙河北岸，就如同突出到蛮族之海中的半岛一样。可是罗马在达契亚却只配备了一个军团，因为这里和北方蛮族之间还横亘着一座喀尔巴阡山。山岳地带人烟稀少。

可是，到了公元2世纪后半期，自然条件严酷的山岳地带也越来越多地出现了居民。因为更北的蛮族开始南下，这些人就如同多米诺骨牌一样被挤到山地居住。这种现象正是时代出现变化的证据，但当时罗马的统治者都没有认识到这一点。皇帝马可之所以把参谋总部设置到希尔米乌姆，是因为他想把不稳定的达契亚行省北方开辟为第二年的战场，在这一地区击退来敌非常方便。

公元170年春，罗马军队渡过了多瑙河，北上达契亚，展开了大规模攻势。我们不知道当时军队的规模大到什么程度，但是却知道指挥这次进攻的人。他就是曾经活跃在帕提亚战场上的克劳狄乌斯·弗龙托。从东方回来以后，他兼任近米西亚行省和达契亚行省的总督。因此开展本次攻势的，应该就是他麾下的三个军团。考虑到瘟疫造成的减员以及必须留守基地的力量，或许实际上只相当于两个军团。就大规模的攻势而言，这些兵力简直微不足道。不知道主持作战会议的马可为什么竟然同意了这次行动。

克劳狄乌斯·弗龙托是智勇双全的武将，因为没有完整的战记留存至今，我们只能根据一些零散的记录，推测他似乎是乘胜追击才进入的山岳地带。以重装步兵为主力的罗马军队在平原上当然所向披靡，但到了狭窄的战场却难以发挥以往的战斗力。而亲自渡过多瑙河来到达契亚行省等待捷报的皇帝，最终盼来的却是坏消息。激战后虽然敌军败逃，可是司令官弗龙托战死，敌人掠走的俘虏和平民多达 2 万人。

出生在阳光普照的北非，却殒身于春雪尚未消融的欧洲腹地，一代名将的墓碑上，镌刻着下面这样的文字：

> 激战群蛮无往不胜的马尔库斯·克劳狄乌斯·弗龙托为共和国家罗马鞠躬尽瘁，长眠于此。

在同代人撰写的史书中，将公元 170 年称为“最糟的一年”，而这一年并不会因总督的阵亡就宣告结束。当罗马大军都集中在达契亚北部的时候，有两支日耳曼部族乘机从侧翼南渡多瑙河，做出了大胆的举动。

“防线失守啦！”

马尔科曼尼人回避了维也纳军团基地，从遥远的上游渡过了多瑙河，进入罗马境内后大举南下，袭击了阿奎莱亚。尽管阿奎莱亚位于东北角，却属于意

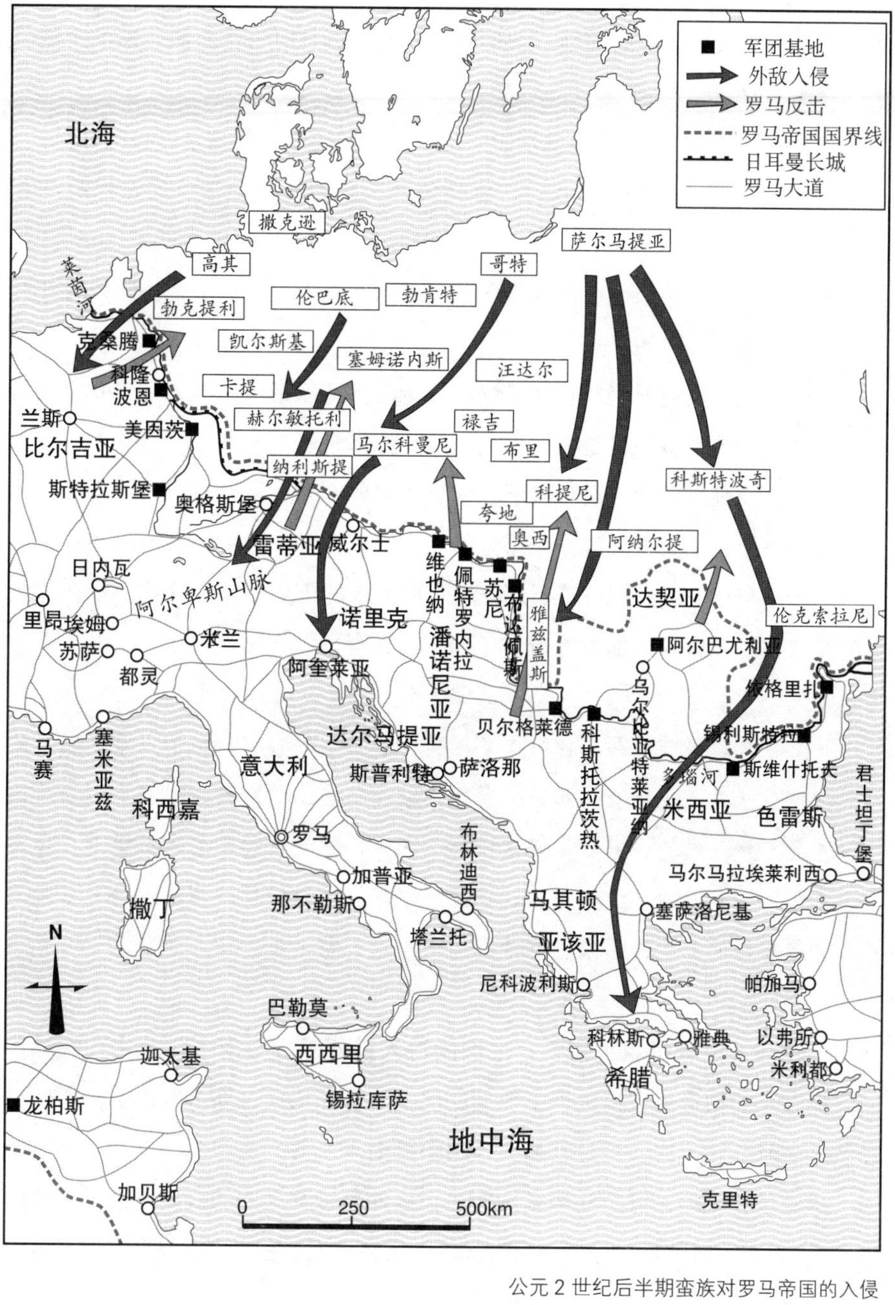

公元 2 世纪后半期蛮族对罗马帝国的入侵

大利本土。另一方面，科斯特波奇人也在达契亚行省的东面南渡多瑙河，疾风骤雨一般，深入了希腊的腹地。他们这一路的目标是财宝，希腊各地的神殿成了掠夺的对象。

“防线失守啦！”这个消息就如同不断扩大的涟漪，传遍了帝国的西部。

拉丁语所谓的防线（Limes），意指屏障、防卫体制，还有安全保障的意思。现在意大利最权威的国防杂志的名字就叫“*Limes*”。这次的“Limes”已经维持了 270 年，结果现在被攻陷，罗马人当然深受打击。那么，防线为什么会被如此轻易地突破呢？

第一，在多数情况下，日耳曼民族入侵时都拖家带口，但公元 170 年全员都是战斗人员，也就是说是一群男人，且全体都是骑兵。

第二，罗马军队的骑兵只善于在保养完善的罗马大道上行进，而未开化的蛮族则习惯于在山野里疾驰。结果是他们突破了罗马方面的监视网。

阿米阿努斯·马尔塞利努斯是公元 4 世纪末的历史学家，这次事变比他生活的年代早了 200 年，他参考着当年的记录，写下了如下文字：

> 日耳曼民族的暴行使阿奎莱亚整个城市遭到损害，他们以难以置信的速度展开，阿奎莱亚的居民们甚至不敢相信自己的眼睛。蛮族们似乎所向无敌，烧杀劫掠，只要是好东西什么都抢，把女人和年轻人都绑走。现在不但帝国北方的防线失守，就连北阿尔卑斯山防线都遭攻克。马可皇帝只能组建新的部队，用来防卫帝国的本土意大利半岛。

但是，入侵者也犯了错误。他们闹得太过分了。与南下时的快如疾风不同，掠夺来的物资和人口延误了他们的北上，而庞培亚努斯率领的罗马军队已经恭候多时。这一次，是日耳曼人被追杀得七零八落。

尽管是暂时的，可防线毕竟失守过，这件事给罗马人的心中蒙上了一层阴影。300 年来的时间里，他们一直都相信蛮族会被阻挡在多瑙河以北，罗马帝国内部所有地方都是安全的。都市街道和村庄虽有“城墙”，但也不过是起到区分市区与郊区的作用。至于首都罗马则连城墙都没有。尤里乌斯·恺撒认为，国境上的防线应该也必须守护住罗马国家的安全，因而首都罗马的城墙毫无必要。恺撒拆除了首都罗马的城墙。以后的220年间，罗马的居民们是在没有城墙的状态中度过的，大家也都对国境的防线无比信赖。并且对罗马人而言，漫长的莱茵河、多瑙河以及幼发拉底河都不仅仅是河流，同时也是保护自己的“防线”。

公元170年发生的这次事变，最初的影响就是都市村镇的居民开始加固城墙。以往的敌人是盗贼，今后的敌人则可能是蛮族。

帝国安全保障的最高负责人马可，毫不迟疑地采取了一系列新措施，尽管200年后的历史学家批评这不过是亡羊补牢。

第一项措施，就是新设“意大利和阿尔卑斯防卫部队”（Praetentura Italiae et Alpium）。对罗马人而言，这一措施的意义绝不仅仅是新增一支部队。因为自开国皇帝奥古斯都以来，罗马的军事力量都只配备在罗马国家的防线上，而现在居然需要在国内设置防卫力量了。

第二项措施，是新增两个军团。这两个军团都在意大利本土招募和训练，名为第二意大利军团和第三意大利军团，常驻基地分别在今天奥地利的洛尔希和德国的雷根斯堡。这两个地方都是日耳曼长城附近的战略基地。当年图密善皇帝为把莱茵河与多瑙河连接成一条防线，着手兴建日耳曼长城，以后图拉真和哈德良又不断强化。也就是说，皇帝马可意图进一步加强日耳曼长城与多瑙河防线的作用。

第三项措施，就是重新调整多瑙河从中游到下游地区的防卫力量。具体就是改换远米西亚行省和达契亚行省驻守军团的布置。

首先是驻扎在远米西亚行省的三个军团，其中以多洛斯特姆（今保加利亚的锡利斯特拉）为基地的第十一克劳狄军团原地不动，负责多瑙河下游到黑海的防卫。

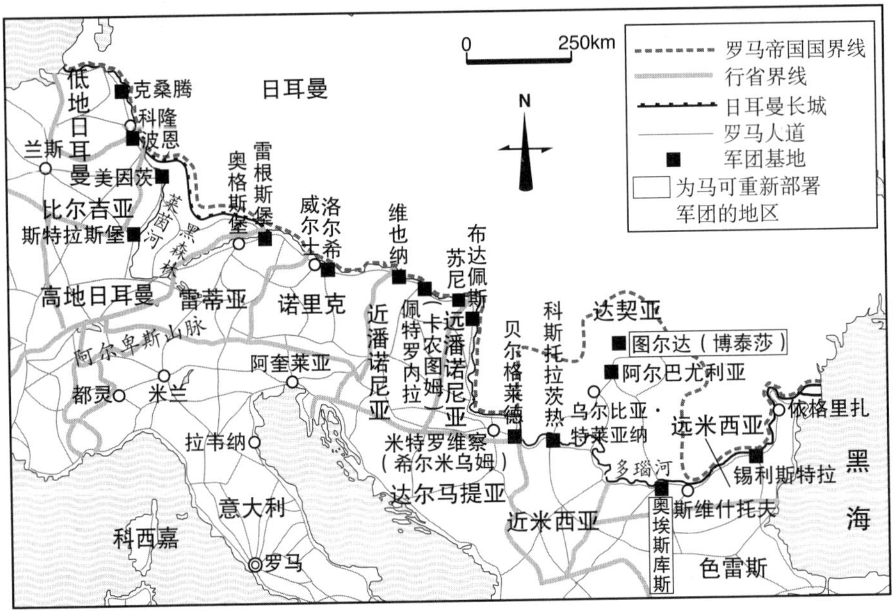

从莱茵河到多瑙河的防线（马可·奥勒留强化后）

马可·奥勒留强化后的多瑙河防线

行省名称	军团数	军团名称	基地（当时地名）	基地（现在地名及所在国家）
Raetia（雷蒂亚）	1	Ⅲ Italica	Castra Regina	雷根斯堡 / 德国
Noricum（诺利库姆）	1	Ⅱ Italica	Lauriacum	洛尔希 / 奥地利
Pannonia Superior（近潘诺尼亚）	3	Ⅹ Gemina	Vindobona	维也纳 / 奥地利
		ⅩⅣ Gemina	Carnuntum	佩特罗内拉 / 奥地利
		Ⅰ Adiutrix	Brigetio	苏尼 / 匈牙利
Pannonia Inferior（远潘诺尼亚）	1	Ⅱ Adiutrix	Aquincum	布达佩斯 / 匈牙利
Moesia Superior（近米西亚）	2	Ⅳ Flavia	Singidunum	贝尔格莱德 / 塞尔维亚
		Ⅶ Claudia	Viminacium	科斯托拉茨热 / 塞尔维亚
Moesia Inferior（远米西亚）	2	Ⅰ Italica	Oescus	吉根 / 保加利亚
		Ⅺ Claudia	Durostorum	锡利斯特拉 / 保加利亚
Dacia（达契亚）	2	Ⅷ Gemina	Apulum	阿尔巴尤利亚 / 罗马尼亚
		Ⅴ Macedonica	Potaissa	图尔达 / 罗马尼亚

说明：阴影部分为新配置的军团。

另一方面，以诺瓦埃（今保加利亚的斯维什托夫）为基地的第一意大利军团向上游转移100公里，到奥埃斯库斯（今斯维什托夫）驻防。因为奥埃斯库斯和达契亚将多瑙河夹在中间，北岸是达契亚行省，南岸是奥埃斯库斯，这种安排相当于在多瑙河流域建立了双重防卫体制。

马可·奥勒留

而以特罗埃斯密斯（今罗马尼亚的依格里扎）为基地的第五玛肯多尼加军团转移到达契亚行省的博泰莎（今罗马尼亚的图尔达）。这样远米西亚行省内的3个军团就减少成为2个，而达契亚行省的常驻军团由2个增加到3个。这种安排表现了马可的防守战略，即在防守多瑙河之前，应先防守达契亚。

多瑙河的防卫体制，自哈德良皇帝确定下来以后，在半个世纪的岁月里不曾出现过丝毫变动，现在终于得到了进一步强化。投入的军团数量，也从10个军团增加到了12个军团。而帝国其他防线上的军团数量和位置都没有变化。话说回来，仅仅变动这个多瑙河防线就已经殊为不易了。我在触及地名时，都标注了“今罗马尼亚”或“今德国”等，为的就让大家理解进行所谓的“国境防卫”是一件多么困难的事情。罗马时代的多瑙河防线，意味着包含了今天德国、奥地利、匈牙利、原南斯拉夫、罗马尼亚、保加利亚等多个国家的庞大复杂的防卫体系。

出身于小亚细亚的希腊历史学家卡西乌斯·狄奥，在距马可时代半个世纪之后担任潘诺尼亚行省总督。他在著作中写道：

多瑙河防线是测量帝国身体状态的仪器。罗马帝国的存亡是和多瑙河

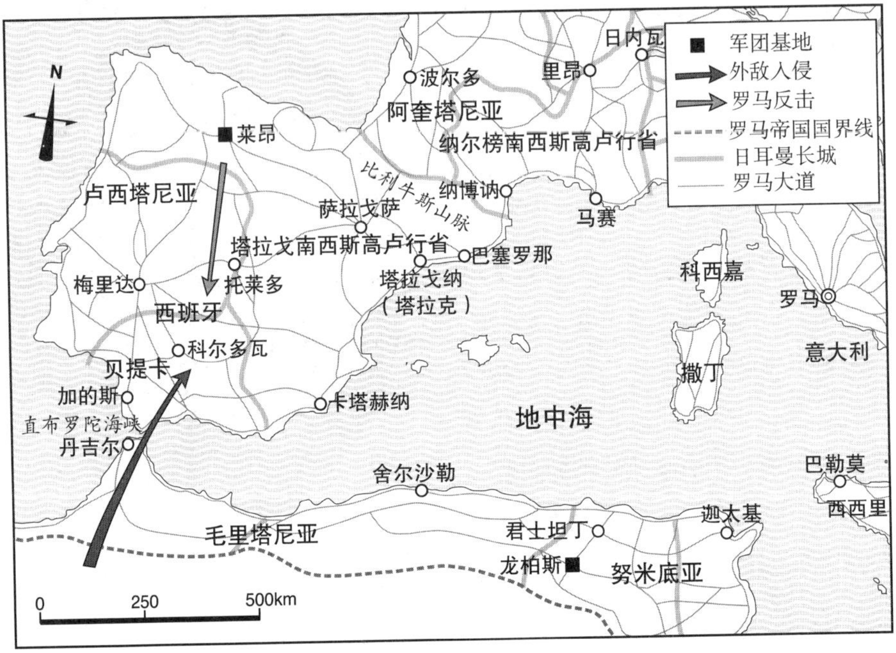

伊比利亚半岛和北非的防线

沿岸各行省（包括潘诺尼亚）的安全紧密联系的。

到了马可·奥勒留的时代，的确不得不考虑这些问题了。

公元170年，尽管是暂时的，但罗马人的确是眼睁睁地看着日耳曼的两个部族突破了多瑙河防线。第二年，马可以维也纳下游50公里的卡农图姆为基地，精心策划来年展开的大反攻。然而这时，从西班牙传来了坏消息。住在北非的毛里塔尼亚人的一部分渡过了古称“赫丘利之柱”的直布罗陀海峡，在伊比利亚半岛登陆，他们烧杀抢掠，赶走原住民，占据了贝提卡行省一带。行省总督发来了十万火急的求援文书。

毛里塔尼亚行省以北非西端的丹吉尔为首府，它的存在阻止了当地异族人侵靠近地中海的富饶地区。结果异族把目光转向了狭窄的直布罗陀海峡对岸，转而把入侵并占据的目标变更为富饶的西班牙南部。入侵者们都拖家带口。看来不但在帝国的北方，连西方的“Limes”都出现了破绽。而在整个伊比利亚半岛上，罗马仅以西北部的莱昂为基地驻扎了一个军团。并且在这一时期，第七杰米纳军团的军团长出缺，由身在首府塔拉克（塔拉戈纳）的行省总督兼任，毕竟整个伊比利亚半岛都有 200 多年不曾发生过战事了。

皇帝马可连忙派出了在帕提亚战争中大显身手的猛将奥菲狄乌斯·维克托利努斯。实战经验丰富的他一出马，情况就为之一变。罗马军团以训练严格认真而闻名，据说他们训练与实战的区别只在于是否流血而已。自不待言，非洲来的入侵者犹如落叶一般，果然被一扫而光。然而这次入侵的蛮族，也显现出了不同以往的征兆。马可·奥勒留与先人截然不同，将不得不面对新的艰难时局。当然时隔不久，马可自己就发觉了这一点。因为和以前不同的疑难问题，也在帝国北方出现了。

罗马人和蛮族

如果一定采用“蛮族入侵”这个词，不免太过于偏重罗马人的史观了。实际上，这种应称为“民族大迁移”的历史现象是公元 476 年罗马帝国灭亡的导火线。不过，这种现象绝不是公元 5 世纪才突如其来的，蛮族入侵的历史几乎覆盖了罗马的整个历史。换句话说，从公元前 2 世纪开始，罗马人的力量与财富就吸引了周围居民的瞩目，到公元 5 世纪灭亡的 700 年间，罗马人始终要剑拔弩张地应对周边的蛮族。

那么，为什么蛮族只从帝国的北方入侵，却不从东方袭扰呢？

古代欧洲东北部一带，首先气候很恶劣，再加上是狩猎民族，所以当地人都很贫穷。先进国家的人们可能以为，既然他们生活贫穷，粮食不足，人口应该会减少才是。然而事实并非如此。蛮族除了物资贫乏，文明程度也比较低。一般的家庭只有一间房子，狩猎归来之后往往无所事事，所有的活动都在这仅有的房子里进行，其中当然包括性生活。所以他们从无聊的幼年时代起就对此司空见惯，多产是当然的结果。如果在繁衍后代时多考虑一下孩子的养育问题，那么他们就不叫“蛮族”了。

因此，在欧洲的东北一带，即今天的德国东部与北部、波兰、斯堪的纳维亚诸国、捷克、斯洛伐克以及原苏联境内多国，蛮族南侵就像一次次的水位上涨然后溃堤一样，这和气候等自然条件并无干系。溃堤之后河水向西南方向奔流，因为西南部是农耕地带，物产丰富，贸易兴盛。在生产效率上，农耕社会的确比以狩猎为生的人们要高得多。而蛮族也并不是因为生性勇猛才发动侵略，而是因为他们本身生产水平低下，所以才南侵。

而在罗马帝国的东方之所以没有出现这种现象，完全是因为有帕提亚王国像一面盾牌一样挡在那里。

亚洲同样有蛮族，他们向西南进攻也是经常的。但是相比于欧洲蛮族以罗马为目标，亚洲蛮族瞄准的则是中近东最富裕的帕提亚。罗马帝国自奥古斯都以来对帕提亚的政策完全正确，他们以帕提亚为假想敌，长年不懈地坚持防备，时而动用军事力量出击牵制，却始终保持在帕提亚王国不至崩溃的限度上。对罗马而言，只要不向自己境内进攻，帕提亚王国的存在利大于弊。

至于帝国南部北非地区的防卫，原住民没有能力组织大军越过沙漠进击，因而不成问题。所以，罗马帝国的蛮族政策，重点都是如何抵御来自欧洲北部的侵袭。而实际承受这些压力的，就是莱茵河、多瑙河以及不列颠的哈德良长城。罗马常驻不列颠的三个军团也不仅仅是防备哈德良长城以北的喀里多尼亚，斯堪的纳维亚半岛上也有很多蛮族会渡过海峡，侵入苏格兰，进而南下袭扰罗马帝国。

公元前 102 年，罗马在马赛以北 20 公里处展开了有名的“埃奎亚·塞克斯提亚战役”。这是罗马首次采取真正的对抗措施。执政官马略率领的罗马军队将10万多日耳曼人打得落花流水，取得了压倒性胜利。但是，面对当时入侵的30万蛮族，仅靠这一次胜利还不足以彻底解决问题。因为如果把从法国南部入侵意大利的10万日耳曼人算做第一阵营的话，那么还有20万人的第二阵营经由瑞士南下，一直推进到了意大利北部的波河。战争持续到第二年，即公元前101年，直到彻底战胜了这支敌军之后，意大利才终于从蛮族入侵的恐惧中解放出来。关于公元前2世纪末的蛮族入侵，我们在《罗马人的故事3·胜者的迷思》中已经有详细讲述，这里我们只作简要的说明。

讲述罗马与蛮族的关系，绝不能遗漏尤里乌斯·恺撒在公元前1世纪中期进行的高卢战役。

这次战役不但没有像马略那样仅是击退来敌，而且也没有单纯停留在未受侵犯却主动出击，最后征服高卢使之成为罗马的行省的高度上。蒙森曾评价恺撒，说他是“罗马唯一的创造性天才”。我也同样认为，详谈恺撒需要贯穿整个罗马的历史，因为他为罗马后来的统治者提供了指引，而后来的罗马统治者也都基本遵循着他的理念。

他认为河流比山脉更适于防卫，用远征显示了对不列颠的占领是高卢甚而整个帝国西部安全所不可或缺的组成要素。并且他还用具体事例说明，在蛮族的应对策略方面，不应该只是击退，还应该注意同化对方。

恺撒把莱茵河确定为防线，西侧是归顺罗马的高卢民族，东侧则是持敌对态度的日耳曼民族。然而在公元前1世纪，已经有很多日耳曼人侵入莱茵河以西并定居下来。当时被罗马征服的高卢人希望恺撒能帮他们把敌对已久的日耳曼人赶回莱茵河东岸去，可是这种希望最终落空，恺撒允许已经移居西岸的日耳曼人继续存在下去。

到恺撒的后继者奥古斯都将整个高卢划分为六个行省时，之所以把靠近莱茵河的两个行省分别命名为“低地日耳曼”和“高地日耳曼”，也是因为这两个行省的居民属于日耳曼民族。也就是说，早在公元前1世纪，日耳曼人就已经在莱茵河两岸定居了。从民族性的角度讲，现代德国的领土跨越着莱茵河是理所当然的结果。当然，在罗马时代，罗马化的日耳曼人和非罗马化的日耳曼人是截然不同的。例如是罗马人移植了葡萄，因而摩泽尔葡萄酒的产地也位于莱茵河西岸的罗马境内。

当然，尤里乌斯·恺撒的功绩不止于此。乌比人是日耳曼的部族之一，虽然居住在莱茵河东岸，但是和那些大张旗鼓地反对罗马的其他部族相疏离，结果遭到其他部族的攻击，失去了居住地。恺撒允许他们移居到现在的科隆一带。乌比人不但亲罗马，而且是日耳曼民族中的强大部族，这更使恺撒坚信自己的政策是行之有效的。现在的波恩和美因茨等大都市都是从罗马的军团基地发展而来的，只有科隆不是这样。这里最初只是日耳曼的一个部族聚居地，幸亏战略位置重要，在奥古斯都时代由皇帝的得力干将阿格里帕安排退役的军团兵迁入开垦，最终变成莱茵河沿岸的大城市。开垦地的拉丁语为“科洛尼亚”，按德语发音就是“科隆”。

恺撒的这项政策不但为开国皇帝奥古斯都所遵循，而且被第二代皇帝提比略所继承。阿格里帕死后，提比略代之以成为奥古斯都的左右手，而现在多瑙河南岸的大城市，绝大部分是他开始建设的。当时他也没有用种族作为亲罗马和反罗马的划分标准。已经居住在那里的人只要愿意接受罗马的统治，就属于亲罗马一方，当时尚未定居，但也愿意服从罗马命令的，也可以移居到多瑙河南岸的罗马境内。故而多瑙河的南北两岸和莱茵河的东西两岸情形相同，即用河流把罗马化的日耳曼人和非罗马化的日耳曼人区分开来。

在整个地区推行同化政策的，是图拉真皇帝。他征服了达契亚并将其列为行省。总之对罗马人而言，只要接受帝国统治，在帝国境内生活，种族差别根本就不是问题。

马可·奥勒留无疑也继承了这种思维。不过到了他的时代，真正的问题在于，蛮族入侵的性质已经发生了变化。公元 5 世纪灭亡罗马的伦巴底、哥特、汪达尔等蛮族的名称，已经犹如远方的雷声，滚滚而来了。

时代的变化

公元171年，在多瑙河前线，马可·奥勒留迎来了他50岁生日。从登上帝位开始计算，10年过去了，但马可对人的态度没有发生丝毫改变。苏维托尼乌斯的《罗马皇帝传》中这样描写马可：

> 在作出决定前，无论是军务还是政务，他都注意倾听相关专家的意见。这是皇帝的风格。对于那些抱怨他拖泥带水的人，他经常这样说："相比于让朋友们简单地服从我个人的意见，先听听他们的想法，然后再作决定，难道有什么不对吗？"
>
> 并且，由于倾向于自己的哲学（斯多葛学派），无论身处军旅还是日常生活，他都严格自律。这种严格甚至经常招致部下的批评。心怀意见的人可以当面堂堂正正地展开批评，而皇帝也有条有理地进行反驳。

在《沉思录》中，马可也讲述了别人批评他像位教师。

不过有一件事，他一直坚持自己的主张，那就是对将军们给他的"前线太危险，应该返回首都"的忠告，他坚决给予拒绝。

公元171年，马可50岁，在这一年里，他第一次开始亲自接见蛮族的代表。很多部族使节会渡过多瑙河，拜访驻留在卡农图姆军团基地中的马可。这些人向马可提出了如下愿望，按照来源的不同，大致可以分成三大类：

第一种——蛮族提出的。

停止侵略，准备与罗马皇帝讲和。将来如果能与罗马结盟，他们愿意今后站在罗马一边，阻止经常觊觎罗马的其他日耳曼部族，可以成为帝国防线的最前沿。不过这需要罗马提供资金帮助。如果罗马不接受这种建议，那么他们恐怕只能继续开展敌对行动。

第二种——在多瑙河中游北岸居住着马尔科曼尼、雅兹盖斯和夸地三大部族，这种方案是由夸地人提出的。

和罗马建立友好关系，如果成功，（夸地人）愿意解除与马尔科曼尼人的联盟，自己的马匹和家畜只卖给罗马军队，遣返所有逃兵，先返还 1.3 万名成为俘虏的平民，其余的将逐渐返还。希望罗马保持开放集市的习惯做法，他们可以渡过多瑙河卖出土产，购买其他必需品。

第三种——这不是大部族的建议，而是中小部族提出的方案，或者也可以说是一种请求。在多瑙河北岸，即使只计算罗马防线正面的部族，大大小小加在一起就已经超过了 10 个。

他们同样遭受来自北方的侵略，要么坐以待毙，要么只能逃往罗马境内。如果罗马能保证他们维持生活的土地，他们愿意终止迫不得已的暴力入侵。

那么，和顾问及部下商讨之后的马可是怎样对待这些提议的呢？

首先第一种，同意媾和，提供他们所要求的资金援助。用昨天的敌人去阻挡今天的敌人，如果顺利的话对防卫力量是一种增强。马可虽然对希腊哲学很狂热，但面对这种情况却保持着罗马式的理性。不过具体到这个建议，资金援助的数额只能增不能减似乎是命中注定的。

对待第二种提议，因为对方是强大的部族，必须态度谨慎。

皇帝同意购买对方的马匹和家畜，当然也接受逃兵的遣返和平民俘虏的归还，但是不许夸地人进入罗马境内参与集市贸易。无论是想讲和的夸地人，还是明目张胆反罗马的马尔科曼尼人，同样都属于日耳曼民族。对罗马的军团兵而言，他们从外貌到语言都相同，无法区别，绝不能让马尔科曼尼人冒充夸地人混杂在集市的人群中，乘机刺探罗马方面的防卫设施和军粮补给状况。

话虽如此，不过如果终止贸易关系的话双方的经济都难以维持。在幼发拉底河防线自不待言，就是在与经济落后的日耳曼民族相对峙的防线上，罗马帝国也没有让内外完全隔绝，而是利用共同的经济关系保持着一定程度上的内外交流。这也是罗马帝国的基本国策，因为只要存在着有利因素，对方就不至于做出过激举动。而既然罗马与缔结了友好条约的蛮族之间一直保持着这种传统往来，此时也不能只把夸地人排除在外。用小船载着一家老小渡过多瑙河，到罗马境内赶集，除了货物的买卖以外，还是一种近乎娱乐的活动。如果连这都加以禁止的话，对方有可能认为自己遭受了侮辱。

同样，罗马军队正在准备在来年春天展开大规模攻势，对象就是马尔科曼尼人，此时绝不能让他们的密探靠近罗马领地。

皇帝马可告诉夸地人的代表，接受议和请求，不过在对方和马尔科曼尼人断绝关系的行动得到确认之前，对议和条件之一的开放集市，还暂时不能答应。言外之意，这项内容以后可以修正。

和谈成功了。对这一时期的罗马而言，与夸地人的议和意义非凡。

粗略地分析，公元2世纪后半期多瑙河中游一带的形势如下：

沿着多瑙河，右岸依次是奥地利首都维也纳、匈牙利首都布达佩斯、原南斯拉夫首都贝尔格莱德。这些城市起源于罗马的军团基地，在罗马时代都是前线。而日耳曼民族则居住在多瑙河左岸，维也纳对面的是马尔科曼尼人，布达佩斯对面的是夸地人，贝尔格莱德对面的是雅兹盖斯人。与夸地人媾和的实现，就等于将蛮族的共同阵线从中间腰斩。实际上，到了次年，即公元172年，罗马军队大举进攻，一路从维也纳出发，另一路从贝尔格莱德出发，两路人马同时越过了多瑙河。

那么，现在还剩下第三种提议。马可如何处理蛮族提出的向罗马境内移居的请求呢？尤里乌斯·恺撒已有先例，允许日耳曼人的乌比人移居，最终发展起了科隆，马可·奥勒留也同样允许了这些人移居到罗马帝国境内。因为都是些中小部族，不但可以在达契亚、米西亚、潘诺尼亚等各个行省内分别划拨土地，而且也可以让他们前往低地日耳曼和高地日耳曼两个行省定居。不管怎么说，在莱茵河和多瑙河沿岸的这些行省，居民和他们的生活习惯原本就属于日耳曼民族。皇帝预计他们会像已经罗马化了的当地居民一样，也实现罗马化，而在这种情况下的罗马化，其实是“农耕化”。

虽然向这些地方的移居行动取得了成功，但马可还考虑了一处移居地。那就是意大利本土的拉韦纳。蛮族虽然移居到了拉韦纳提供的近郊土地上，但整个行动却完全失败了。拉韦纳和那不勒斯附近的米塞诺一样，是罗马帝国的两大海军基地之一。这就如同把吴或佐世保（吴位于日本广岛湾东岸，二战前为重要军港。佐世保位于日本长崎县北部，二战结束前以海军城闻名。——译者注）近郊的土地拿出去供别人耕种一样。无论在哪一方面，移民和附近居民的差距都太大了，这绝不仅仅是民族、语言或生活习惯上的不同，而是在生活水准上有巨大差距。我们不明白马可为什么要作出这种决定。可能只是出于单纯的善意，或者也想让蛮族生活在意大利人中间，以使习惯了和平的本国人有所警醒。

总之结果是狼狈不堪，连一年都没到就已见分晓。移民们成群结队袭击了拉韦纳城区，烧杀劫掠，无恶不作。直到镇守阿尔卑斯和意大利本土的部队赶到，才好不容易将他们镇压下去。然而此时，拉韦纳居民们的不满已经转向了作出这一决策的皇帝。马可也不得不承认自己的错误，将移居到拉韦纳近郊的日耳曼人全部赶出了意大利半岛。我们不知道这些人究竟去了哪里，罗马大概是提供了和其他移民相类似的土地，让他们第二次移居。

有那么几位后世的历史学家，喜欢批判马可此时的政策，认为这是罗马帝国蛮族化的发端。可是，坚持这种观点的学者大概没有想过，早在罗马帝国建立以前，尤里乌斯·恺撒就已经开创了这种“蛮族化”的先例。纵然我们不去争论什么罗马的蛮族化和蛮族的罗马化，只要击退入侵蛮族就算万事大吉的时代也全都一去不复返了。

那么，处于时代变化中的马可本人也应该意识到这一点了吧？

或者他还没有意识到？

又或是他在公元172年真正开始第一次日耳曼战争时还没有意识到，但到6年之后的第二次日耳曼战争时就已经意识到了？

罗马皇帝是罗马军队的最高负责人，如果此人身在前线，那么整个战线的战略都由皇帝亲自决定。可战略并不是只靠正确把握现状就能够确立的，而需要将过去、现在和将来全部纳入视野，将各种因素综合考虑。否则即使取得胜利，也难以有效利用胜利成果。如果没能有效利用胜利成果，那么战争虽胜犹败。这种意识上的“自觉”的重要之处，就在于它正好可以作为一贯战略的支柱，如果这种“自觉”的战略支柱没能确立，那么战争就很容易陷入长期化。不但是遭受攻击的一方，对进攻的一方，战争也是一种“恶”。因为是“恶”，所以尽早地结束战争的确就是“善”。

马可·奥勒留也没有忘记这一点。为尽早结束战争，罗马军队的传统就是投入大军一蹴而就。为此，马可的准备工作在三年之前就已经开始了。

罗马军队的主力是军团兵。即便在平时，一个军团的6000名士兵中，也需要保持250名左右的补充兵员，因为随时都会有20年服役期满的人脱离队伍。不过在公元170年的时候，补充兵员是平时的两倍。因为在帕提亚战争时，罗马军队远征东方，带回的瘟疫造成了减员，一年前克劳狄乌斯·弗龙托战死时也造成了兵力折损。罗马实行募兵制，需要花费时间等待志愿者的到来，所以不能保证及时补足缺额。为达到目的，马可也只好开始不择手段。

首先，他在军团兵的辅助力量辅助兵中选择出色的人，提拔为军团兵。因为成为军团兵的条件之一是拥有罗马公民权，所以来自行省人民的辅助兵在编入军团时，都被授予了罗马公民权。

这样一来，又需要补充辅助部队的空缺了。这时马可甚至接受了奴隶之中的志愿者。出身于行省的辅助兵在25年的服役期满后就能得到罗马公民权，马可承诺奴隶们也享有同等待遇。

这一点在普通公民中间也议论纷纷。把奴隶编入罗马军队是布匿战争时候的事，当时和迦太基名将汉尼拔进行殊死决战的罗马派上了全由奴隶组成的两个军团。那时罗马正处于生死存亡的紧要关头，可是380年之后，历史在重演，也难怪平民们大为震惊。

可是，纵然奴隶们愿意去服兵役，也只能在获得他们主人的允许之后才可实现。这样这项政策的效果就大打折扣了。于是马可接下来又为角斗士开辟了应募的道路，可他们又都是舞枪弄棒的高手，从事着当时的热门职业，收入相当不错，很少有人愿意抛家舍业投身军旅。结果，屈指可数的应募者都是被兵役期满即给予解放奴隶资格的待遇所吸引，即奴隶之中的角斗士，而且是二流水准。我总觉得，马可的这些措施都是在隔靴搔痒，可能他也是病急乱投医吧。

不过，在马可这一时期的政策中，倒是有两项效果斐然：

第一，新设了由山贼组成的部队。皇帝贴出布告，凡有山贼肯投降去服兵役，即可不问前罪。山贼们纷纷响应。其实这未必是山贼们愿意以后生活在阳光之下，所以痛改前非了，而是因为在烽烟四起的战乱年代，盗贼的营生也很艰难。

第二，把因各种缘由脱离自己部族的日耳曼人组织起来形成部队，他们并不是正规军，而是作为雇佣兵编入罗马军队。

尽管如此，和当年与汉尼拔进行殊死决战的罗马统治者一样，马可·奥勒留也没有接受 17 岁以下的少年志愿者。很久以来罗马人就坚信不疑，未来的罗马公民的成长，必须要有一个非常适当的环境，因此罗马军队中没有童兵。

组织军队并使其发挥作用，还需要庞大的资金。先帝安敦尼临终时留下了富足充实的国库，这并不只是因为他治国有方，还因为在他任上不曾发生过战争。无论结局胜败如何，只要开战就要花钱。

因此马可需要大笔的军费，可是他还不想提高税率或者临时征收特别税。同时代的历史学家列举出了下面这些理由：

第一，避免招致纳税人的批评。

第二，增税阻碍社会生产。

第三，皇帝应该率先垂范。

于是马可决定拍卖皇宫中的收藏品。这并不是出售皇帝的私人物品。在皇帝的周围，自然会积攒着其他国家的王侯或部族首领赠送的礼物。即使到今天，各国王室或总统、首相之间也仍旧保持着相互赠送礼物的习惯，这些赠品的所有权往往很模糊。在罗马帝国，这些物品属于皇帝，也就是属于国家。马可决定出售的就是这些东西。《罗马皇帝传》记录了当时的情形：

> 在首都罗马最宽阔的神君图拉真广场上，展示出了众多的皇宫物品。黄金和水晶制作的摆件、填充着阿拉伯香料的大壶，还有很多装饰皇宫的美丽花瓶，以及无疑是赠与皇后的丝绸和布满刺绣的布匹。其中最大放异彩的，是在最近偶然找到的，是当年哈德良皇帝的珠宝首饰收藏品。
>
> 将这些收藏品全都拍卖完毕，竟然花费了整整两个月！在此期间，罗马境外的买家也加入进来，买走了很多豪华收藏品。皇帝与众人约定，当与马尔科曼尼人的战争结束后，只要买家提出要求，皇帝可以把藏品赎回。不过，似乎没有人有此意愿。

另外，编年史的作者和其他历史学家都不曾注意，皇帝马可还施展了另一种调动资金的办法。那就是虽然幅度微小，但金币和银币的重量都被削减了。当时的人们都没有注意到，因为削减的分量的确微乎其微。如果削减过多，货币的价值就会下跌。

直到盛行研究罗马货币的现代，人们才发现了这个秘密。我们对货币这种反映时代的一级史料抱有强烈的兴趣，终于注意到了五贤帝时代唯一的一次货币缩水。不过，考虑到马可·奥勒留的名誉，我们必须强调，这次货币缩水是暂时现象，并非通货膨胀的征兆，4 年以后，货币又恢复到了原来的分量。

马可·奥勒留纪念柱（Columna Marci Aurelii）

公元 172 年，万事俱备之后，第一次日耳曼战争终于开始了。有关这次战争的过程，说实话，我真的无法追寻。不但是我，别人也同样不明就里。历史学家卡西乌斯·狄奥虽然留有一些记述，却也只不过是战争进程中的片断集成，而不是前后连贯的战记。

可是，如果说恺撒留下的《高卢战记》为后世研究提供了方便条件，那么图拉真皇帝进行的达契亚战争也和马可的日耳曼战争一样面临着史料上的不利。然而后代的历史学家们仍旧能够追寻出达契亚战争的过程，因为只要从下向上沿螺旋方向依次研究图拉真记功柱上面的浮雕就可以了。我在《罗马人的故事 9·贤君的世纪》中就逐一解读纪念柱上雕刻的场景，用这种方法叙述了达契亚战争进程。

马可·奥勒留也采用了和图拉真记功柱同样的形式，雕刻了一根记录日耳曼战争的圆柱，并且这根纪念柱的位置就位于现在罗马市中心，即首相官邸前面。但在这个地方是先有纪念柱，只不过到了 17 世纪，红衣主教琴奇有意借助纪念柱作景，于是在旁边建起宫殿，今天作为首相官邸使用。顺便说一下，在意大利，无论是报纸还是电视，都不称这里为首相官邸，而称为“琴奇宫”。和马可的纪念柱相对照，图拉真记功柱所在的地区现在只剩下了一片遗址，从位置上看，还是“马可·奥勒留纪念柱”更容易吸引众人的目光。然而时至今日，关于图拉真记功柱的研究著作为数众多，而正式名称为“Columna Marci Aurelii”的马可纪念柱却有些落寞。

研究人员解释说，从艺术价值和历史价值上看，马可纪念柱比不上图拉真记功柱。

我们必须承认，艺术价值的确有所不如。一级的艺术品都是舍弃一切不必要的东西才能成立，而马可纪念柱上的浮雕场面过于拥挤了。其实如果真能把所有内容都体现在上面也不乏历史价值，可是在这一点上却又不尽如人意。和图拉真记功柱相对照，即使从下向上沿螺旋方向探求马可纪念柱的浮雕的内容，我们对战争全貌也还是一头雾水。因为那上面全都是关系不明的战斗场面，即战争片断而已。

为什么会这样呢？如果从其他角度观察，可以找出以下原因：

马可·奥勒留纪念柱（左边的建筑物为琴奇宫）

在图拉真皇帝进行的达契亚战争中，真正投入重兵的时期可以分为两个阶段：第一阶段从公元 101 年开始，第二阶段从公元 105 年开始。但这两个阶段都是拉开战端一年之后很快就结束了，在第一阶段的公元 102 年和第二阶段的公元 106 年，图拉真皇帝在首都两次举行凯旋仪式。也就是说，无论是第一阶段还是第二阶段，都正好只用一年时间就达到了战争目的。投入重兵的两个阶段加在一起，也仅有两年时间而已。

可是在马可·奥勒留进行的日耳曼战争中，我们观察其真正投入重兵的时期，从公元 172 年到 174 年年末是第一阶段，接下来因为我们后边要讲到的一种变故，不得不在公元 175 年到 177 年的三年间暂时中止军事行动。公元 178 年烽烟再起，到 179 年第二阶段的战争宣告结束。前后合计一共进行了 5 年，随后马可离世而去。虽然目标近在咫尺，他却只能抱恨而终。如果把尽早结束战争作为对战争这种“恶行”所能做的唯一的“善行”，那么在这一点上马可·奥勒留是很失败的。

有些研究者认为，敌方日耳曼各部族受到从东北方向南下的其他部族的压迫，也就是说，他们前有罗马军队，后有日耳曼其他部族，遭到两面夹击，只能殊死抵抗，这才造成了马可的“迟缓”。可是，在图拉真东征的时候，达契亚国王德凯巴鲁斯也在破釜沉舟，拼死作战，他们也的确到了生死关头，对图拉真指挥下的罗马军队而言，对方绝不是束手待毙的敌人。

还有不少研究者指出，负责具体指挥的军团长等一干武将素质低下，造成了战争的拖延。其实这种观点也经不起推敲。帕提亚战争就发生在 10 年以前，罗马军队实际上只用了 3 年时间，不但横扫了亚美尼亚境内的帕提亚军，还攻入了帕提亚境内，一直把对方打得元气大伤，完全达到了当初的作战目的。当时无奈在前线做总指挥的皇帝路奇乌斯实际上等于不存在，而是军团长等一班指挥官根据自己的谋划将战争向前推进。即便过了 50 年之后，卡西乌斯·狄奥还指明，镇守前线的罗马军队仍在哈德良皇帝重新构筑的国防体制下充分发挥着自己的机能。这位历史学家本人曾任潘诺尼亚行省的总督，亲自指挥过 3 个军团，所以他的话具有非常高的可信度。而且，各军团的指挥官都遵从着最高司令官认可的战略采取行动，尤其在战时，更加强调这种指挥系统的统一。

日耳曼战争时，马可一直身在前线，而没有像路奇乌斯那样，到别处去避暑或享受温泉。这么看来，我们似乎只能得出皇帝马可作为最高司令官，其实欠缺相应能力的结论。历史学家蒙森谈到这一点时，也相当苛刻：

> 就本来的气质而言，马可·奥勒留的思考重于行动。

所谓思考，按照词典里的解释，指的是反复琢磨。其本身应该是一种值得赞赏的气质，可是到了需要随机应变和雷厉风行的战时，却容易成为一种缺点。亚历山大大帝曾说："战场是瞬息万变的世界，所以在战场上一切都要果断勇敢。"对马可而言，应变与果敢是最为无缘的两种气质。

但是，仅凭这些还是不足以解释日耳曼战争的"迟缓"，因为在挑起战端之前必须先拟定战略，就是要把所有的因素都置于脑海，经过反复思考才能确立。这时"思考"不但不是缺点，反而应该加分了。我认为，这种"迟缓"的真正原因，或许是马可·奥勒留这个人一直没能真正弄懂战争为何物。

马可·奥勒留纪念柱雕刻上所表现出来的"日耳曼战记"之所以和图拉真记功柱不同，而只是片断的集合，就是因为日耳曼战争本身就是由一些片断构成的。也就是说，这次战争并没有遵循着一个灵活机动的基本战略加以展开，而是由战线上各处发生的战斗组成的。这是一场没有战略、只靠战术蛮干的战争。除了方法拙劣，别无其他。这个问题和马可本人的诚实担当毫无关系，我们一言难尽的只能是无限的遗憾，或者只能对人性的复杂发出叹息。而马可自身苦恼的产物《沉思录》，也是在这个时期开始动笔的。

我总觉得，应该先从宏观角度去观察日耳曼战争。很多历史学家想只靠具体史料就展开说明，可是那些东西无论读多少都很难把握战争的全貌。这就好比端着望远镜，一圈一圈地围绕着马可·奥勒留纪念柱观察上面的螺旋状浮雕，最后只能绝望地叹息："这究竟表现了什么啊？"当年我用这种姿势望到第三天的时候，招来了首相官邸警卫的盘问。总之我认为，对于马可任统帅的日耳曼战争，最好还是先了解这种战争的性质，然后再去接触具体史料，这样更有利于认识它的全貌。

有一件事情忘了说明，现在可以补充，就是我们能不能分别用一个词来表现图拉真记功柱和马可·奥勒留纪念柱？这也是我围绕着纪念柱漫步时想到的，图拉真记功柱的浮雕是"realistic"（现实），而与此相对，马可·奥勒留纪念柱上的浮雕则是"pathetic"（感伤）。情感的过剩，不但在政治和军事方面是个缺点，在艺术上也会形成不足。

多瑙河战线

公元 172 年，罗马军队渡过了多瑙河，向北进攻。本来罗马方面是展开攻势的一方，可实际上却吃了个败仗。我们不知道当时罗马军队采取的是什么策略，但既然皇帝亲征，近卫军团肯定也加入了战线。结果他们与敌人发生激战，近卫军团长官维狄克斯阵亡。马尔科曼尼人满足于既有战果，撤退而去。罗马军队要职一定会安排离职代理，指挥官的阵亡并不意味着全面溃败，但失败就是失败，并且军事上的失败必然导致政治上的颓势。在前一年刚刚议和的夸地人看到马尔科曼尼人取得了胜利，就立刻毁弃和约，重回日耳曼阵营。罗马本来已经把日耳曼各部族形成的同盟战线拦腰斩断，可是不到一年时间，这条同盟战线又重新连接了起来。

由于上述原因，这一年罗马军队始终焦头烂额。下面介绍的，是卡西乌斯·狄奥曾写下的一个片段。当时雷雨的出现被视为奇迹，也表现在了纪念柱上：

这是罗马军队在一次转战中陷入的危机。最后之所以柳暗花明，只能说是承蒙诸神的恩典。精于骑术的夸地人把罗马军队逼到了对他们有利的地形，形成了对罗马军队的包围。罗马士兵于是把盾牌排得密不透风，勇猛地抵挡着来自侧面和上方的攻击（这是罗马军团的典型战斗队形之一，叫龟甲队形）。

龟甲队形（马可·奥勒留纪念柱上的浮雕）

蛮族见状，索性停止进攻。他们以为，平原上无情的烈日和酷暑造成的干渴会消耗罗马士兵，只要耐心等待，对方只有投降一途。而罗马军队完全陷入包围，无法向附近的河流转移，更何况蛮族还占有数量上的优势。

罗马军队陷入极为艰难的境地。疲劳与伤痛几乎无法忍受，再加上炽烈的太阳和无声的焦渴，既不能进攻，也无法后退，只能在太阳的炙烤下，保持原地不动。

可是就在这时，天边出现了乌云，紧接着电闪雷鸣，倾盆大雨不期而至。罗马士兵都打开盾牌，面向天空，让雨水打在脸上，流进口中。然后他们用头盔和盾牌内侧承接雨水，供给伤员和马匹饮用。

看到形势突变，蛮族冒着暴雨再次展开进攻。罗马士兵一边喝着雨水，一边迎击，就连伤员也都吞咽着头盔上流下的雨水和额头上流下的血水投入了战斗。

暴雨和雷电也同样笼罩着敌人，可是此时阵脚大乱的，却不是罗马士兵，而是蛮族。……

恪守军规的习惯和终日训练的结果，在这种情况下开始显现出了真正的价值。改换了阵型的罗马军队成功扭转了战局，最终取得了这一天的胜利。

在这一年年底，罗马军队终于战胜了马尔科曼尼人。罗马元老院授予前线的皇帝“日耳曼尼库斯”的尊称，意为“打败日耳曼的人”，这个尊称同时也颁发给了马可 11 岁的儿子康茂德。或许是意识到了自己国外经验的欠缺，皇帝马可把自己唯一的儿子带到了多瑙河前线。然而，元老院的决定还是有些过早，公元 172 年的罗马军队苦战恶斗，实际上是因为好不容易战胜了日耳曼民族中的马尔科曼尼人和夸地人，终于挽回了一些颜面。

而在这一年，帝国的东方也在暗流涌动。

埃及实质上由居住在亚历山大等城市的希腊人和犹太人管理，而罗马则支配着这些人。也就是说，原来的埃及人被这些受罗马掌控的希腊人和犹太人所统治。在主导埃及传统宗教的祭司们的煽动下，这些埃及原住民举行了暴动。虽然暴动针对的是住在埃及的希腊人和犹太人，但命中注定，事态的发展还是会指向掌控经济的这两个民族背后的罗马。不管怎么说，埃及是罗马的行省，因而维持此地的治安是罗马的责任。

于是为了镇压暴动，罗马决定出动驻扎在东方的军团。然而，从当初埃及托勒密王朝的末代女王克娄巴特拉向罗马军队投降时起，埃及就并不归以元老院和公民为主权者的罗马帝国所领有，而是罗马皇帝的私人领地。之所以如此，是因为埃及有着特殊的状况。在号称“神之子”的女王克娄巴特拉之后，如果改由元老院和公民这些“人之子”来管理，那么对习惯于“神治”的埃及人的刺激就过于强烈了。刺激过度是领有和统治的大敌。所以，由神君恺撒的养子即“神之子”奥古斯都来做主权者，比较适合于对埃及实施统治，元老院也同意了这一点。

由于这种特殊状况，唯独埃及成了罗马皇帝的私人领地，导致了驻扎在其他罗马领地内的军团无法向那里派遣。埃及没有行省总督，而是由长官带领一个军团常驻，足以维持一般的治安，直到公元172年发生了这次暴动。

多瑙河畔的马可接获报告后，决定一举解决此事。他命令在帕提亚战争中大显身手并在战后升任叙利亚行省总督的亚维狄乌斯·卡西乌斯，率领属下的两个军团向埃及进发。但是，“神治”下的埃及还是很特殊。在埃及出任要职都由皇帝亲自任命，可以说元老院议员也只是一般官吏，如果没有皇帝的许可，他们连入境都不可以。而对于出身于仅次于元老院阶级的骑士阶级的人而言，如果能够成为埃及的长官，应该就是从政的顶峰了。亚维狄乌斯·卡西乌斯已经是行省总督，在元老院也拥有一席。

在不触犯既有法则的情况下，派遣卡西乌斯的最好办法只有一个，那就是让他从叙利亚行省总督升任为帝国东方全区的总司令官。这一职位和帕提亚战争时皇帝路奇乌斯的地位相当，尽管只限于东方，但地位仅次于皇帝。

罗马人是“法之民”，在作出决策时，无论如何都要追求法律的正当性。如果不能保证法律上的正当性，那么他们就制定新法来保证这种正当性。毫无疑问，为卡西乌斯升职既不需要制定新法，也不必拿到元老院去请求通过，只需要把以往的法律扩大解释就可以了。

被任命为东方全区总司令官的卡西乌斯十分漂亮地完成了任务。他不但迅速镇压了埃及的暴动，而且没有招致当地居民的愤恨。埃及境内的希腊人也好，犹太人也好，亦或是原住民也好，都对卡西乌斯评价极高。而在镇压了暴动之后，皇帝马可也没有变更返回叙利亚行省的卡西乌斯的职位。结果这个问题在三年之后引起了灾难。

公元172年东方的另一次变故，发生在亚美尼亚境内。罗马和帕提亚一直争相拉拢亚美尼亚王国，罗马有帕提亚战争的成功，亚美尼亚的王位还是由帕提亚王室的亲罗马人士担任，可亲帕提亚派在宫廷内部依然存在。这些人瞄准了罗马大军都集中在多瑙河前线的可乘之机，企图发动政变。但这件事能在尚未发生之前就得以迅速解决，全赖临近亚美尼亚的卡帕多西亚行省总督马尔提乌斯·维尔斯高超的外交手腕。罗马的武将中不乏文武双全的人，历史学家卡西乌斯·狄奥这样描写他：

> 马尔提乌斯不是一个只会利用军事力量压制敌人的人。的确，他的快速进攻和出其不意总是让自己占据主动，这些武将的看家本领是他力量的基础，不过，他还非常善于不战而屈人之兵。
>
> 他能敏锐地看穿对方究竟想要什么，然后用真挚的言语商谈条件。他生活简朴，但对别人的馈赠常令东方人都瞠目结舌。最重要的是，他的话总是让人对罗马抱有希望而不是绝望。
>
> 接触到他的人，很难把眼前这位言语热情、态度温和的人和战场上那位叱咤风云激励士兵的武将联系起来。他的言语和态度充满魅力，即使对面的东方人暴跳如雷，他也能使其平息怒火。他深知什么时候该对谁循循善诱，什么时候该对谁一掷千金。
>
> 但即便他万般低调，对方也无法忘记战场上的他活力四射、行动积极。因此所有的人都愿意和他放弃敌对，开展合作。

转眼到了公元 173 年，如上所述，东方的局势逐渐稳定，但西方的日耳曼战争仍在紧锣密鼓地进行。

依照握有铸币权的皇帝马可的命令，罗马铸造发行刻有“征服了日耳曼”（Germania subacta）字样的货币，再加上罗马元老院作出决定，将“日耳曼尼库斯”尊称授予马可，两件事都是有着确切证据的历史事实。因此，如果只根据确凿的史实去阐述历史的话，公元 172 年的日耳曼战争是以罗马方面的胜利宣告完结的，可是无论史实多么真实可信，我们仍旧不能忽略对其背后内容的探究。

也就是说，盲目相信容易使自己走进牛角尖。如果不想自掘坟墓，那就应该进行跟踪调查，参考调查结果去发现材料背后的内容。另外也需要一定程度的“人性之恶”。“人性之恶”的我通过阅读史料，发现元老院的决议是当时罗马屡次出现的对皇帝的谄媚行为，而货币的发行则是深谙事实的马可在提振民心。

刻有“征服了日耳曼”字样的铜币

为什么这么说呢？因为如果依据史实所表现的那样，公元 172 年的战争以胜利而告结束，那么第二年即 173 年就没有必要改变作战方针。然而罗马却改变了策略，从前一年的全线作战变成了各个击破。

尤里乌斯·恺撒早就看透了蛮族的特性，后来的罗马皇帝们也因袭了这种思维，就是蛮族不善团结协作。故而后世有名的“divide et imperi”（分而治之）就逐渐被确定为罗马的对外政策。公元 172 年日耳曼各部族虽然结成了共同战线，但他们并没有团结在同一个领袖周围共同对抗罗马。

在这种情况下，罗马采取的战略应该是先各个击破，然后再全面进攻，可是当初罗马为什么反其道而行之呢？

罗马在宽阔的平原上拉出大军展开会战，能够发挥出无与伦比的力量，因为这种方式的战斗可以充分运用战略战术，与敌军面对面的大会战也能发挥出军令严明和日常训练的效果。相反，罗马军队很不擅长同蛮族战斗，因为蛮族本来就没有什么一贯战略，当然也就无从把握。在这种情况下的有效办法，就是恺撒曾经施展过的策略，即先迫使敌军集结，然后予以打击，最后取得巧妙绝伦的战果。这样一来，敌方叹服，连未曾加入战端的人都会在胜利者面前低下头来。一次这样的会战，能在尽量减少敌我双方牺牲者数量的情况下达到战争目的，是非常合理的手段。之所以也要减少敌方的牺牲，是从胜利后统治管理的角度加以考虑的结果。不过即便是恺撒，在阿莱夏战役之前采用的也都是各个击破的战术。

但话又说回来，能在一年里就发现战略方面的失误，对马可和罗马二者而言都是很幸运的事。公元 173 年的战役，首先限定在了雷根斯堡到布达佩斯之间的多瑙河北岸，敌人仍旧是马尔科曼尼和夸地两大部族，不过发生变化的是，这次罗马军队并没有直接进攻这两大部族，而是首先把矛头对准了他们旗下的中小部落。马尔科曼尼和夸地两大部族的专横跋扈也是因为有下面这些中小部落为之张目。如果能将他们各个击破，大部族也就无所谓大了。毋庸置疑，罗马的战略就是要先砍掉敌人的爪牙，然后再集中力量一举击溃。我之所以在这里强调毋庸置疑，是因为我们并没有连贯的战记和记述战略的史书，而仅是凭借想象，根据前后的战况，推测出 173 年罗马军队的战略就是如此，并且也已经取得了成功。

以往罗马军队的作战方式，是由重装的军团兵、轻装的辅助兵，以及机动部队骑兵组成 6000 人的军团，在军团长的率领下冲锋陷阵。可是这一年罗马改变了做法。各军团分成不同兵种的几支部队，任凭他们分别进击各个中小部落。在公元 173 年的一整年里，由皇帝担任议长的总参谋部可能都在指挥这种作战。

还是因为缺乏战记，从纪念柱上也难以找出更多的东西，所以我们无法获知这种新战略的具体成果。不过倒是有一份历史学家遗留下来的资料。率领骑兵团的瓦莱利乌斯·马克西米亚努斯，和敌方纳利斯提部落的酋长单打独斗，最后杀死了对方。蛮族失去了首领，四处溃逃。纳利斯提部落是马尔科曼尼人的一支，他们脱离战线是对马尔科曼尼人势力的削弱。皇帝马可特地把全军召集到一起，在众人面前高度赞扬了骑兵团长马克西米亚努斯立下的军功。

这时的马库斯·瓦莱利乌斯·马克西米亚努斯应该在 40 岁左右，出身于潘诺尼亚行省，本来是个行省民，应该属于罗马军队中那种身经百战苦熬出头的人物。在帕提亚战争中，他崭露头角，表现突出，于是在日耳曼战争中负责指挥骑兵团。他的第一乌尔庇亚骑兵团驻扎在阿拉波那，正好位于维也纳和布达佩斯两大军团基地之间。今天这个地方是匈牙利的杰尔，当然也濒临着多瑙河。

此人就是电影《角斗士》中主人公的原型。因为马克西米亚努斯这个名字过于拗口，电影将其改为马西墨斯。不过此人后来成为角斗士的情节则是虚构的。尽管是虚构，但我们分析他被虚构的原因也同样大有裨益。关于他以后的故事，我们还将在皇帝康茂德的篇章里继续讲述。

关于公元 173 年的战果，我们只知道这些，但各个击破的策略无疑是成功的。因为无论是马尔科曼尼人还是夸地人，或是没有和罗马军队发生激烈冲突的雅兹盖斯人，都纷纷来向皇帝马可求和。有着夸地人不到一年就反目的前车之鉴，马可认为蛮族无法信守和约，一度严厉拒绝。当然，皇帝最后还是接受了对方的请求，讲和了。

和谈的第一项条件，双方交换俘虏。

第二项条件，是在多瑙河北岸设置 5 罗马里 [milia 一词是后代“mile”（英里）的词源，5 罗马里相当于今天的 7.5 公里弱] 宽的无人区。早在提比略皇帝当政时期，罗马就已经领有了莱茵河流域的西岸，在对面的东岸，罗马就设置了 5 罗马里宽的无人地带。不过，无论是莱茵河还是多瑙河，所谓无人地带指的都是“无蛮族人地带”，在每个要地都耸立着罗马军队的监视塔。在科隆那种城市的对岸，不但有监视塔，而且还建设了军事要塞。所有这一切就是为了及时掌握蛮族的动向。多瑙河流域设立无人地带的目的当然也是如此。

和谈的第三项条件，是罗马帝国和境外的蛮族讲和或签署友好条约时的必须条款，即对方可以参与罗马境内的集市交易。皇帝马可当然也认可了这一条款。然而出于对蛮族强烈的不信任感，皇帝要求在条款上明确，罗马方面拥有集市日对蛮族开放的区域和时间作出规定的权力。

罗马帝政时代的科隆（想象图，右侧为莱茵河）

尽管如此，蛮族方面还是获得了出入罗马集市的好处。在当时罗马统治无法到达的中欧腹地，今天仍能发掘出罗马货币。不过，和向罗马输出宝石、丝绢和香料的印度、中国和斯里兰卡等地出土的高额货币不同，中欧发现的多数是低面值货币。我们可以据此推测罗马人向日耳曼人购买的货物水平。

尽管如此，和谈终于成功了。

或许这只是罗马方面的权宜之计。可是这一时期的罗马也的确需要议和，因为第二年，即公元 174 年，罗马军队又将面对其他敌人。在布达佩斯附近转弯南流的多瑙河与达契亚行省之间，居住着雅兹盖斯人，他们受到从北方南下的萨尔马提亚人的压迫，和罗马军队发生了冲突。罗马人将发生在公元 174 年的战争称为“萨尔马提亚战争”，其实敌人是雅兹盖斯人。对于驻在卡农图姆军团基地的皇帝马可而言，这真令人心神不宁，而这一年的他已经 50 岁出头了。

因为罗马公民拥有向皇帝提起上诉的权利，所以皇帝的职位也有点接近于最高法院的大法官。历史学家卡西乌斯·狄奥这样描写这一时期的马可·奥勒留：

一从战争方面的诸多事务中脱出身来，皇帝就把所有的空闲时间都投入到了司法问题的处理上。这时他总要准备一个罗马法庭也使用的计时漏壶，所不同的是，他的计时漏壶总是灌了更多的水，因为皇帝对自己的要求并不仅仅是下达判决就万事大吉了。他自己口述需要在法庭上宣读的判决，同时用漏壶计算时间。因为他考虑到即便是在遥远的基地所书写的判决，也都要送到首都的法庭上去宣读。皇帝不但精心控制法庭宣读判决的时间，而且在内容上也做到充分透彻。他在检查以往的判决时，控辩双方的证词都无一遗漏。结果一个判决他就有可能花上十一二天时间，并且经常熬到深夜。

皇帝的工作态度已经不是"勤勉"一词所能形容，因为他坚信，自己所下达的判决应该在任何人眼中都是公正的，也就是说，包括被告在内都要认为判决无可指摘，所以他必须事无巨细毫不疏忽。然而，这种性格也使皇帝总是字斟句酌，连遣词造句都要花上一天时间。力求公正的责任感，以及洁癖一般的完美主义，都促使他一直坚持着这种繁重的工作。

在身体方面，皇帝远远谈不上健康。据说他最初来到多瑙河前线时，就难以忍受当地的寒冷气候。当士兵们队列严整地等待他出现时，他不止一次一言不发地就离开了。他食量极小，不到日落不肯吃饭，白天则什么都不碰，只是把一种叫"提瑞阿克"的药物溶在水里喝下去。而且这种药物他也绝不多用，可能是担心成为习惯。他一直有着胃痛和胸口痛的老毛病，药物可以缓解那些疼痛。据说只要一喝下这种药物，胃痛以及其他身体上的不适就都可以忍耐了。

卡西乌斯·狄奥是出身于小亚细亚的希腊人，他的著作是用希腊语写成的，但是这种名为“提瑞阿克”的药物用拉丁语表示也是“theriac”。皇帝马可的御医加雷努斯是罗马时代最有名的医学家，这是他为皇帝特别配制的药物，里面含有鸦片的成分。

据说马可曾一度停止该药物的服用，因为会嗜睡，可是停止服用之后，马可又发现自己变得失眠了，只好恢复服用。而加雷努斯也十分谨慎，既要使皇帝不致染上毒瘾，又要通过含有微量鸦片的药物缓解皇帝的疼痛以保证睡眠。由此看来，不但是整个日耳曼战争，就连马可·奥勒留本人，也都充满了悲壮感。

同样是在军事基地中生活，尤里乌斯·恺撒就截然不同。在高卢战争中的恺撒营区，每当冬季来临，偃旗息鼓，恺撒就宴请周围蛮族的首领和豪强，让他们观看士兵们表演的希腊悲剧。尚未开化的高卢人竟然要看古代文化精华的希腊悲剧，只要想象一下就令人不由得发笑。高卢人是因为受到了军事力量的钳制在勉为其难地坐在那里吧？或者他们真的是被未知的文化精粹所吸引，尽管一头雾水却还是愿意陪伴在自得其乐的恺撒身边？

《高卢战记》里没有丝毫悲怆感，全书洋溢着的是作者兼主人公恺撒那压倒一切的自信。恺撒坚信，对罗马这个共同体（res publica）而言，自己所做的一切都是有益的，能够做到这些的也只有他自己。这是一种如果再向前一步就变成了盲目自大的强大自信。尤里乌斯·恺撒和马可·奥勒留是罗马仅有的两位留下完整著作的最高统治者，这也让人不由得比较这两部作品的不同。是作者性格使然，还是时代的差别？

如果恺撒没有出现在公元前1世纪而是生活在公元2世纪，那么日耳曼战争的结果会发生变化吗？后世的孟德斯鸠评论恺撒：“无论率领什么军队都能获胜，无论诞生在哪个国家都能成为领袖。”如果由恺撒统领，公元2世纪后半期的罗马军队能取得对日耳曼民族的压倒性胜利吗？或者即便是恺撒，也改变不了当时多瑙河前线的形势？

公元前1世纪和公元2世纪还有一点不同。在恺撒时代，即便是总司令官也不能拖家带口地前往战地。法律并没有明文禁止，只不过是大家都没有家人陪伴，然而公元1世纪这种现象开始出现，到了公元2世纪就几乎成为常态了。

公元173年到174年的冬天，可能是担心丈夫的身体健康，皇后芙斯汀娜造访多瑙河畔的军营，嫁给潘诺尼亚总督庞培亚努斯的露西拉也与母亲同行。庞培亚努斯一直是皇帝的左右手。两个女人就这样留在了丈夫身边。我们前面已经讲过，留在丈夫马可身边的皇后被士兵们尊称为“基地之母”。阔别5年后，马可和皇后又重新开始了共同生活，他此时并不驻扎在卡农图姆军团基地，而是在多瑙河更下游的希尔米乌姆（今塞尔维亚的米特罗维察），因为战线已经从近潘诺尼亚移动到了远潘诺尼亚，相当于从今天的奥地利和匈牙利推进到了前南斯拉夫。希尔米乌姆并不是军团的常驻基地，但是相比于80公里以东的军团基地贝尔格莱德（前面“战争开始”一节说二者距离是60公里，原文如此。——译者注），这里北距多瑙河20公里，离前线更近。罗马人在第二年，即公元174年，展开了萨尔马提亚战争，总参谋部就设在这里。虽然儿子康茂德为了学业返回了首都，但妻子和女儿都在希尔米乌姆住了下来，也算是一家团圆景象。这就是和纯属男人世界的恺撒时代基地不一样的地方。而且到了帝政时代，就基地的规模和设施而言，已经完善到了足以接待妇女和儿童的水平了。

前线基地

军团基地的稳定化支撑起了帝政时代的防卫政策，实际上是将防线上一个个的据点罗马都市化。因此，以罗马时代为背景的好莱坞电影根本不能作参考，那些电影中的基地简直和西部片里骑兵队的基地毫无二致。在当时的罗马帝国，即便是由行省人民组成的辅助部队的驻地也比电影里的规模更大，并且里面还建造了很多永久性设施。如果说条件像电影里那么艰苦的，恐怕只有转战高卢各地，无奈在当地过冬那年的恺撒冬季营地。进入帝国时代的罗马军队基地，甚至连辅助部队的基地，医院、剧场以及罗马式的浴场都相当完善。

而在军团基地，规模和设施则更为充实。和附近的维也纳与布达佩斯一样，皇帝马可长期驻留的卡农图姆也是第二代皇帝提比略创立的基地。但与后世的都市都建在维也纳和布达佩斯这样的罗马城市之上不同，卡农图姆距离现在奥地利的佩特罗内拉大约一公里远。随着发掘工作的进展，我们发现第十四杰米纳军团常驻的卡农图姆尽管是军团基地，但包含着如下要素：

长 500 米、宽 400 米（精确数据可能比此略小）的坚固城墙围绕着军营，除了面向河流的一面外，其他三面都是军团相关人员的居住区，称为“卡纳巴埃”。营区和“卡纳巴埃”形成了卡农图姆的一大支柱。穿过这一区域，沿着两边排有墓地的道路，可以通往原住民和退役军团兵家庭杂居的街区（地方共同体），这是卡农图姆的另一个支柱。以这两大支柱为两端构成一个圆形区域，因多瑙河流过，实际上是个半圆形区域，这就是军团基地卡农图姆。居住区“卡纳巴埃”和杂居区地方共同体分别建有供居民在紧急时刻集合的广场，还各有一个罗马式的大浴场，两个区域也分别都有斗兽场式的竞技场。只有一所医院，但比我们在《罗马人的故事 9 · 贤君的世纪》里介绍过的克桑腾军医院规模还要大，设在军营附近的“卡纳巴埃”地区。地方共同体常年开设贸易集市。也就是说，在防线上的每个战略要地建立的军团基地完全不是只有士兵，而是包括普通民众生活区在内的居民共同体。

正因为如此，这些军团基地才孕育出了后世的都市。古希腊人追求的是“真”与“美”，而古罗马人则追求“美”和“舒适”。追求舒适的结果，就是成就了街道、港口和上下水道等城市基础设施，如果后世又一次发现城市基础设施的重要性，也随时可以重建。总之，罗马人选择建设地域时，连地势因素都考虑了进去。顺便说一下，卡农图姆在罗马时代的重要性也能从圆形竞技场的规模上判断出来，虽然比不上维罗纳的竞技场，但比庞贝的要大。维罗纳和庞贝虽然是小城市，却位于意大利本土内，而卡农图姆则只是边境上的防卫据点而已。

希尔米乌姆并不是军团基地，所以没有城墙环绕着的军营，附近也没有宽阔的“卡纳巴埃”。然而，即使在平时，这里也是常驻在贝尔格莱德的第四弗拉维军团的补给基地。凡是罗马人认为的城市必要设施在这里都很完善，当然，在发掘多瑙河畔城市遗址时总能发现的地下火炕和火墙在这里也一应俱全。纵然是女性，只要能忍耐住苛酷的气候和社交上的寂寞，游刃有余地生活还是没问题的。不过，公元 174 年的希尔米乌姆毕竟是距离多瑙河畔只有 20 公里的前线基地，不管怎么推进城市化，和首都罗马还是不能同日而语。在这种环境里，芙斯汀娜还能获得“基地之母”的尊称，难道还不能说马可·奥勒留有一个贤妻吗？并且，这一年芙斯汀娜把 4 岁的小女儿留在罗马赶往前线时，才 44 岁。

和以前一样，因为缺乏连贯的战记，我们无从得知公元 174 年进行的萨尔马提亚战争的具体过程。纪念柱上的浮雕也没有留下可供探寻的故事。不过，从一些场景片段中我们可以推断，尽管战斗激烈，互有攻守，但战争的主动权始终掌握在罗马军队手里。这表明罗马方面占据着优势，因而经过恶战的雅兹盖斯人只好求和。马可接受了对方的请求，双方议和。

但是，对于雅兹盖斯人而言，和罗马的议和并不意味着战争的结束。接下来他们必须回头向北，与南下侵占了自己过半居住地的萨尔马提亚人一决高下。

蛮族的多米诺现象

似乎直到这一时期，皇帝马可才发现，蛮族问题已经不是像从前那样予以击退就能够解决的了。浮现在他头脑中的办法，是图拉真皇帝曾在达契亚推行的“行省化”。不是击退蛮族，而是战胜并纳编他们。这样一来，他们居住的地区北部就成了前线，正好构成了一道对付南下蛮族的防波堤。图拉真在 70

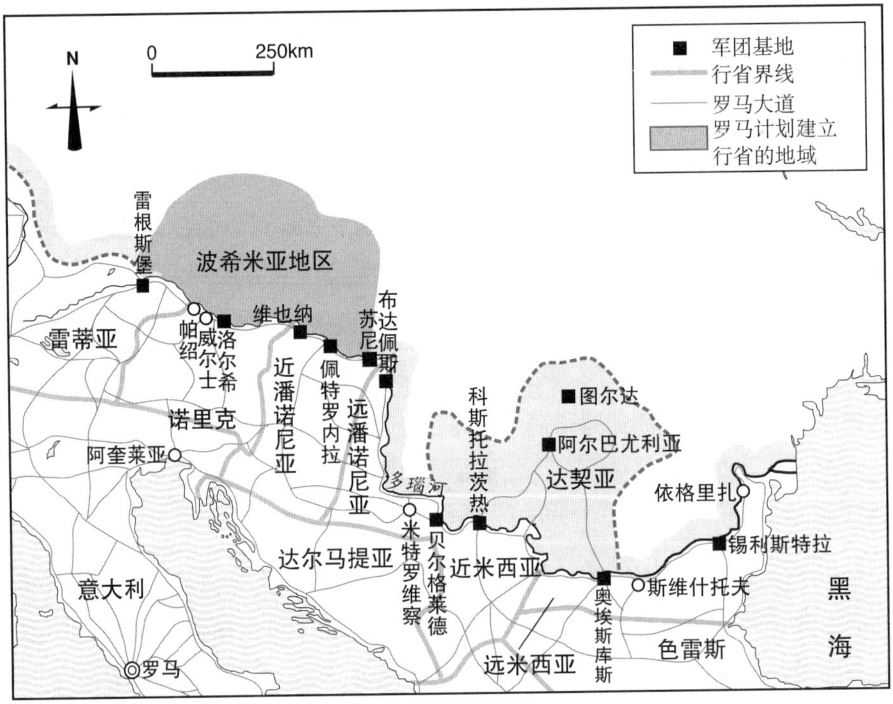

多瑙河防线（马可·奥勒留设想的波希米亚“桥头堡”）

多年前就实行过这一方法，把达契亚变成了罗马帝国的行省。

如果推行这一政策，那么第二年，即公元175年，倒是不错的时机。罗马已经与马尔科曼尼人和夸地人媾和，雅兹盖斯人虽然是后来讲和的，但应该重视的对手仍旧是强大的马尔科曼尼人和夸地人。这两个部族居住在多瑙河中游的北岸一带，即今天的维也纳以西直到布达佩斯的多瑙河北部流域，古称波希米亚。如果马可的愿望能够实现，那么后世的捷克会被整个纳入罗马帝国的版图，也是与图拉真皇帝建立达契亚行省相比肩的壮举。

而且这一构想在战略上也相当有效。从地图上看，新构想的行省和达契亚行省都往多瑙河北岸大为凸出，看上去似乎难以防守，但如果筑起了城墙则未必被动。相比于一条直来直去的防线，在每个战略要地前面都构建前凸的桥头堡，那么投入同样的兵力就能策应更长的防线。

马可·奥勒留的气质比其他皇帝更疏远军事，他比较喜欢进行哲学思考。在埋头解决眼前的问题5年之后，他终于领悟到了表象之下真正的问题所在。也许他最后的结论是，只有运用军事力量努力扩大帝国版图，才能最终解决蛮族问题。

然而，马尔科曼尼人和夸地人虽然求和了，但他们并未要求行省化。以受到北方蛮族的压迫而无处可去为理由，请求罗马提供境内土地定居的，都是比较弱小、人口也很少的中小部族。马尔科曼尼人和夸地人虽然同样感受到了北方蛮族南侵的多米诺现象带来的危机感，但他们毕竟是能和罗马军队鏖战两年的强大部族，所以比较现实的推断，是他们肯定会拒绝行省化的要求。

如此一来，就只剩下军事施压一途，再以后就只能行省化了。然而走这条路的话，强大的军事力量和高明的总司令官二者缺一不可。距图拉真皇帝进行达契亚战争已经过去70多年了，罗马的军事力量仍旧强大，可是总司令官嘛……

马可有着深刻的洞察力，他当然知道自己逊于图拉真。既然如此，那就只能指望自己的左膀右臂庞培亚努斯或者骑兵团长马克西米亚努斯这些人了。顺便说一下，这个阶层的司令官尽管出身于行省，但都洋溢着罗马精神。马可不仅为自己再婚的女儿露西拉选择了庞培亚努斯，而且五个长大成人的女儿中有三个都嫁给了这个阶层的武将。为了让军人也能积累行政经验，马可还推荐他们去做执政官。不过，他们仍旧只是军团长级别的司令官，并不是总司令官。总司令官的职责无论如何也都要由皇帝来承担。

在这一时期成文的《沉思录》中，尽管我们努力寻找涉及波希米亚行省化的只言片语，但最后得到的也都是失望。马可·奥勒留完全不提政务，只管埋头表达自己的思绪。后世的研究人员也都认为，在战争前线撰写，却完全找不到任何战争内容，这绝对是《沉思录》的一大特色。

这是为什么呢？

也许马可认为，发动对蛮族的战争是自己的责任，属于自己内心以外的问题。而《沉思录》的内容即便易名为“我同内心的对话”亦无不可，所以他决定只写和自己内心有关的问题。

可是，无论多么喜欢哲学思考，马可毕竟成不了犬儒学派哲学家第欧根尼，也没有人可以像第欧根尼那样彻底地嘲讽人生。曾有这样一个故事，第欧根尼衣衫褴褛地住在一个大桶里，东征路上的亚历山大大帝前去礼节性地拜访他。“请问你需要我帮什么忙吗？”年轻的大帝问道。第欧根尼回答：“麻烦你帮忙让开一下，不要挡住我的阳光。”

第欧根尼当然可以衣衫褴褛地住在大桶里，不论他做什么，都不会过于影响别人的生活。然而马可是个皇帝，帝国境内的民众安全，以及有了安全保障才得以继续维持的民众生活，都是他肩负的责任。

哈德良也仰慕希腊文化，也喜欢美貌少年，可是尽管同行的诗人弗罗鲁斯揶揄说：“我可不想当什么皇帝，混迹在不列颠人中间，在边陲之地往来，还要忍受斯科提亚那刺骨的寒风。”但哈德良还是坚持在帝国全境视察，同时成功地重建了帝国的制度。在哈德良这里，哲学和现实密不可分，两个方面加在一起，才构成了完整的哈德良。

可是，现在轮到了马可，哲学和现实却似乎无法结合。不，或许在马可的内心，正在将二者暗暗分裂开来。尽管没有直接言及战争，但在《沉思录》中，还是有些内容使人联想到了战场：

> 如果你曾见过一只手被切断，或一只脚、一个头，如果你看见离开了身体的其他部分躺在那儿……
>
> 一只蜘蛛抓住一只苍蝇时是骄傲的；而当另一种动物抓住一只可怜的野兔时，在网里抓住一点鱼时，捕获一头野猪或者熊时，俘虏萨尔马提亚人时，也是骄傲的。如果你考察他们的意见，这些人不是强盗吗？
>
> 马亚历山大大帝、庞培和恺撒在粉碎数十万计的骑兵和步兵，频繁地

把整个城市夷为平地之后，他们最后也告别了人世。（本段译文散见于《沉思录》的卷八、卷十和卷六，参考了《沉思录》，何怀宏译。——译者注）

书写了这样文字的人，在位期间却连年烽火，屠戮不止，真是令人无限感慨。而尽管《沉思录》中没有一处哪怕是只言片语讲述战略和战争，可是如果一个人没有战场经历，他不可能成就这样的著作。

当人们要彻底思考时，往往躲到远离人群的地方，田园、海边、山中……以前也常常梦想着这种生活，然而这是个愚昧的解决方法。如果真的感到要直面内心，人随时随地都可以逃到自己的心中。

你现在置身于充满苦恼的地方，是全天下最适于修习哲学的环境。

《沉思录》全书都用希腊文写就，罗马时代的社会精英全都是拉丁语和希腊语的双语人才，但马可大概认为，皇帝处理行政事务时要用拉丁语，进行哲学思考时要用希腊语。虽然他完全能够像西塞罗那样用拉丁语表达自己的哲学思想，但语言毕竟存在着形式与感觉的问题，身为罗马人的马可在阐述哲学思想时应该更愿意用希腊语。

在《沉思录》中丝毫找不到波希米亚行省化的字样，虽然从后来的形势发展看，这一时期的马可无疑正在考虑这项计划。正在这时，一场突如其来的变故导致该计划难产，叙利亚行省总督亚维狄乌斯·卡西乌斯谋反称帝了。

叛乱

这场叛乱起因于一次信息方面的错误。卡西乌斯接到了皇帝马可病殁的消息，认为自己比马可 13 岁的儿子康茂德更适合于继位，于是迅速宣布登基为帝，并得到了叙利亚行省三个军团驻军的拥护。没有确定情报的真伪就仓促动手只能说明他处事草率，而马可已经到了 54 岁的年纪，考虑到他平时的身体状况，如果真有什么三长两短却也不是太出人意料。

还不到一个月，大家就发现了这是一场误会。可叙利亚总督已经采取行动，当然无法回头，只能将错就错地在东方集结，确立自己的势力。也就是说，明知皇帝还在人世，卡西乌斯的行为就是对马可本人的背叛。

公元 175 年，正是马可决定利用雅兹盖斯人为前导，与萨尔马提亚人进行决战的一年。马可亲自渡过多瑙河督阵，却接到了卡帕多西亚行省总督维尔斯的紧急报告，得知叙利亚总督发动叛乱。马尔提乌斯·维尔斯拒绝了卡西乌斯的引诱，是整个东方唯一没有叛变的总督。

马可立即采取行动。叙利亚总督卡西乌斯在帕提亚战争时代军功显赫，声名远播，西方的军团兵也都知道他。马可首先考虑的问题就是不能让西方的军队发生动摇。他召集将士，面对着他们，讲了下面这样的话：

> 我有一位非常信赖的朋友，现在我知道他背叛了我。如果以后的危机都只针对我个人的话，我愿意听凭军团和元老院在我和卡西乌斯之间作出选择。如果卡西乌斯获选，我也不诉诸战斗，只会心平气和地把帝国交给他。因为这是对国家和公民危害最小的解决办法。
>
> 可是，东方的形势极为紧迫，以至于我不得不作出判断，那就是如果这样讨论下去的话，对国家和公民都是不利的。所以我想，为了国家和公民，我应该勇敢地面对这种与身处战斗前线同样的危险。我已老迈，状况不佳，吃饭和入睡都很困难。可是，我仍然愿意等待你们的支持，然后以毫不动摇的决心，处理这一问题。

这番讲话情真意切，多瑙河前线的将士也都注视着深受疾病折磨但仍不离前线的皇帝。支持马可的声音不但响彻多瑙河前线，而且成了帝国西方的共同声音。在驻守西方的军队中，非但没有响应卡西乌斯的军团，连思想动摇的人都没有。

面对危机时，需要寻求多种解决措施，按照重要程度排出先后顺序，然后依次实施，这才是最安全有效的。但是，很多时候我们无法决定先后顺序，这样就不得不同时推进多种措施。在这种情况下，重要的是速度和果断。马可在气质上就喜欢深思熟虑，只有和别人商议才能下达决定，可是在公元 175 年春天，他却表现得干脆利落。下面列举了他当时的决断。

一、确定帝国西方的军事力量全都支持自己。这一点我们已经讲述过了。

二、要求罗马元老院判决亚维狄乌斯·卡西乌斯为“国家公敌”，并对外宣布。

在致罗马元老院的请求信中，马可这样写道：

> 日月经天，江河行地，我认为丝毫不存善念的人是没有的。纵然卡西乌斯辜负了我们的希望，可是在我的内心，仍无意使用尖刻的言辞去侮辱他的人格。

马可这封书信的风格和他对将士们的演讲如出一辙。我们说这个皇帝如果不是正直纯粹、光明磊落的人，那么就只能是巧舌如簧、城府极深的人。

这种高风亮节的做法面对士兵取得了成功，元老院也全票通过了对卡西乌斯“国家公敌”的宣判。尽管只是一时的轻举妄动，但叙利亚总督卡西乌斯的罪行是一目了然的。

三、把在首都读书的儿子康茂德召回多瑙河前线基地。

马可想要表明，如果自己出现意外，那就由儿子继位。即使在帝政时期的罗马，人们依旧不认为皇位的世袭，即父死子继是天经地义的。如果要世袭，就应该公开宣布。皇帝一般采用收为养子的方式明确继承人的地位，或者行皇太子礼。

康茂德在5月末离开首都，6月初就到了多瑙河畔的父母身边。马可有14个子女，但活到成年的只有五女一男，所以康茂德实际上等于独生子。他出生于公元161年8月31日，当时只是13岁的少年，还没行过成人礼。

传说7月7日是罗马建国的初代国王罗穆路斯死后升天的日子，马可选择了这一天，在多瑙河畔举行了面向诸神供奉牺牲的典礼，以此作为康茂德的成人礼。在罗马时代，用拉丁语表述成人礼为“toga virilis”，直译过来就是“壮年男子的托加”，在那之前，人只能穿短衣，举行过成人礼之后，人们就可以在隆重场合穿托加了。不过，在康茂德这里，成人礼之后又举行了一个仪式，皇帝向康茂德授予了“预备第一公民”的称号，相当于后世英国的“prince of Wales”(威尔士亲王)。举行了成人礼的康茂德还差两个月才到14岁，很明显是提前了。

还有一项措施，虽然按顺序排在了最后，但马可针对卡西乌斯叛乱采取的重要措施几乎都是同时推进的，所以这项措施也同样迅速实行，即是和正处于交战状态的萨尔马提亚人议和。马可告知军团和元老院，自己要亲自前往东方去镇压叛乱。对此时的他而言，最担心的就是多瑙河防线。

战端虽然才拉开两三个月，然而士兵们已经开始向马可欢呼带有胜利者意味的“皇帝”(Imperator)了。所以说萨尔马提亚战争是在罗马方面占据优势的状态下展开的，遭到痛击的萨尔马提亚人对罗马提出的议和要求当然求之不得。尽管叫做议和，但对罗马而言只是暂时的休战，在罗马无须作出让步的条件下，很顺利地实现了。

媾和当然并不只针对萨尔马提亚人，在此之前，罗马已经和马尔科曼尼、夸地、雅兹盖斯等多瑙河北岸的诸多蛮族缔结了和约，因此马可前往东方时不必过于顾虑。只不过，罗马军队占尽优势的战争只能被迫中断，作为最高司令官，马可心中肯定无限遗憾。

当时日耳曼各部族的首领表示愿意派兵帮助平叛，然而马可冷漠地拒绝了。“罗马人之间的问题，和罗马以外的人不相干。”

实际上，在马可前往东方之前，问题已经解决了。叙利亚总督卡西乌斯被属下的一名百人队队长所杀，其首级已经被送了过来。

三个月时间一枕黄粱，马可甚至没有检视卡西乌斯的首级，就直接命人下葬了。

当众人都以为马可无须再去东方的时候，马可却执意前往。发生叛乱的东方不会因为一个人的死亡就完全没有威胁了，卡西乌斯曾经参与过的东方防卫也需要重新安排。在将要事托付给庞培亚努斯之后，马可带着儿子康茂德和皇后芙斯汀娜向东方进发。而前锋部队为了和卡帕多西亚的两个军团会师，已经先行开拔。

沿多瑙河顺流而下，不久就进入了巴尔干，然后弃船登岸，经由色雷斯、马其顿取陆路，到拜占庭（今伊斯兰堡）渡过海峡前往亚洲。

跟随皇帝的武将有佩提纳克斯、马克西米亚努斯、昆提里乌斯兄弟等。只从名字就可以看出，帝国前线三分之一的老将都随侍皇帝左右。马克西米亚努斯出身于潘诺尼亚，昆提里乌斯兄弟则来自小亚细亚，只有佩提纳克斯出身于意大利本土，不过此人是热那亚解放奴隶的儿子。帝政时代的特点就是无论籍贯和阶级，都只凭借实力录用人才。随侍马可身边的这些武将也正好说明了这一点。

那么为什么，卡西乌斯比上述的武将待遇更优厚，他还要起兵叛乱呢？为什么他一听说马可病逝，连确认情报真伪的时间都等不及了呢？

将军卡西乌斯

盖乌斯·亚维狄乌斯·卡西乌斯出身于叙利亚行省首府安条克（今土耳其安塔基亚）东北约100公里的丘洛斯。今天的丘洛斯只不过是土耳其的南部边境小镇，土耳其语称为“基利斯”，可是在古代，这里却处于联结首府与军团基地的干线道路上，守卫边境的部队兵士以及从事东方贸易的商人频繁经过，是个非常繁荣的所在。卡西乌斯的父亲名叫盖乌斯·亚维狄乌斯·赫琉多尔斯，从赫琉多尔斯这个姓氏判断，他们是希腊裔的叙利亚人。据说卡西乌斯生于公元130年前后，比皇帝马可年轻10来岁。

其父赫琉多尔斯是个非常有修养的人，被哈德良皇帝所重用，长期担任皇帝的秘书官。到了安敦尼·庇护的时代，他升任埃及长官。这堪称是行省人担任行政官员的事业顶峰了。卡西乌斯在父亲官邸所在的亚历山大度过了少年时代，然后前往首都罗马接受高等教育。

出身于重视教养的官宦之家，卡西乌斯和当时尚是下任皇位继承人的马可一样，都在赫罗狄亚斯·阿提库斯与科尔涅利乌斯·弗龙托门下学习。卡西乌斯可以说是马可的“学弟”。

公元175年，当阿提库斯得知卡西乌斯发动叛乱，给这位曾经的弟子写了一封信，上面只有一句话：“你疯了吗？”

而弗龙托在9年前就已死去，最终没有目睹爱徒的轻狂。

和终身文官的父亲不同，卡西乌斯选择了从军的道路。毫无疑问，他也是在这一时期，把自己明显是希腊人姓氏的赫琉多尔斯改为卡西乌斯这种罗马传统姓氏。在罗马世界实行双语制，帝国的东方连皇帝的文告都采用希腊语公布，但唯有军队通行拉丁语。

作为武将，亚维狄乌斯·卡西乌斯声名最为显赫的时期，是在公元162年开始到165年进行的帕提亚战争过程中，尤其是在渡过幼发拉底河长驱直入帕提亚境内的战争后期，几乎可以说是他一个人的舞台。我们甚至可以从弗龙托致爱徒的书信上，看出35岁前后的卡西乌斯的活跃程度。当时的军团长卡西乌斯派遣手下的一个大队长前往罗马传送捷报，同时令他顺路去探望弗龙托，因为这个大队长也是弗龙托的弟子。下面我们所介绍的书信，就是此时弗龙托写给卡西乌斯的：

你的大队长尤尼乌斯·马克西姆斯将你用月桂树叶装饰的捷报送到罗

马，公务完成后立刻就到我这里来了。据说这是你的命令，这种情意令我深感欣慰。

他不知疲倦地向我诉说了你的表现。你在战争中不分昼夜地操劳，以及你为了自己种种战略战术的推行所付出的思虑和牺牲。

说实在话，他到访的那天，我的身体不太舒服，因而到罗马近郊的别墅来静养。当尤尼乌斯来访时，起初他还很顾虑我的身体，后来说起你的消息后，他好像忘记了我身体的不适，一直聊到深夜方才罢休。可是，我听他说话始终没有感到厌烦。你计划并实施的远征；你所成功确立的种种军规，古代的武将也不过如此；在战场上要如何激起士兵的斗志；你决定要何时何地进行战斗时的敏锐的眼光与胆识。

向我诉说这些时的尤尼乌斯，对你的热爱与崇敬之情溢于言表。我想这样的年轻武将同样值得他的上级给予关爱和帮助。我的确认为，给予一个崇敬自己的年轻人以获得荣誉的机会，等于为你自己增加更多的荣誉。

不知为什么，到了五贤帝时代，像亚维狄乌斯·卡西乌斯这样才华横溢的武将就越来越少了。因帕提亚战争中的功绩，他在而立之年从一名军团长上升成为叙利亚行省总督，统率 3 个军团。战争结束后的第二年获选执政官，5 年后的公元 172 年为镇压埃及暴动，被马可任命为东方全军的司令官，而在此要职上的卡西乌斯也完美地报答了皇帝的期待。

那么，对卡西乌斯如此崇拜的尤尼乌斯·马克西姆斯是否也参与了叛乱呢？我曾用心调查，发现事发之前，尤尼乌斯已经被调往西方的军团任职了，同公元 175 年发生的叛乱毫无关系。不知他得知老上级叛乱的消息时，内心都想了些什么。

获知叛乱的马可实施的第一项工作，就是确认西方军团对自己的支持，这是非常正确的。受士兵拥护的司令官，第一要能打胜仗，第二是能打令人瞠目结舌的胜仗。作为优秀的武将，卡西乌斯不但在帝国的东方，而且在西方的军团兵中间也都拥有崇高的声望。

既然已经如此声名显赫，他为什么还要如此轻举妄动呢?

如果皇帝马可的死不是误报而是事实的话，那么在大多数人看来，康茂德即位是顺理成章的。在整个五贤帝时期，涅尔瓦、图拉真、哈德良、安敦尼·庇护四位皇帝都没有亲生儿子，这个儿子尽管才13岁，还没举行成人礼，却是马可亲生的。10多岁的皇帝当然需要有人摄政，而距离摄政位置最近的，就是马可在多瑙河战线上的左膀右臂庞培亚努斯。因为是露西拉的丈夫，所以此人也是康茂德的姐夫。

庞培亚努斯与卡西乌斯一样来自叙利亚，但和高官儿子的卡西乌斯不同，庞培亚努斯是从军团中苦熬出来的，所接受过的教育也不能和"马可的学弟"卡西乌斯同日而语。而二者最大的差异，则在于卡西乌斯一直引以为傲的"武将的资质"。

优秀的庞培亚努斯也深受士兵的尊敬与信赖，对待身为最高司令官的皇帝无限忠诚，是典型的罗马式武将。可凡是他所指挥的战斗，虽能获胜，却不是那种令敌方心惊胆寒的胜利。在多瑙河前线和蛮族之间的战争之所以如此拖泥带水，不能不说是马可与庞培亚努斯两人的气质作风使然。而卡西乌斯和那两人的类型完全相反，他肯定在想，自己何苦一定要屈居庸才庞培亚努斯之下呢?

我认为，这或许才是他连情报真伪都不曾确认就急于起事的真正原因。才华横溢的人最不能忍受的，就是屈居庸人之下，何况那人还是自己的同乡！卡西乌斯于公元175年起兵称帝，时年大约45岁，正是一个男人的黄金年代。

不过另一方面，卡西乌斯也并不只是因为听信了错误的情报才兴兵发难的，心中肯定对皇帝马可也不无牢骚。《罗马皇帝传》中，记录了卡西乌斯起兵后写给自己女婿的一封书信：

可怜的罗马帝国啊！你深受故步自封和苦心钻营的人所拖累；可怜

的马可啊！你虽具备高尚的品德，却妄享宽容的虚名，结果令贪婪的人横行。

都哪里去了？先祖们恪守律例的生活！我知道，律例会随着时代的前进而逐渐宽松，可是现在人们连追求律法的心思都消失殆尽了。

沉迷于哲学的马可·奥勒留虽热衷于探求人类的善念、正直与公平，可是却对国家为何物、怎样发挥其功能等问题漠然置之。非常遗憾，我们国家所需要的却是剑与法，正如先祖示范给我们的一样。

难道我们只能对利欲熏心的高官们满怀崇敬，交口称颂？你知道吗？我们的哲学家所倚重的一位近卫军军团长官，接到任命的三天前还很贫穷，可就任之后立刻就变成了富翁。他是怎么做到的？我真想问问他，怎么才能在不损公肥私、不敲诈勒索的条件下发财致富？

我们罗马帝国的公民，无论是身居高位还是普通人家，都拥有一定的财产，可是人们也不得不叹息国库的空虚。为打破这散漫的现状，只能依靠诸神把真正优秀的资质和能力赋予人们。我，卡西乌斯，愿成为找回罗马从前威严的带头人！

善后处理

既然叛乱的首犯已经人头落地，那么皇帝似乎也不必为善后而亲自出马了。但马可还是执意亲自前往东方，因为不但是军团兵，即使在行省的行政官员中，赞同卡西乌斯的也大有人在，并且，在埃及的亚历山大和叙利亚的安条克这两大东方都市中，居民普遍对身为罗马统治者的卡西乌斯抱有亲近感。亚历山大是卡西乌斯少年时代生活过的地方，他父亲的仁政依然被人们广为传诵，更重要的是，三年前他迅速镇压了埃及原住民的暴动，其雷厉风行的手段获得了人们的高度赞誉。

在叙利亚的安条克，人们也把卡西乌斯当成自己人。和当地人一样，卡西乌斯也是希腊裔的叙利亚人，入主安条克的总督官邸9年来政绩斐然。在此期间的帕提亚战争中，他更是纵横沙场的武将，帕提亚方面无一人敢与之对垒。多年来帕提亚人正像一只老猫眼皮底下的耗子，在幼发拉底河对岸一动也不敢动。对马可而言，即便是卡西乌斯的善后处理，也不是一件轻松简单的事。然而，如果卡西乌斯黄泉有知，只怕又会对马可的善后方式大加指责。

军团先行开拔后，皇帝、皇后和皇太子一行经由小亚细亚取道向东，首先前往安基拉（今土耳其首都安卡拉），然后转而向南，计划渡过地中海之后进入叙利亚。然而在只要翻越托罗斯山脉就可到达地中海的地方，皇后芙斯汀娜却倒下了。此时已是冬季，尽管石板铺就的罗马大道在当时已经相当于高速公路，但对一个45岁的女人来讲，秋季以来的漫长旅行还是过于严苛了。皇后并没有缠绵于病榻而是很快撒手人寰，30年的婚姻生活，虽只有6名子女长大成人，但她产过两次双胞胎，前后共有14名子女。

得知皇后死讯的罗马元老院不等皇帝提出请求，就全票通过决议，将皇后神格化。丈夫马可随即将妻子最后的安息之地赫拉拉改名为芙斯汀娜堡，并下令在当地建造纪念亡妻的神殿。

火化后的骨灰将被埋葬在罗马台伯河畔的哈德良陵园。望着火葬遗体的烈焰，马可的思绪是怎样的呢？在目送骨灰坛远去之后，马可又重新踏上了向东的旅程。虽然还有儿子康茂德，但《沉思录》中那位“如此的柔顺，如此的亲爱，如此的朴素”的妻子已经永远不会再陪伴他左右了。

从小亚细亚进入叙利亚的皇帝一行直接沿地中海东岸前往埃及，中途没有进入安条克。这是叙利亚行省的首府，卡西乌斯派的老巢，还是暂时规避。当时的记载，是说皇帝在用忽略的方式惩罚安条克人。在埃及，只有带头响应卡西乌斯叛乱的长官斯坦提亚努斯被召回本国，处以流放的轻微刑罚，长官的部下全部释放，对拥护卡西乌斯称帝的亚历山大居民也没有施加任何惩罚。马可在埃及的驻留分成两部分，其一是作为皇帝完成工作，其二是作为哲学家享受思想的愉悦。皇帝的工作是多次接见包括帕提亚在内的中近东多位君主、王侯和首领，相互重申和平的主张。工作闲暇时，皇帝会拜访和雅典齐名的帝国最高学府，同时也是研究机构的“博学园”(Mouseion)。但是，马可·奥勒留并没有像哈德良皇帝那样和众多学者展开论战并驳倒对方。

两位皇帝的差异不在学识而在气质。

马可从亚历山大经海路折回叙利亚，这次才进入了安条克。在安条克的总督官邸，皇帝公布了对叙利亚相关人员的处罚。

卡西乌斯的妻子已经亡故，育有两个儿子和一个女儿。长子已经和父亲一起被杀，次子被处以流放，女儿、女婿被交给身为元老院议员的伯父管束。至于通常的没收财产则没有施行。马可将这种宽大的处理报告给了元老院，也得到了元老院的多数赞成。

整个过程基本没有流血。只有支持卡西乌斯的城市拜占庭面对先行到达的军团拒开城门，引发了攻城战斗，这是武力镇压的唯一事例。不过，皇帝马可之所以能用如此宽容的态度去处理善后，和卡帕多西亚行省总督维尔斯的敏捷果断是分不开的。

归纳卡西乌斯叛乱的过程如下：

公元 175 年 4 月，得到皇帝马可病殁的消息，亚维狄乌斯·卡西乌斯起兵称帝，同时向卡帕多西亚总督马尔提乌斯·维尔斯寻求支持。维尔斯不但予以拒绝，还将卡西乌斯起兵发难的消息紧急报告给了多瑙河防线上的马可。在后来的 3 个月里，维尔斯始终拒绝卡西乌斯的引诱。

同年 7 月，得知皇帝之死是谣传的一位百人队队长开始动摇，杀死了卡西乌斯。维尔斯接获消息，连忙离开卡帕多西亚进入叙利亚，首先将叙利亚行省的 3 个军团和驻扎在巴勒斯坦的 2 个军团，以及以约旦为基地的 1 个军团都纳入自己麾下。他打出的旗号是，面对假想敌帕提亚，前线绝不能没有司令官。

完成这一切的维尔斯这才前往安条克的总督官邸，但到达之后立即烧毁了所有的文件证据。叛乱首犯已经死亡，如今为避免事后的肃清扩大化，最好的办法就是销毁文件证据。在马可离开多瑙河防线向东方进发之前，他已经将这些处理干净。

亚维狄乌斯·卡西乌斯因忧国而起兵，马尔提乌斯·维尔斯所想的也同样是国家，而马可·奥勒留理解维尔斯的做法，并依此处理善后。针对反叛事件，这次的宽大处理堪称史无前例。

将维尔斯任命为叙利亚的新总督之后，马可就返回了首都罗马。这次返程兼有观光性质，他们先到达了以壮美而闻名的小亚细亚西岸都市以弗所，然后在斯敏诺再次会见了著名哲学家艾利斯泰迪斯，最后经海路前往雅典。

马可·奥勒留这个人，直到47岁才离开意大利本土，目力所及的行省也都是多瑙河防线所在的北方地区，到了50多岁，才首次踏上帝国的东方和南方地区。无论是埃及还是叙利亚，或者还是小亚细亚，这都是他第一次也是最后一次访问了，而从小亚细亚扬帆前往希腊的航程，更使他饱览了遍布着珍珠般岛屿的爱琴海风光。当一座岛屿尚未消失在海天之际，又有一个新的岛屿逐渐浮现在眼前，初次体验这种爱琴海上的旅行，就能深刻地体会到什么是希腊文明，以及这种文明的形成过程，比如气候和地形是怎样影响着文化和文明的形成。

如果说意大利的罗马是帝国的政治、经济和军事中心，那么希腊的雅典则是帝国智慧的故乡。哲学在这里绽放出最灿烂的花朵。早在马可到访的500年前，斯多葛学派的创始人芝诺就已经在雅典开始了他的“哲学家事业”。当时他开展教学的场所在雅典的“壁画回廊”（stoà poikìle），所以人称该学派为斯多葛学派（画廊学派）。对崇尚斯多葛学派的马可而言，这次雅典之旅无异于朝圣。并且，在雅典迎接皇帝的不是别人，正是赫罗狄亚斯·阿提库斯。他是当时最有学问、最有教养、最富有的人，积极履行公民的公职义务，出任执政官，是深孚众望的希腊人。身为学者的同时，他目光长远，为公共建设捐献巨额款项，用以响应众人的期待，是个善于处世的智者。对马可而言，阿提库斯还是和弗龙托并重的恩师。

能作为赫罗狄亚斯·阿提库斯的客人住在雅典，每天的款待谈不上奢华却也无微不至，马可当然心情舒畅。不过这次在雅典，马可并没有新建任何文化设施，因为没有这种必要。哈德良皇帝所重建的文化中心雅典，半个世纪之后仍处于完美的状态。

马可所做的，是将带有雅典特色的哲学学府重新划分成四个学科，并为负责授课的教授们确定了固定薪酬制度。四个学科分别为柏拉图哲学、亚里士多德哲学、斯多葛哲学以及其他诸派哲学。至于教授们的薪酬，虽然只相当于帝国的事务官吏，但马可少年时代就曾模仿哲学家身披粗布睡在地板上，也许他认为哲学家们无须高薪酬。

哈德良和马可都是醉心于希腊文化的皇帝，比较他们关注对象的差异也很有趣。哈德良的注意力在造型艺术方面，而马可·奥勒留只关心哲学。前者注重“美”，后者注重“真”，虽然“美”和“真”都是希腊文化的终极目标。

这一年，即公元 176 年秋，皇帝一行回到了首都罗马。这是 55 岁的马可 7 年以来的首次归乡。为庆祝针对日耳曼诸部族所取得的胜利，11 月 27 日，罗马举行了欢迎皇帝和皇太子凯旋的盛大庆典，首都的民众为之狂热。

世袭确立

转眼到了公元 177 年 1 月 1 日，这一天，15 岁的康茂德开始第一次就任执政官。在新执政官的就职演说结束后，马可面对列席的元老院议员，发布了一个对今后帝国无比重要的决定，即他任命儿子康茂德为自己共同统治的伙伴。

马可在 15 年前就任皇帝时，就宣布和“弟弟”路奇乌斯共享帝位，现在康茂德得到和当年路奇乌斯同等的地位。也就是说，马可将和儿子一起分享皇帝的下列权力：

全军最高司令权（Imperium Proconsulare Maius），罗马整个军队的最高司令官才可行使的最高指挥权。

护民官特权（Tribunica potestas），保护一般公民的权利。

接受士兵们“皇帝”（Imperator）欢呼的资格。

康茂德唯一没能得到的，是“大祭司”这一宗教最高负责人的地位。传统上这个职位只能由一人出任，无法分享。除此以外，父子二人在所有方面都具有相同的级别。就这样，随着康茂德首次就任执政官，共治体制也开始实施了。从前以最小的年龄登基的是尼禄，即位时 16 岁又 10 个月，现在康茂德比尼禄还年轻，15 岁又 4 个月就成了“共治皇帝”。

马可一生守正不阿，父子亲情肯定不是这一决定的主导因素。在儿子康茂德就任执政官的同时，马可也让女婿昆提里乌斯担任另一位执政官。马可的另外四个女婿都有执政官的任职经验。这 5 个女婿都是老辣的武将，其中至少有 3 人来自行省。马可希望自己死后，年轻的皇帝能在姐夫们的辅佐下治理国家。如果一切顺利，就可以避免因争夺帝位而出现的内战。马可也从卡西乌斯叛乱中得到教训，内战就如同人体流血一样，必须用尽一切手段来避免内战的发生。而元老院也没有提出反对意见，通过了马可的决定。看来内战的危害也深深印刻进元老院议员们的心里。

当所有这一切都处理完毕，可能是操劳过度，马可终于病倒了，由御医加雷努斯随侍左右。

就这样，马可一直在首都和罗马近郊的别墅之间往来，在静养中度过了公元 177 年。然而虽说有两位皇帝，但实际上所有工作都是马可一人承担。不论身在何处，无尽的政务都会找上门来。事务中绝大多数都是平常内容，不过其中倒是有一项意味深长的判决，就是针对一个疯子的犯罪，应该给予怎样的惩罚才适当。我们已经讲过多次，罗马皇帝还是“最高法院大法官”，这次判决成了罗马法的判例。不过皇帝发表的意见未必都作为判决在法庭上宣读。一般情况下，作为法庭主审官的“首都警察长官”遇到疑难案件时会向皇帝请示，皇帝不在首都时就以书信作答，然后长官再根据皇帝的意见下达判决。因而这封马可书信的对象，是坐在法庭主审法官席上的首都警察长官：

我仔细阅读了你送过来的搜查和讯问结果，觉得被告艾利乌斯·普利斯克斯连最低限度的自我控制能力都很欠缺，我只能说，他在杀害自己的母亲时，对这种行为的善恶没有判断能力。我也不认为他是伪装的疯子。在这种情况下，不应该问罪。因为发疯本身就是诸神对人施加的一种惩罚。

不过，即便是无罪判决，也不意味着将其立刻释放，而是通过严密的监视保护他，并且还要根据实际情况的需要，考虑是否给他带上镣铐。这不是对他施加惩罚，而是为了保护他附近的其他人。我们在下达判决时，必须充分考虑到可能发生的意外。

就算是一个疯子，也常有头脑恢复理性的时候。所以你绝不能放松监视的另一个原因，就是需要判明他在杀害母亲时究竟是否神志清醒。如果当时他是清醒的，那么就不能以精神问题判他无罪。

话虽如此，但是在你的报告中已经表明，这名被告在犯下暴行时已经被隔离于家中，处于家人和朋友的监视和保护之下。所以你应该从上述角度出发，重新讯问所有照顾被告的人。这是和被告的无罪判决不同的问题，即被告的暴行是否是因这些人疏于监管才导致的。如果经调查这是事实，那么必须以履行义务不力的罪名惩罚这些人。我要再次重申，我们这些掌管司法的人所必须关注的，不仅在于如何处罚犯下重罪的疯子，还应该预防更多的其他人成为这种犯罪的牺牲品。

这一年，有5名基督教徒在高卢行省的里昂被处以死刑，这是马可·奥勒留治下第二次处死基督徒。

为什么这一事件会发生在里昂呢？归根到底，是因为马可为处理卡西乌斯叛乱而前往东方时，日耳曼人的一个部族乘机突破了莱茵河防线南侵，使得高卢人心惶惶。多年来他们已经习惯了享受和平，蛮族的入侵就如同被人当头浇了一盆冷水。为防守莱茵河，高卢人都奋不顾身地提供后方支持。在这种情况下，基督徒还在期待堕落颓废的罗马帝国灭亡，祈祷神国降临，终于导致了人们对其不满的爆发。另外，基督徒形成自己的封闭型社区，对罗马帝国的公务及军务态度消极，也是引起他人反感的重要原因。还有，到高卢传教的人大多来自遥远的东方，同样为人们的排外情绪提供了温床。后世以两个希腊语词组成一个词，称为“克塞诺弗比亚”，意为“厌恶外国人”、“外国人恐惧症”、排斥外国人”。

自从图拉真法推行以来，只有被实名检举的基督教徒才成为逮捕和审讯的对象，如果他们放弃原有信仰的话则被无罪释放，否则将被处以死刑。其罪名为抵制罗马宗教罪。罗马的宗教属于多神教，是多民族国家罗马帝国实现统一的构成要素之一，从这一点来讲，抵制罗马宗教当然是一种罪名。而罗马的统治者在基督教徒的问题上，也并没有将其作为宗教问题对待，而是当成反社会行为加以制裁。因而尽管基督教徒将这种赴死视为殉教，但在其他罗马人看来，信奉基督教本身就是犯罪，也应该处以和其他罪犯同样的刑罚，即鞭笞之后斩首。

然而，在公元 177 年的里昂，因为诸多因素叠加在了一起，被处死的 5 个人中，除一人因具有罗马公民权而被斩首外，其余 4 人则是被拉到圆形竞技场公开处刑。

在里昂对基督教徒的死刑判决和皇帝马可并无关联，和驻在里昂的高卢行省总督也没有瓜葛，下达死刑判决的是一个名为“高卢部族长自治协议会”的组织，其成员全部由高卢行省民组成，就是尤里乌斯·恺撒征服高卢以前的高卢部族长会议。在高卢成为行省之后，这个组织之所以还能存在，是因为恺撒认为适当程度的自治更有利于罗马对高卢的管理，而恺撒这种思维也被后来的皇帝们所继承。因而，尽管当初的目的已经模糊，但这个由高卢豪强组成的会议机构依然存留了下来。每当总督想要找人做些事情，往往会由这个组织代办，而他们的工作之一，就是在圆形竞技场组织角斗比赛。

然而马可·奥勒留在位期间，很多角斗士都是被送往前线，导致竞技场里角斗士的出场费用暴涨。皇帝马可甚至发出布告，说举办角斗比赛的目的是欣赏角斗士们的高超武艺，而不是为了目睹某一方的死亡。可见这时角斗士的绝对数量已经出现了不足。既然不足，价格自然上涨。结果除了首都罗马还承担得起，行省的首府就捉襟见肘了。走投无路的组织者们于是想出了一个利用死囚代替的主意，得到了议会的批准。

里昂位于索恩河与罗讷河的汇合处，圆形竞技场隔着索恩河与市中心相对，四名基督教徒在这里与猛兽搏斗，或者说根本谈不上搏斗就被咬死了。这是将基督教徒拉到圆形竞技场处死的最早事例。而罗马斗兽场则一次也没能成为基督教徒的殉教之地，因为在皇帝担任组织者的首都，人们能够用高额的出场费吸引角斗士们的到来。

直到公元 178 年上半年，马可的生活都在平静中度过。唯一比较重要的事情，就是儿子康茂德总算到了 17 岁，与克丽丝庇娜结婚了。

马可为四个女儿挑选夫婿，丝毫不问籍贯和出身，他们都是实力强大的武将，但是轮到选择儿媳妇时，他却瞄准了元老院阶层的女儿。克丽丝庇娜的祖父布尔提乌斯·普勒赞斯深得哈德良皇帝的重用，也是安敦尼·庇护的心腹。马可通过迎娶元老院豪门的女儿做将来的皇后，希望康茂德将来即位之后，还能和元老院维持良好的关系。

这一年，马可也 57 岁了。如此高龄，加上经常出问题的健康状态，是不是不愿再去多瑙河了呢？建设新行省是自图拉真以来的宏伟计划，可是，将军们连击败蛮族的前期计划都没能实现。历史学家卡西乌斯·狄奥这样写道：

> 尽管昆提里乌斯兄弟勇敢谨慎，经验丰富，但他们兄弟俩好像欠缺一些终结战争所必需的东西。

马可·奥勒留决定再度亲临战场。他认为自己即便只是接近前线，对罗马的将士也能产生积极影响。他决定在 8 月 3 日出征。

第二次日耳曼战争

面对始终威胁北方防线的日耳曼诸部族，罗马终于下定决心，要采取明确而大胆的军事行动了。其实早在 11 年前，公元 167 年开始，多瑙河防线上的蛮族侵略就已经表面化了。从公元 175 年到 177 年的 3 年间，罗马不得不处理卡西乌斯叛乱，而其余的 8 年时间则付之东流了。既然尽早达到目标结束战争是战争唯一的“善行”，那么罗马的战争却一直未能终止，我们只能感叹 8 年时光都白白虚度了，而拖延战争的责任似乎只能在马可身上寻找。

早在多瑙河问题表面化阶段，就尽早看清这个问题的本质，有哪些解决方案以及凭借罗马的力量可以将哪些方案付诸实施，然后全力以赴，尽早解决事态，这才是一个最高负责人所应该采取的战略政策。战争拖延本身就是“罪恶”，本来在开始阶段只要采取小范围行动就有可能解决的问题，拖延得越久，解决起来所需要的鲜血和费用就越多。

而且，由此引起的更为严重的弊端是，不管是当事者还是非当事者，都丧失了自信。一个人如果捉襟见肘十分窘迫，那么与其自身努力，不如牺牲他人更能消愁解闷。在里昂的圆形竞技场围观基督教徒处刑场面并拍手喝彩的人们，就是其中的一例。罗马皇帝作为军队的最高司令官，同时也是整个罗马帝国的最高负责人。最高负责人的作用，就是将所有的人心动向都体察入微之后并作出决策。在国泰民安的时代里人们未必需要领袖，但到了急需打开局面时，领袖就不可或缺了。

罗马军队计划在公元 179 年春天发动巨大攻势。首先，从两位皇帝都亲临前线就可以想见罗马的投入程度，而且当年的两位执政官也加入了进来。给人的感觉，似乎只有警察长官和负责首都的司法官员留在了首都罗马，其他高官都倾巢而出，拥往前线。而直接统领大军的总督以下的指挥官，都是此后 20 年间站在帝国防卫最前线的悍将。

毫无疑问，两位皇帝亲临前线，士兵们当然奋勇向前。仅仅是一睹皇帝的容颜，他们就已经士气百倍了。而且，马可身在前线对将士的具体行动也产生积极影响。这种影响是怎样发挥出来的呢？请看马可自己的解释：

> 指挥官们无一例外都是军事专家，所以他们当然知道怎样才能把自己的能力发挥到极致。但是战争是集体行动，不能完全听凭各自的愿望行事，我的用心之处，就是以国家利益为重，然后决定由什么人在哪一领域执行任务。这时作为最高司令官，我必须注意为大家在各自的领域充分发挥自己的专长努力创造条件。

简单概括这番话的要点，就是“调整”，然而这种调整也不是那种技术上的指导。这时马可是以皇帝的权威而不是以最高司令官的职责来处理这些问题的。说到权威，他是 57 岁的皇帝，治理国家 17 年，完全当之无愧。

而这一时期的罗马人，也终于开始认识到不能把所有的北方蛮族都简单地视为一个整体。在当时的历史记录里，也开始把蛮族分为“近蛮族”和“远蛮族”两种。所谓“近蛮族”，就是在罗马防线附近地区生活的人，所以他们和罗马常有交战，也时而谈判和通商，马尔科曼尼人、夸地人以及雅兹盖斯人，都属于这一种。而“远蛮族”则住在更北方，和罗马没有直接接触，罗马人在这一时期才开始听说他们部族的名称，如萨尔马提亚、伦巴底、汪达尔、哥特、法兰克、撒克逊等。这些远蛮族向西南方向迁移，压迫着近蛮族不断侵略罗马。

马可·奥勒留的宏伟计划，是兼并这些近蛮族，建立行省，在和远蛮族发生直接接触时，新的行省将成为前沿要塞。

这个计划本身很不错。可以说，罗马帝国版图扩大的历史就是防卫强化的产物。尤里乌斯·恺撒将北部意大利划入本国就是对卢比孔河以南的意大利半岛的保卫策略，恺撒把高卢划为行省也是如此，是为了加强防守包括北部意大利在内的意大利本土，继承恺撒的衣钵，克劳狄乌斯皇帝完成了对不列颠的征服，也是为了高卢的安全。庞培将叙利亚列为行省，也是在强化对大国帕提亚的防卫。

如果说，罗马人最初并没有建立大帝国的企图，只是随着防卫加强，他们不断开展军事行动，征服地域不断扩展，最后自然而然地形成了大帝国。这种说法并非毫无根据。出于防卫而建立新的行省是罗马人的传统政策，而图拉真皇帝建立达契亚行省则是最近的例子。

因此最重要的问题是，是否有充足的军事力量去推行这一政策，马可的时代还好，只要避免因用人失误而出现的浪费，罗马军队还是具备压倒性优势的。

而第二个问题则是，作为最高负责人的皇帝，是否具备始终坚持推行这一政策的坚强意志。公元 178 年的马可·奥勒留的确具备这种意志。

因为这两项条件都具备了，罗马大军在公元 179 年连战连胜也是理所当然的。最高司令官的坚强意志都贯彻到了每一名士兵身上，使他们都有着不达目标决不罢休的气势。

坐镇卡农图姆军团基地的皇帝陆续接到了整个多瑙河中游流域战场传来的捷报，无论是马尔科曼尼人还是夸地人、雅兹盖斯人，都是一触即溃，四散奔逃。

在这场正式名称为“expedition Germania secunda”的第二次日耳曼战争中，几乎所有的指挥官都声名鹊起，而其中率领骑兵团的瓦莱利乌斯·马克西米亚努斯表现最为出色。出身于潘诺尼亚的他充分利用了骑兵部队的机动能力，扰乱敌阵，不给对方丝毫喘息之机。他的活动范围甚至深入多瑙河以北 120 公里。因为马可计划中的行省把后世的捷克都包括了进去，所以可以说马克西米亚努斯几乎踏遍了整个战场。皇帝为表彰他的战功，任命他为驻扎在布达佩斯的第二亚狄托里库斯军团的军团长。也就是说，把面对敌军的最前线交给了他。不过，军团长必须有担任执政官或法务官的经历，总之要有元老院议员的资格。从行省一步一步磨炼出来的马克西米亚努斯不具备这种条件。马可丝毫没有犹豫，当场提名他为议员，并请求元老院予以通过。

可是，这并不意味着罗马方面没有牺牲。这一年的执政官之一尤里乌斯·维鲁斯就阵亡了。连司令官都有阵亡的，那么其手下牺牲的士兵肯定为数不少。不过，罗马方面一直占据着压倒性优势。既然已经胜利在望，将士们当然个个奋勇争先。

马可决定在卡农图姆以西50公里的维德伯纳（今维也纳）过冬。这里同样是军团基地，距离卡农图姆也不远，但这里比较安静。既然皇帝迁移驻地，那么整个作战指挥部也都跟着转移。从公元179年到180年，维也纳人来车往，人们都在为春季开始的第二次日耳曼战争的第二年精心准备着。

逝世

如果是在濒临地中海的南国，战争3月份就可以展开，但是到了北方多瑙河流域，这个时间就来得迟一些。皇帝马可正是在这时候病倒的，即公元180年3月初，战争迫在眉睫的时刻。

可以说马可·奥勒留一直忍受着病痛的折磨。即使御医不说，他自己也知道这一次是气数将尽了。

他将儿子康茂德和军队的重要将领都召到了房间里，面对在第二次日耳曼战争中立下汗马功劳的总督和将军们，嘱托了两件事：

第一，请他们辅佐康茂德尽力维护帝国的安全，绝不能发生内战。

第二，继续日耳曼战争。估计到秋季，行省化进程中军事制霸的第一阶段目标就有望达成。

宣布遗言后，皇帝开始拒绝服药，也拒绝食物，甚至连水都不喝。对罗马的男人们而言，半死不活地苟延残喘是一种耻辱。而且马可作为斯多葛学派的门徒，从容就死是自己终止人生的应有方式。

得知皇帝病危的消息，士兵们也都陷入了深深的悲痛中。他们不仅为最高司令官走向死亡而哀伤，还因为在这漫长的岁月里，他们已经习惯了一直在前

马可·奥勒留

线督战的皇帝。他们看到马可的生命正在走向尽头，就如同身边的战友永远离去一样苦恼和悲伤，而将领们的心情也同样如此。

4 天过后的 3 月 17 日，马可离开了人世。再过一个月他就 59 岁了。作为治理国家的皇帝，他在位 19 年，尽管个人气质不适合于军事征战，但在这 19 年里战争从未停息。

军团基地中央的广场上，在整装列队的将士们面前，跃动的火焰逐渐包裹了皇帝的遗体。皇帝的骨灰将入葬台伯河畔的陵园。

在北方，遥远的多瑙河畔，这个写下“我热爱绿影婆娑的西里欧山，我热爱罗马”的人，在夹杂着细雪的冷雨中告别了人间。马可·奥勒留是第一个逝于前线的皇帝。

随着皇帝的逝世，出现了皇位继承的问题。而康茂德已经是共治皇帝，虽然他只有 18 岁又 5 个月，但还是平稳地接管了权力，继承了大祭司职位。康茂德从此成了唯一的皇帝。

马可的第一项遗言，要求众人辅佐年轻的皇帝，维持帝国的安全，避免内战。这第一点被完美地实现了。然而第二项遗言，在坚持战争上则非常不尽如人意。

这一年，卡西乌斯·狄奥 25 岁，不久他移居罗马。他在后来撰写的史书中，这样评价马可·奥勒留：

> 以这个人真挚的生活方式，以及贯彻一生的强烈的责任感，如果能遇上幸运的太平盛世就太好了。然而事实恰恰相反，他首先身体健康状况极为不佳，其次则是在位期间饱尝了各种苦难。
>
> 但也正因为这样，我才会对他抱有更深厚的敬意，何况还有他那深邃的思想。作为皇帝，他所面对的问题都是陌生而艰难的。尽管如此，马可·奥勒留还是以病弱之躯坚持活到了 59 岁，成功地延续了罗马帝国的生命。

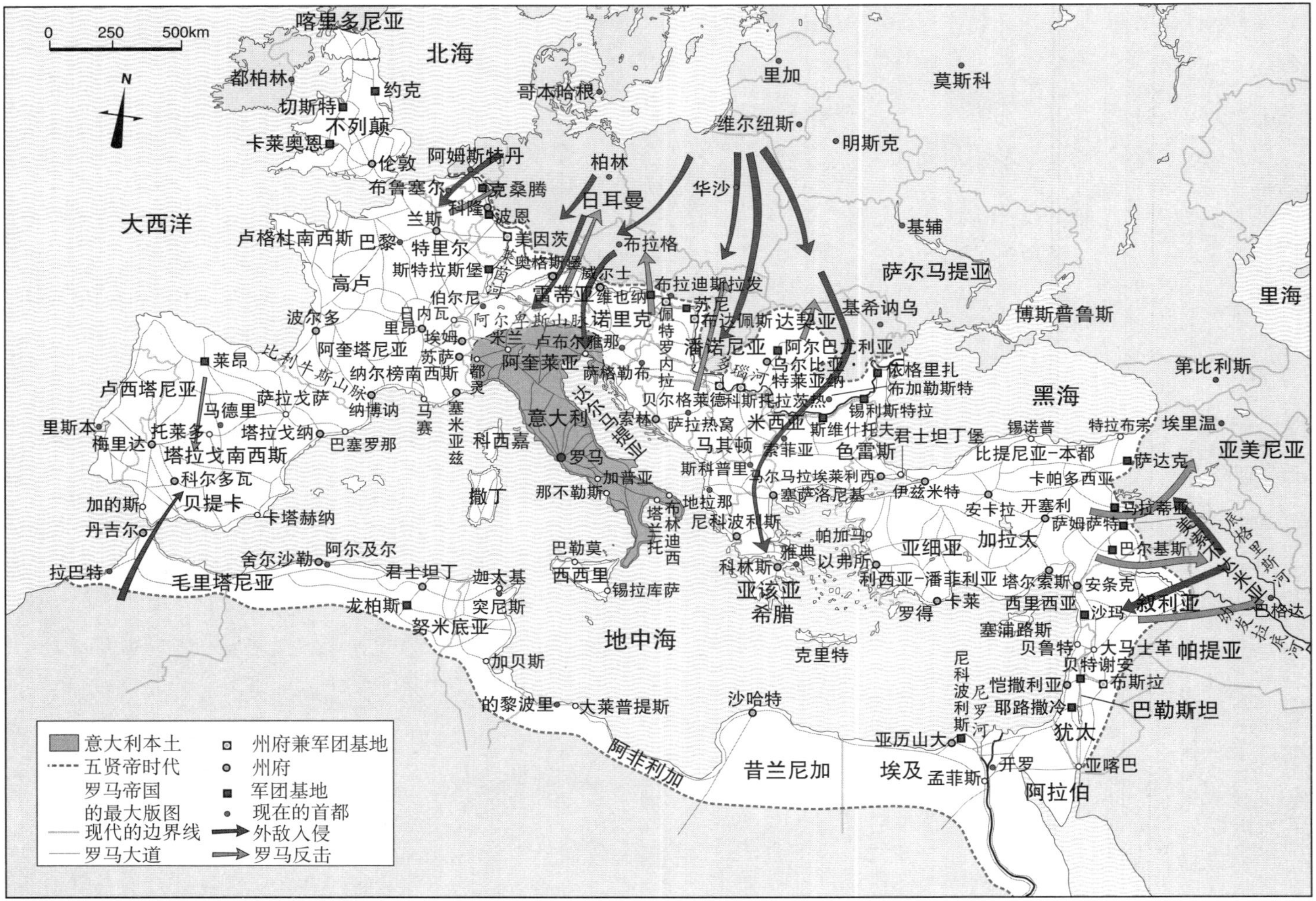

马可·奥勒留时代蛮族的入侵与罗马军队的反击

第二章

皇帝康茂德

（公元 180—192 年在位）

NON UNO DIE
ROMA AEDIFICATA EST

电影与历史

马可·奥勒留在“声音”上，留有表达自己哲学思考的著作《沉思录》，在“形象”上，他的骑马像可谓罗马帝政时期造型艺术的最高杰作。而他的儿子康茂德留给后世的“形象”，则是头披狮子皮，手持短棒模仿大力神赫拉克勒斯的一尊眼神空洞的半身像。康茂德自己没有留下“声音”，但有一个同代人替他留下了，此人就是比康茂德年长 6 岁，当时居住在罗马的卡西乌斯·狄奥。历史学家卡西乌斯·狄奥毫不留情地称康茂德的统治是“帝国的灾难”。

以上的种种不利，当然会影响到后世的历史学家。吉本的《罗马帝国衰亡史》用前三章总结了到马可·奥勒留时代的帝国历史，从康茂德开始正式进入主题。也就是说，罗马帝国的衰亡是从康茂德时代开始的。自吉本以来直到当代，200 多年的时间里，这种看法一直没有变化。

在罗马历史上，被人们视为昏君的，有提比略、克劳狄乌斯、尼禄、图密善等人，自从伏尔泰开始为提比略辩护以来，人们不再纠缠于克劳狄乌斯和图密善的个人品质，而是重新评价他们作为统治者的历史作用。在吉本的时代，研究历史只能依据仅有的文献资料，但是后来通过对各种遗址、碑文、货币等的实证研究，使这些“昏君”有了恢复名誉的可能。就连尼禄，人们也认为他在金融、外交以及大火灾之后的罗马规划方面成绩斐然。唯独没有得到救赎的昏君是卡利古拉，但卡利古拉的在位时间只有短短 4 年。而另一个尚未得救的就是康茂德，在位时间 12 年。

并且，后世评价皇帝康茂德时还有一个特别的问题始终无法回避，那就是贤明的马可·奥勒留明知儿子不能胜任，为什么还把帝位交给他呢？马可这样一个热烈追求正确人生方向的人，不可能仅仅出于溺爱就做出这种不负责任的事情来。迄今为止，共有两部电影涉及康茂德，都是围绕着这个问题展开的。

一部电影是 1964 年上映的 *The Fall of the Roman Empire*，我们忠实地把

片名直译为《罗马帝国衰亡史》，实际上对一部电影来讲，这种译法显然有些夸张了，由此可见，吉本的影响力依然很强大。电影导演是安敦尼·曼，亚力克·吉尼斯饰演马可·奥勒留，克里斯托弗·普卢默饰演儿子康茂德，而女儿露西拉公主的扮演者是索菲亚·罗兰，老皇帝马可暗中属意的托付帝国的将军则由在电影《宾虚》中饰演反派角色的史蒂芬·博伊德扮演。

第二部电影《角斗士》（*Gladiator*）拍摄于2000年，这个词是由“角斗士”的拉丁语“gladiātor”翻译成英语而来的。导演是雷德利·斯科特（Ridley Scott），老皇帝马可由理查德·哈里斯（Richard Harris）扮演，康茂德由杰昆·菲尼克斯（Joaquin Phoenix）扮演，康茂德的姐姐露西拉在剧中是女一号，但剧中真正的主角还是马西墨斯，老皇帝马可想把帝国托付给他，由罗素·克劳（Russell Crowe）扮演。

这两部电影的剧情，都是讲述马可认为儿子康茂德不能胜任皇位而想把一位部将立为继承人。发现了这一点的康茂德先发制人，杀死了父亲。虽然第一部电影中是御医揣摩到了康茂德的心思，为了讨好代为动手的，但是在这两部电影中，马可都不是病逝而是遭人杀害的。

电影与书籍不同，无法对复杂的背景关系进行解释。虽然很多用文章难以表达的事情用图像瞬间就能表达出来，但从传送信息的质与量上看，文章还是比电影要有力得多。不过，当然不是每个人都有着可以接受如此信息的头脑和情感，因此书籍的读者与电影观众相比数量悬殊。而我写的既然不是电影剧本，就总希望自己能详细铺陈事件复杂的背景关系。

那么，马可明知儿子不合格，为什么还一定要让他继承皇位呢？其实这个问题在前面已经有所阐述了，就是马可别无选择。

五贤帝时代的皇位传承有个特点，即皇帝选择合适的人将其收为养子，然后指定其为继承人。涅尔瓦皇帝挑选了图拉真为养子，图拉真皇帝挑选了哈德良，哈德良皇帝挑选了安敦尼·庇护，而皇帝安敦尼·庇护则将马可·奥勒留收为养子。皇帝以个人能力为标准选择自己中意的人，收为养子则赋予了对方继承皇位的正当性。只凭自己的实力主义标准选择继承人的话，其他有实力的人未必接受，所以用收为养子的办法使其具备正统性。这种皇位传承体系之所以能持续近一个世纪，就是因为五贤帝之中有4个人本来就没有儿子，即哈德良皇帝所谓的“我无法选择儿子，但我能选择继承人”的状态。可是，现在马可却有儿子。

如果马可继续贯彻以往的实力主义，放弃康茂德做继承人，那么帝国的将来会怎么样呢？

答案很明显，帝国无疑会陷入内战。不管怎样广施仁政，反对派却总是存在的。因为能使所有人同样满意的统治肯定就不是统治了。不论是出于公义还是私愤，对最高统治者不满的人迟早会出现。在这种情况下，如果有合适的人，反对派就会拥戴他，内乱由此而生。一个人如果是老皇帝的亲生儿子，却又没能继承皇位，那他真是再合适不过的拥戴人选了。康茂德是父亲登基那一年出生的，是皇帝事实上的独生子，如今长大成人，如果被剥夺了皇位继承权，一来他自己心有不甘，二来肯定也有人会利用他这种落寞情绪。

皇帝马可正是要对这种事态防患于未然，并且马可为了使皇位继承更加顺利，早早地就让儿子当上了共治皇帝。当时的康茂德只是一个15岁的少年，丝毫不能断定他将来一定不称职。的确，康茂德不喜欢学习，而是对竞技与格斗感兴趣，不过这是和他那好学的父亲进行比较的结果。人们总是喜欢拿儿子和父亲相比。其实总体说来，19岁的康茂德还没有什么缺点能让父亲马可非要下定决心把帝国托付给别人。我们以后会讲到，造成康茂德性格骤变的，是父亲离世两年后的一场阴谋。

我们还可以作个假设，即马可发现19岁的儿子无法承担整个国家的责任，转而想让手下一位40来岁的将军继位。且不说这种假设能不能成立，就算马可有此打算实际上也不可能实现。

我们现代人或许以为，古代的皇帝都能够为所欲为，但至少在罗马帝国并非如此。在罗马，绝不能忽视法律。如果皇帝想有什么新举动，那他必须先让相关法律通过之后才可施行。

无论是共和时期还是帝政时期，罗马国家的主权都掌握在元老院和罗马公民权拥有者手中。当时人们常用 S. P. Q. R 来表示罗马，这是“元老院及罗马公民”（Senatus Populus que Romanus）的缩写。在这里，既没有“第一公民”（Princeps）的 P，也没有“皇帝”（Imperator）的 I。罗马皇帝只不过是接受掌握着主权的罗马公民和元老院的委托实施统治的。因此，一个人只凭老皇帝的指派并不足以成为皇位继承人，他还必须取得元老院的承认和罗马公民们的拥护。元老院的表决，就如同现代社会里首相就职必须有国会多数通过一样。而公民们是否拥护则要观察圆形竞技场和大竞技场里的情形。在当时这就是舆论调查，罗马公民权的拥有者广泛分布于帝国全境，所以只能在罗马的民众中取样。如果皇帝入场时观众席上发出一片嘘声，就意味着皇帝的支持率在急速下降。

没有比马可·奥勒留更尊重法律和追求公正的皇帝了。既然康茂德已经得到了元老院承认，也在圆形竞技场接受过公民的欢呼，那么马可就绝不会再轻易把儿子从共治皇帝的位置上赶走。除非康茂德死了，他才不再担任共治皇帝，可是康茂德一直活蹦乱跳。在这种情况下，马可不可能对某一个部下说：“我觉得康茂德不行，下任皇帝我看好你了……”

罗马的法律不会允许他有类似的言行，他也绝不能无视罗马国家正式的主权拥有者元老院和罗马公民，那不是马可·奥勒留的风格。也就是说，康茂德丝毫没有弑父的动机。总之，不论有多少人竞争，只要康茂德活着，他共治皇帝的地位就固若金汤，而这也正是马可·奥勒留所期待的结果。

这么看的话，《罗马帝国衰亡史》也好，《角斗士》也好，剧情都失去了成立的基础。当然电影可以虚构，但如果在一开始就这么虚构的话，那接下来的故事就只能继续虚构下去了。接下来让我们比较历史事实，讨论一下《角斗士》的虚构情节，以及这部电影的主人公马西墨斯和他在史实中的原型马克西米亚努斯之间的差异。

一、罗马时代的史书和编年史都不曾提到过马可·奥勒留死于他杀。这里边只有一个例外，就是卡西乌斯·狄奥的著作。不过即使在这唯一的资料中，作者也只是陈述了人们谣传御医为迎合康茂德而毒死了皇帝。而且这个谣言并不是在马可死后就立刻散布开的，而是在康茂德的弊政暴露无遗，即马可离世10年后才开始流传的。《罗马帝国衰亡史》采纳了这个御医下毒说，毕竟电影可以虚构。实际上马可在最后几年里，身体的衰弱是常年侍奉在他身边的家臣和将军们人所共知的事实。如果皇帝马可也像其他战死沙场的将领一样立一块墓碑，那么碑文恐怕也是"一个为国家安全奉献了一切的人永垂不朽"之类的话。他勉强以老迈之躯一直奋斗到59岁，人生的最后迎来的就是死亡。没有一册史书指出康茂德和马可的死有瓜葛，至于后世的历史书都是以文献史料为基础的，同样没有一册认为是康茂德杀死了父亲。

二、在电影《角斗士》中有一个场面，皇帝在自己的大帐中召见为当天获胜立下功劳的将军马西墨斯。马可最后表示想让对方取代康茂德，成为皇位继承人。不过在说这番话之前，皇帝询问将军有什么愿望。当时马西墨斯回答，说自己想回到家人身边。尽管这个情节是为了强调主人公的个人性格而安排的，不过在马可·奥勒留看来，这种回答已经足以说明马西墨斯不适合做皇帝。

在电影中，马西墨斯指挥的是步兵和骑兵组成的混编部队，说明这是个军团。既然是军团，那么光是主力的军团兵就有6000人，再加上辅助兵就可达1万到1.2万人之多。激战之后盼望与家人团聚，这是大家都可能产生的想法。在罗马军中，军团兵20年、辅助兵25年期满可以退伍，但是将官没有这种制度。虽然可以告老还乡，但罗马的老年是从60岁开始算的，并且由于无人接替等原因，一直留在前线的老将也为数不少。至于身为最高司令官的皇帝，更是不能以任何理由离开自己的岗位。

斯多葛学派的哲学最早本来在希腊人中间兴起，之所以能被罗马时代的精英阶层广泛接受，就是因为这种哲学为罗马的男人们提供了存在的理由。

第一，这种哲理被罗马人接受后形成了法律规范，但对于文化、宗教和风俗习惯都各有不同的其他众多民族而言，这种哲理也可以成为一种综合文明。第二，让这种哲理在各个民族间广泛传播是对这种哲理的效用有认识能力和实施能力的人的任务。罗马的精英认为，这些“有认识能力和实施能力的人”正是自己。

“Stoic”（禁欲的）这个词本来是形容推广斯多葛（Stoa）学派哲学时所追求的一种态度，所以罗马的精英阶层对公务的态度也是“Stoic”。不，至少他们认为这时应该“Stoic”。因而除了事务性人员，罗马的所有国家要职都没有薪酬，人们称这些职位为“光荣的职务”。

但是，以希腊为滥觞的地中海文明却认为“中庸”最重要。所谓中庸，就是指“不偏不倚的中正之道”。如果真的能够实现禁欲，那么人们就不必为生活如此操劳了。只要直面人性，就能发现那种伟大的“道”不可能存在，所以古希腊人思考的是在两个相反的“道”之间取得平衡。相对于重视公务的斯多葛学派，伊壁鸠鲁学派则侧重“私务”和内心，认为人“内在的东西”更重要。我们常把伊壁鸠鲁学派翻译为“享乐派”，这恐怕容易引起误解，实际上翻译为“私生活派”比较合适。因为不管怎么说，这个学派和斯多葛学派最大的不同，就是他们认为私生活比公共生活更重要。

在罗马的精英阶层中，既有坚持斯多葛学派生活方式的人，也的确有少数对立的伊壁鸠鲁学派。

前者的代表人物是始终反对尤里乌斯·恺撒的小加图，不过真正贯彻禁欲的生活实在是太难了，其结果难免是思维衰竭。对小加图这种政治家而言，其影响力会下跌，支持者也随之减少。

后者的代表，应该是西塞罗的好友阿提库斯。阿提库斯（Attica，古希腊以雅典为统治中心的地区，在今希腊东南部。——译者注）是个诨名，此人热爱希腊文化，故而得名。他不分党派，和所有的人都保持着良好的关系，终生不曾染指过公务。也可能因为他本身极其富有，所以才能做到这些吧。享乐主义生活的条件之一，就是一定要拥有和所有人都保持同等距离的经济能力。

可是罗马人仍旧属于奉行中庸的地中海文明。那么他们是怎样在斯多葛学派和伊壁鸠鲁学派之间取得平衡的呢？罗马人把一天的时间分成“工作”（negotium）和“闲暇”（otium）两部分，从黎明到正午是工作，工作结束后到公共浴场去消磨时光，直到晚餐时间，都是闲暇。尽管到了精英阶层，时间很难这么一分为二了，但在他们的意识里，二者的界限依然是分明的。

后世的历史学家认为恺撒既是斯多葛派又是伊壁鸠鲁派，因为在面对军事和政治事务时，他是禁欲的，但当他与西塞罗谈论希腊诗歌，或者勾引女人时，他又变成享乐派了。哈德良皇帝也是如此，当他远涉帝国的边境地区视察防卫设施时，他是禁欲的，但当他欣赏希腊文化或者迷恋美貌少年时，他又是享乐派了。马可·奥勒留也同样把公共生活和私生活截然分开。当他是马可皇帝时，在公务方面坚持斯多葛学派的立场，把哲学思考当成休息，而这个禁欲的皇帝的另一面，我想就是他在和妻子芙斯汀娜团聚的时候。对罗马的领导者而言，“工作”是他们在响应时代的要求，与此相对，“闲暇”则是他们在满足个人要求，所以每个人都拥有自己与众不同的生活方式。

既然罗马的领导者在生活上都如此自律，那么在战争就要看见胜利的曙光时，就绝不会允许一位不可多得的武将说出“我要回家”的话来。这对坚持奋战的士兵来讲也是不负责任的，马可·奥勒留也绝对不会指定这样的人为皇位继承人。这时他多半会一声断喝：“你把任务看成什么了？！”即使到了个人主义昂扬的现代，我想这种认识也依然不会改变。

三、在电影《角斗士》中，康茂德用力将父亲按到自己的胸前，结果使皇帝窒息而死。得知皇帝死讯的马西墨斯赶到皇帝的大帐里，只见康茂德站在马可的遗体前，向他伸出了手。亲吻那只手就意味着向新皇帝宣誓效忠，然而马西墨斯看都没看一眼就走出了大帐。

很明显，这种行为就是部将拒绝向最高司令官效忠。马西墨斯立刻就遭到逮捕，差点被斩首。因为拒绝效忠等于反叛，这并非康茂德无视法律，擅自越权。可是，杀害马西墨斯全家则完全是越权，这也成了沦为角斗士的马西墨斯誓死复仇的理由。罗马人区分暴君与贤君的标准，就看处罚当事人时是否株连其家属。就连马可·奥勒留处分煽动军团叛乱的叙利亚总督卡西乌斯时，对其家属也只是重者流放，轻者只需闭门思过而已。

至于马西墨斯的原型马克西米亚努斯，这个在现实中存在过的人物在公元186年当选为执政官。当时康茂德已经在位6年了。一个在边境任职的军团长能够当选为执政官，通常是得到了皇帝的推荐，然后才能在评选中占据优势。也就是说，在马可·奥勒留离世6年以后，马克西米亚努斯仍旧担任着前线的司令官。由此可见，当皇帝马可死后，新皇帝康茂德伸出手时，马克西米亚努斯绝对亲吻过那只手。

四、大家对马可放弃康茂德的期待之情当然是可以理解的，不过如果没有女主人公，那么虚构的电影和小说都会变得很不好办。应这种需求而出场的女主角就是皇帝马可的女儿露西拉。但在历史上，这个女人在父亲离世两年后即公元182年也撒手人寰，故而在公元192年弟弟康茂德遭暗杀时，她早已不在人世。也就是说，她和康茂德的死没有丝毫关联。

五、《罗马帝国衰亡史》和《角斗士》这两部电影有一个共同点，即皇帝康茂德是在角斗中被杀的。当时人所共知，康茂德的爱好就是和专业角斗士一比高低。然而他最后却不是死于角斗，因为他武艺高超，不论是徒手肉搏还是使用武器，对方都拿他无可奈何。实际上康茂德是在皇宫的浴室里遇害的。

当然，影像也有文章不可比拟的优势，最能发挥这种优势的，就是对战争场面的表现了。因为时代考证做得到位，电影《角斗士》开始时的战斗场面相当逼真，这也引起了我很多思考。

首先，片中日耳曼的蛮族和罗马军队都是背对森林，在中间一块好似开辟出来的狭长地带上展开对垒。当时的阵势是蛮族从高处向下冲锋，罗马军队在低处进行迎击。这种战斗方式对罗马方面非常不利。

正如尤里乌斯·恺撒早就看出的那样，蛮族的强悍之处在于，战斗初期他们能利用人数优势大举进击。而罗马军队的优势则是运用轻装步兵、重装步兵

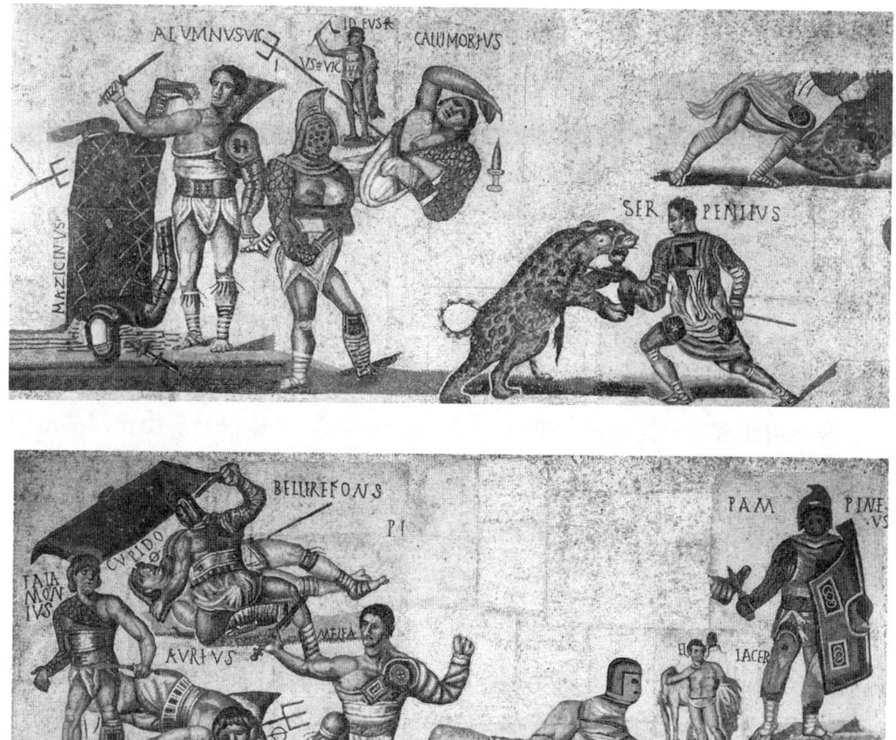
ALVMNVS VIC
CALLIMORFVS
SER PENTIVS
MAZICINVS
BELLEREFONS
CVPIDO
AVRIVS
PAM
PINE VS
ASTACIVS
ASTACIVS
IACVLATOR
PVRPVREVS ENTINVS BACCIBVS
ASTIVVS
RODAN

描绘角斗场面的镶嵌画

以及骑兵这三大要素，就像在棋盘上排兵布阵一样，相互配合，充分施展战略战术。罗马军队之所以在开阔的战场上所向无敌，甚至投入敌方数分之一的兵力就可大获全胜，就是因为罗马士兵训练有素，号令统一，司令官也善于施展各种战略战术。

既然这样，罗马军队要想发挥自身优势的话，战场的选择就显得至关重要了。最好是能找到一片开阔的平原开战，让敌人从高处向下冲锋绝对是大忌。当然很多时候遭到敌人的突然袭击，不得已只好就地迎战。然而从电影中的场景看，双方似乎都是排好战阵进行会战的模样。

我在电影院第一次观赏这部电影时，以为导演、编剧以及历史顾问都没能理解罗马军队的战法。可是后来，我为撰写本书买来 DVD 在家里反复观看之后，我又改变了看法。我甚至推测，由马可·奥勒留所领导的日耳曼战争，无论是第一次还是第二次，所进行的恐怕都是类似这种阵势的战斗。

从地势上看，战场的选择就很糟糕，而战斗方式也是混战，并且不是部分战场在混战，而是整个战场都在进行混战。对罗马军队而言，混战是最不利于发挥自身力量的状态。因为在混战中，指挥官发出的命令无法及时下达。

如果在战场的某一区域发生混战或者肉搏战，那也是迫不得已，因为通常的战斗状态肯定就是那样的。“gladiator”（角斗士、剑士）一词最早起源于拉丁语“gladiãtor”，意思是手执一种叫做“gladius”的双刃短剑进行格斗的人。这种武器最早在西班牙的原住民中间使用，因为适合于步兵的近战，所以第二次布匿战争的主要人物西庇阿·阿非利加努斯将其作为“剑”引入罗马军队。中世纪骑士的剑是长剑，适合“砍杀”，而古罗马的这种“gladius”则是一种“刺杀”剑。既然罗马军队指定这种剑为常用兵器，可见近战也是罗马军团很擅长的战法。

可是近战并不是混战。近战指以小队、中队或大队为单位进行战斗，而混战则容易变成与敌军一对一的搏斗。日耳曼人身材高大，膂力惊人，就连恺撒麾下的士兵都对他们望而生畏。罗马的将军们不得不在战略战术上刻苦钻研，一个重要原因就是为了弥补本军士兵在这一点上的缺陷。从罗马人的角度看，如果一场战斗以混战为开端简直是荒谬绝伦。

而名将所指挥的战斗，从始至终都像是在一张白纸上作画。这并不是这些司令官在寻求自我满足，而是为了最大限度地发挥自身优势，即揣摩如何以最小的代价换取最大的战果，于是战斗自然而然地就如同画卷一样漂亮地展开。这种战斗比较常见的是围歼战，因为战争的最终目标是尽早结束战争。

与此相对，一旦整个战场都陷入混战，那么即使最后获胜，充其量也只是击退敌军，却不能给其毁灭性打击。也就是说，败退的敌军卷土重来的危险性始终存在。蛮族有一个特点和罗马军团截然不同。在罗马军中，如果指挥官阵亡，马上会有副官代为指挥，可是蛮族的首领一旦被杀，他的部下立刻四散奔逃。这时如果死去的是部族首领，那么整个部族并不会投降，而是同时逃得不见踪影。结果一场战斗的胜利根本影响不到整个战争，战争状态还是无法终结。

我想，不论电影的制作方是否有此意图，《角斗士》开始时的战斗场面或许正好反映了当时的真实状态。马可·奥勒留纪念柱上的浮雕，不也正是一些没有内在联系的混战吗？日耳曼战争的目的是征服后世的捷克地区，将其划为行省，可是后来战争变得拖沓冗长，而其始终无法结束的原因很可能就在这里。

图拉真皇帝征服比这大两倍的达契亚地区，战争分两个阶段进行，耗时合计两年，最终大功告成。尤里乌斯·恺撒发动高卢战争，历时 7 年，但如果把划入意大利本土的卢比孔河以北地区也算进去的话，恺撒的战场面积要比日耳曼战争大 10 倍。这就是“恺撒创建欧洲”一说的由来。而且到第 8 年，整个高卢战争的善后处理工作就都已完毕，因此可以说，恺撒用了 8 年时间把一个行省化完备的高卢送给了罗马。而马可·奥勒留即使减去平定卡西乌斯叛乱的中断时间，他和日耳曼民族之间的战争也持续了 10 年，并且直到他离世，这场战争仍旧没有终结。身为最高司令官的他同时也是最高负责人，我们只能指责他欠缺军事战略方面的能力。如果领导者能力欠佳，他所领导的组织肯定会发生力量损耗。

即便像我这样不隶属于任何组织，也不曾指挥过他人，对军事更是一窍不通的人，都能想到这些。在这两部电影中都有康茂德从罗马赶往前线的场面，实际上，他从公元178年开始就一直和父亲马可一起处于多瑙河前线了。尽管从18岁到19岁还不够两年时间，但作为共治皇帝，他的确曾以最高司令官的身份，参加了第二次日耳曼战争。

如果说，这个康茂德看到了父亲马可的战略思想以及罗马军队真实的战斗场面，内心觉得这么下去不是办法的话，他会怎么样呢？并且纵然他内心不以为然，可他是否有能力改变或者怎样改变，就又是另外的问题了。如果康茂德知道父亲的做法不妥而他自己又和父亲一样无能为力的话，那又会是什么结果呢？

战争结束

焚烧皇帝马可·奥勒留遗体的火焰渐渐熄灭，“expedition Germania secunda”（第二次日耳曼战争）也随之烟消云散。

这是因为继位的皇帝康茂德宣布战争结束了。但是将军们，尤其以先帝马可的左膀右臂、年轻皇帝的姐夫庞培亚努斯等人为首，似乎极力主张把战争进行下去。他们认为，再有一年，至多两年，战争的预期目标就可以达成。

因为在火葬结束两天后举行的作战会议上，如果新皇帝结束战争的主张没有遭到任何反对的话，那么康茂德4月就可以回到首都，最迟也不会超过6月。然而实际上，当康茂德回到首都时，已经是10月下旬了。康茂德当然想尽快回到首都，所以我们只能推测是有人拖住了他的脚步。

将军们看到新皇帝已经下定了决心，于是转而提出了一个妥协方案，即如果保持目前的攻势，然后在此基础上讲和，罗马就可以抛出类似城下之盟那样的和约。这种和约条款肯定会把各项苛刻条件都罗列进去，比如提供人质担保、支付战争赔偿、解散武装，以及在没有得到罗马允许的条件下，即使是自卫也不能行使交战权等等。“军人”是战争专家，军人主张既然开战就要坚持到底，如果开战却不能坚持到最后的话，那还不如当初就不开战。令人意外的是，很多战争却是“文官”在主导。文官并非战争专家，却往往受到舆论的压力，匆忙开战，或者无法承受舆论的打击，草率停战。也就是说，多数文官都对“拖延”这种战争最大的“恶”缺乏理解。从这个角度讲，康茂德就是这种文官，而且在他这个“文官”的头脑里，唯有停止战争的想法，没有其他。

毫无疑问，在这个年轻的皇帝面前，将军们都面临着一种矛盾。

他们在马可临终的时候，都曾发誓要把战争进行下去，同时他们也发誓要协助康茂德，避免内战的发生。

也就是说，如果他们违逆新皇帝的旨意继续战争的话，就违背了协助新皇帝的誓言。可是，对罗马的男人们而言，违背誓言，哪怕没有誓约书仅仅是对口头发誓的违背，也是绝对不能接受的行为。

罗马人是“法之民”，而且他们认为，如果指望用法律来规范人类社会的话，那必须从法律关照不到的地方开始做起，这样才能成为法治民族。即只有把不合理的地方也纳入视野，合理的追求才会成为可能。他们讲求法治的同时，却又重视人情和裙带关系，原因也在这里。到了战场上，这种思考方式就变成了利用辅助兵力协助主力、后勤补给的兵站必不可少等指导思想。这些罗马人认为，纵然是口头誓约，也和书面契约拥有同样的效力，因为二者的基础“信义”都是一致的。

罗马人是能将任何东西都神化的民族。他们供奉的神明，不仅包括逝去的皇帝和败者的神明，而且还把道德这种不可替代的价值也予以神化。例如调和社会各阶层关系的“协和女神”（Concordia），还有“信义之神”（Fides），都在此列。

临终的马可并没有要求将军们签署书面誓约，而是要求将军们以“信义”为基础遵守誓言，而将军们也都答应了。

可是，将军们立下辅佐康茂德的第一项誓约，是熟知罗马法的马可和将军们个人之间的约定，而把战争进行下去的第二项誓约，则是一位皇帝和他的部下之间的约定，这二者是不一样的。总之，第一项誓约即使某一方死去也仍然有效，而第二项誓约，既然皇帝已经更换，那么誓言是否履行则要看新皇帝本人的意见了。

罗马将士效忠的对象，是罗马全军的最高司令官皇帝，宣誓作为一种礼仪每年都要举行。在罗马帝国，每年 1 月 1 日，所有的军团基地都举行向皇帝宣誓效忠的仪式。

将军们当然也有向新皇帝康茂德宣誓效忠的义务，而康茂德又执意结束战争，于是将军们为了恪守面对马可立下的第一项誓言，不得不违背第二项誓言。

有的学者批评说，此时将军们已经开始向新的掌权者卑躬屈膝了。可是我并不这么认为。康茂德在位时间达 12 年，如果观察各路将军们在此期间的行动，也不能说他们紧随马可离世而发生的“转变”只是单纯地服从新皇帝。并且马可·奥勒留时代的作战会议有个特色，即皇帝和部下之间都可以自由发表言论，想必在马可死后，这种特色还是会继续延续。然而从结果看，将军们还是没有拗过皇帝。非常可惜，没有一部史书记载了当时 4 个多月的时间里作战会议是怎样进行的，以及什么人都说了什么话。

面对着一个不了解也不想去了解战争为何物的年轻“文官”，将军们只能服从。唯一值得众人庆幸的是，康茂德在和蛮族草草媾和之后，把多瑙河防线完全委托给了将军们，而他自己则匆匆赶回罗马。防守还在将军们的权限范围内，也是可以做到的。不过防守环境却比以前恶化了。造成恶化的原因，还在于与蛮族的媾和条款。

在罗马军队的强大攻势下，各蛮族已经走投无路，也是命不该绝，这时罗马方面突然释放出讲和的消息。马尔科曼尼人和夸地人当然求之不得。但是，根据长年与罗马人打交道的经验，他们也能略微探察出罗马此时讲和的原因，结果被抓住弱点的反而是罗马方面。

罗马同马尔科曼尼人和夸地人分别签署了和约，蛮族方面的义务条款为：

一、立即遣返逃兵与俘虏。

二、每年向罗马方面提供小麦，代替进贡。

三、有权参与罗马境内的集市贸易，但是每月仅限一次，而且地点仅限于罗马方面允许的都市，在百人队队长和属下士兵的监视下进行。

四、对于从后面威胁“近蛮族”的“远蛮族”，允许他们移居 1.2 万人到达契亚行省内。各族不许与这些移民发生争斗。

五、马尔科曼尼人和夸地人分别担负向罗马军队提供1.3万名士兵的义务。

六、沿多瑙河北岸设置 5 罗马里（相当于今天的 7.5 公里弱）宽的无人地带。罗马方面设置于此的要塞及监视塔予以拆除，而蛮族的牧人和家畜也严禁进入该区域。

这的确不像城下之盟。由于罗马比较着急，没能仔细考虑如何能对己方更加有利就签署了。这与以往罗马为暂时休战而与蛮族签署的协定并无二致。

并且，和约的第二条一次都没实施过就已经化成了泡影。这项要求原本代替战争赔偿，或许可以为罗马保住些颜面。康茂德甚至没有要求明确小麦的数量、提供时间、持续时期等。蛮族还没有愚蠢到那种地步，竟然去履行连对方都不坚持的要求。

至于第五条，马尔科曼尼人和夸地人分别向罗马提供 1.3 万名士兵，合计 2.6 万名日耳曼士兵，很多现代罗马史学者批判这一条款，认为这开创了罗马军队混编蛮族的先例。

我对这种观点还是不能同意。无论称他们为蛮族也好，还是称他们为异族也好，罗马军队收编他们的做法可以一直上溯到战胜迦太基名将汉尼拔的西庇阿·阿非利加努斯时代。如果当时未把努米底亚的骑兵纳入，罗马军队就不可能在扎马会战中获胜。尤里乌斯·恺撒也毫不犹豫地在刚刚征服的地区募兵，就连进行高卢战争时，恺撒军中的骑兵也有很多高卢人和日耳曼人。

图拉真记功柱堪称达契亚战争的战记，遍布其上的浮雕也表现出了罗马军队的多民族性。其中有身着及踝长裙的东方弓弩兵，有轻装上阵的毛里塔尼亚骑兵，有上身赤裸的日耳曼步兵，还有全身包裹着鱼鳞状铠甲的萨尔马提亚骑兵，他们和罗马军队的主力军团兵、辅助战力的行省兵一起参加战斗。

而电影《角斗士》主角的原型瓦莱利乌斯·马克西米亚努斯出身于潘诺尼亚行省，很明显是日耳曼后裔。这名罗马武将体内流淌着日耳曼民族的血液，却在对日耳曼人的作战中战果累累，功勋卓著，后来一直升至执政官。

问题不在于罗马军队是否可以收编异族，而在于这些被收编的异族是否认为自己是留在罗马的异类，或者他们已经融入罗马社会，认为整个帝国就是一个大家庭，自己已经是罗马公民中的一员。至于前线的基地，问题就在于他们能否作为罗马军中的一员服从军规，并与同一民族的敌人作战。

公元 2 世纪末的这一时期，罗马军队还是具有这种风纪和吸引力的。第一，以叙利亚行省出身的庞培亚努斯为首，多瑙河防线上的异族将军为数不少。不，甚至可以说他们比出身于意大利本土的人还多。第二，基地附近的居民本来就以日耳曼裔为主。第三，在罗马军队的强大攻势下，田地荒芜，无论是耕种还是放牧，都很难取得从前那么多收获了。也就是说，蛮族的男子及其家庭失去了赖以维生的手段。而这次媾和，这些男人可以在罗马军中服役，也得到了一个获取收入的门路。总之，罗马通过提供职业的方式，让他们能够糊口，使 2.6 万名随时可能入侵罗马的危险分子变成了稳健派。

“60 年的和平”

其实我们不必等待吉本撰写《罗马帝国衰亡史》，早在罗马时代就已经有很多历史学家指出康茂德非常糟糕了，他们指出，对帝国而言，康茂德这个皇帝简直就是灾难。历史学家卡西乌斯·狄奥比康茂德年长6岁，可谓同代人，他也早就开始谴责康茂德了。

其主要理由，就是康茂德在父亲马可死后立即与蛮族议和，后来与皇帝关系恶化的元老院认为，这是一次屈辱的媾和。

康茂德名声不佳的第二个原因，在于媾和使得波希米亚地区行省化的流产。

然而，康茂德难道真的错了吗？

图拉真皇帝在达契亚建立行省，为多瑙河下游的防御发挥了长久的作用，这是不可否认的事实。可是，达契亚即后世的罗马尼亚地区即使成为了行省，也并不意味着部署在多瑙河下游的军团可以撤防。在辛基杜卢姆（今塞尔维亚首都贝尔格莱德）、维米纳切姆（今科斯托拉茨热）和今天保加利亚的奥埃斯库斯（斯维什托夫）三地仍然分别驻扎着一个军团，这种布防体系并没有发生变化。达契亚地区充其量只是从多瑙河天险凸显出去的桥头堡，而罗马帝国真正的北方防线仍然是多瑙河。当北方蛮族南侵时，第一道防线是达契亚，达契亚被突破后还有多瑙河，这是一个双重的防御体系。在马可·奥勒留时代，罗马在多瑙河下游南岸部署了3个军团，加上驻扎在达契亚行省内的2个军团，共计5个军团。其主力军团兵就达到了3万人，如果把辅助兵也计算进来的话，就接近了6万人。由此可见，即使达契亚并入了罗马版图，可是在防卫上仍然需要投入如此巨大的人力和资金。

即使像马可·奥勒留当初计划的那样，罗马真的把覆盖了现在奥地利北部、从捷克到斯洛伐克地区的波希米亚全部征服，悉数划为行省，那么在多瑙河中游流域，由这些行省（马可当初计划建立两个行省）和南流的多瑙河构成的双重防御体系，也仍旧不会脱离达契亚的窠臼。也就是说，在多瑙河沿岸维德伯纳（今奥地利首都维也纳）、卡农图姆（今佩特罗内拉）、布里吉提欧（今匈牙利的苏尼）、阿昆库姆（布达佩斯）部署的4个军团依然保持不变，而在两个新行省还要各部署一个军团。这样，为建立双重防御体系而投入的人力和资

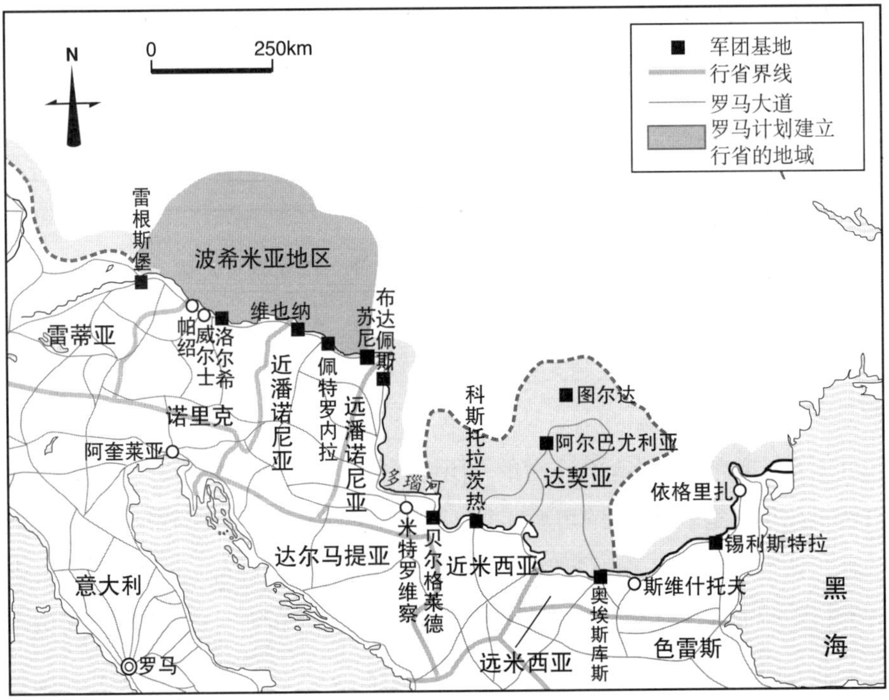

多瑙河防线

金，就由 4 个军团变为 6 个军团。如果多瑙河中游的军备也要这么增加的话，罗马能够承受这种负担吗？何况在马可·奥勒留时代，帝国的防御力量已经从 28 个军团增加到了 30 个军团，而现在还要继续增加 2 个新军团。

进行军事防守既要付出人力，也要耗费资金。虽然当地人愿意为此纳税，但罗马人的安全保障也包括修路造桥，建设城镇，此外加上军团基地的消耗，的确对国库是一笔相当沉重的负担。

不列颠相当于今天的英格兰和威尔士，此地除了盛产锡以外以农牧业为主，属于帝国的贫困地区。尽管当地的财政收支经常处于赤字状态，但罗马还是在这里驻有 3 个军团，就是为了高卢的稳定。尤里乌斯·恺撒是最早渡过多

2 世纪后半期的不列颠

佛尔海峡的罗马大员，他在《高卢战记》中写道，自己之所以远征不列颠，就是为了切断高卢的反罗马分子的后路。到了帝政时代，高卢变得非常稳定，是学习罗马的模范学生。尽管如此，不列颠的战略地位却没有丝毫下降。因为罗马不再试图征服苏格兰（罗马时代称为喀里多尼亚），从斯堪的纳维亚地区渡过北海的入侵者绵绵不绝，喀里多尼亚已经成为弱肉强食之地，为了防止这些人南侵，罗马只好修筑了哈德良长城，并分别在卡莱奥恩、约克和切斯特各驻扎一个军团。

丘吉尔曾说，大英帝国的历史以恺撒渡过多佛尔海峡为开端。而在罗马史研究领域，英国学者也取得了骄人的成绩，可是很遗憾，对罗马人而言，不列颠只不过是一个稳定高卢的存在而已。《列传》的作者普鲁塔克认为，罗马的强大之处在于它能同化被征服者，在人才选拔方面，罗马一直敞开着大门。可是，在整个不列颠却没有出过一个元老院议员，也没有一个行省总督或军团长。一个地方如果缺乏培养人才的基础，当然不可能人才辈出。

行省化的达契亚也没有出现过以帝国兴盛为己任的人才，假如波希米亚成为行省，可以想象结果会大抵如此。虽然此地十分辽阔，但对罗马而言，至多也不过是桥头堡而已。既然这样，战略的制订实施就不能被征服欲所左右，而是应该在冷静的分析之后作出判断。我认为，在公元 2 世纪末期，终结持续了 10 年仍没有取得决定性胜利的战争的时候，康茂德没有把蛮族逼迫成困兽，而是以温和的条件达成和解，放弃了在波希米亚地区建立行省的计划，对罗马而言，他这种选择是正确的。

但是，即便是现在的政治家，举手投足间的不妥都有可能导致支持率下跌，而罗马皇帝居然从正在进攻的地方撤退，其结果也可想而知。

开国皇帝奥古斯都曾立下雄心壮志，把帝国的边界推进到易北河畔，但到了提比略时代，帝国的防线则退回到了莱茵河。不知元老院给予了提比略怎样的谴责。而图拉真皇帝曾征服过美索不达米亚地区，一直攻到了底格里斯河，可是哈德良皇帝放弃了上述地区，将罗马的防线退回到了幼发拉底河。哈德良皇帝甚至为此除掉了意见相左的图拉真的四位重臣，而元老院一直对此事耿耿于怀，对于常年出巡在外的哈德良皇帝始终态度冷淡。

直到公元 19 世纪，盛行考古发掘，人们发现多瑙河沿岸的基地绝大多数是提比略皇帝所修建，才开始重新评价这位皇帝。现在我们知道，提比略从易北河撤退，代之以在多瑙河防线夯实防卫基础。

哈德良皇帝在整个帝国四处巡视，这种功绩更早地为人所理解。自从帝国的防线被突破以后，人们才开始理解为罗马防卫奉献终身的哈德良皇帝。马可·奥勒留也是直到自己做了皇帝，真正面对蛮族入侵的时候，才领悟到这个问题有多么困难，同时也理解了哈德良。至少，晚于哈德良一百余年的历史学家卡西乌斯·狄奥非常赞赏哈德良的功绩。

尽管如此，在哈德良生前，他所指定的继承人安敦尼·庇护以及年轻的马可都没有理解哈德良的政治思想。不管怎么说，这两个人都深信，只要在首都罗马广施仁政，那么就没有必要千里迢迢地跋涉到行省和边境去视察军事基地。

本来就得不到公民的支持，再加上元老院态度冷淡，连继承人都不能理解自己的政策，提比略和哈德良之所以还一意孤行，就是因为他们坚信自己的政策是行之有效的，并且这两个人都是强烈的自我中心主义者。也就是说，他们对负面评价具有免疫力，两个人都四五十岁，正是不易为他人所左右的成熟年龄。

而这时康茂德才 19 岁，既没有坚定的信念，又缺乏强韧的精神。他之所以放弃行省化，结束战争，当然只是因为厌倦了长年累月的战地生活。其实如果他内心愿意遵从父亲继续战争的遗言，他也完全可以把这个差事交给手下的将军们实施，然后自己返回罗马。是否亲自参战完全是皇帝个人的事情，而并不是法律有所规定。在这种情况下，康茂德仍然固执地结束战争，可能就是因为对战争本身已经厌烦。总之，与敌对的马尔科曼尼和夸地两个部族媾和以后，罗马军队从多瑙河北岸 7.5 公里宽的中立地带撤军，维也纳和布达佩斯再次成为最前沿的基地。这就是罗马人所说的“屈辱的媾和”的结局。

但是，如果我们暂且不去讨论康茂德此举的出发点，只是单纯观察他这一决定给罗马带来的成果，实际上是出人意料的。

吉本对哲学家皇帝马可赞赏有加，也因此对康茂德评价很低。而与此相反，德国至今仍然享有盛誉的罗马史作者、学者蒙森却认为康茂德此时的决定为罗马换回了“60 年的和平”。蒙森的著作甚至可以用来修养身心。的确，从公元 180 年到 240 年，罗马在多瑙河流域没有进行过激烈战争，在这 60 年里之所以实现了和平，我想是由好几个重要因素完美地契合到了一起才形成的。

一、虽然被指责为“屈辱的媾和”，但公元180年所缔结的和约却使罗马和被称为“近蛮族”的马尔科曼尼等部族之间形成了良好的关系。

二、马可·奥勒留通过10多年的战争，使多瑙河北岸的马尔科曼尼人元气大伤，一时难以重新发起挑衅。虽然通过谈判达成和解是再理想不过的事情，然而从人类社会的现实看，还是某一方占据优势时更容易达成妥协。

三、驻守在多瑙河畔的武将们对马可·奥勒留深怀崇敬之情，他们愿意恪守对先帝的誓约。连后来成为潘诺尼亚行省总督的历史学家卡西乌斯·狄奥都为马可所倾倒。

四、马可·奥勒留在位期间几乎全都在和帕提亚以及日耳曼人作战，可以说是个很不幸运的皇帝。然而，20年征战的结果，使罗马军队恢复了实战能力。不只限于军事方面，凡是能力，只要不去磨炼，很快就会退化，只是这一特性在军事方面表现得更加明显。罗马军队，尤其是驻扎在多瑙河畔的将士极为强悍，这也使得蛮族不敢轻举妄动。用时髦一点的话来说，就是20年的实战本身已经成为了一种威慑力量，在战争结束后的60年里，一直发挥着作用。

康茂德其人

可是，我为康茂德也只能辩护这些了，在其后的11年中，即从20岁到31岁之间，身为帝国统治者的他尸位素餐，一事无成。

如果他能抽出几年时间学学哈德良皇帝就好了。父亲马可在成为皇帝之前，不但没有离开过意大利本土，甚至连意大利北部都没去过，但是康茂德从少年时代起就跟随父亲，踏遍了小亚细亚、叙利亚、埃及和希腊，还曾以共治皇帝的身份巡访多瑙河防线。就帝国的行省经历而言，康茂德在登基以前就已相当丰富。可是尽管如此，他还是没有意识到帝国的最高负责人在行省和边境“露脸”的重要性，仅从这一点上看，他就无法成为哈德良。不过，就算他理解视察的重要性，就当时的罗马形势而言，他也很难具体施行。

我们可以简单分析一下哈德良皇帝为什么在同代人中间声誉不高。这就像是万里无云的好天气，可是皇帝却总是为不知何时到来的洪水作准备。他离开首都，到帝国各地去加强堤防。当时无论是沉溺于观赏角斗士比赛和四马战车比赛的平民，还是忙于主持会议的元老院议员，当皇帝始终缺席的时候，他们却都没有意识到未雨绸缪的重要性。

而安敦尼·庇护皇帝的形象就相当不错，因为他和哈德良的施政方式恰好相反。如同塔西佗和卡西乌斯·狄奥一样，生活在罗马的元老院议员们都用“记录历史”这种方式对各位皇帝加以评价，这就是当时的“媒体”，而拥挤在罗马圆形竞技场和大竞技场里的公民们，则代表着当时的“舆论”。

康茂德年纪尚轻，谈不上有什么坚定的信念，又不具备面对非议毫不动摇的坚强性格，所以他选择留在首都也是可以理解的。即使在今天，很多总统和首相不也在电视或报刊上频频露面以提升人气嘛！因为只有这样，才能获得媒体的好感，提高支持率。另外，在马可·奥勒留时代，帝国的防线经常被蛮族攻破，以至于马可不得不赶往战场，可是在他的儿子康茂德主政的12年里，边境上却没有发生过能令皇帝亲自出马的战事。我们当然可以说这是命运的不公，然而如果考虑到安敦尼·庇护时代23年间都在和平中度过，那么马可·奥勒留时代的帕提亚军以及北方蛮族的入侵显然就是一种反弹。不过，在康茂德时代，台伯河水也不曾泛滥，风调雨顺，没有出现过饥荒，更没有远征东方带回瘟疫，我们只能说，康茂德的运气实在是太好了。

“屈辱的媾和”后的康茂德还都罗马，民众的情绪出人意料地平稳，可以说不冷不热。罗马公民们毕竟已经承受了20年的战争压力，国库的负担也已经到了极限。虽然被动防守也要出人出钱，但战争一起花费会更大。康茂德主政期间，虽然没有实施过什么像样的政策，但国家财政得以维持，原因就在于没有战争。

一旦恢复和平，罗马帝国的经济依然强劲，人们也能安心享受富裕的生活。当罗马终止了举国战争，就连远离边境的安全地带的人们也都变得心态平和了。尽管康茂德被认为是昏君，但和口碑良好的图拉真以及马可·奥勒留相比，当时罗马竟然没有发生过迫害基督徒的事件。甚至在盛行反基督教的里昂，都有基督教徒说："近来能安心生活了。"这是因为民心日趋安定，再加上康茂德与父亲马可不同，没有把基督教徒视为罗马社会里的危险分子。不过他之所以如此并不是因为对基督教的哲理有所领悟，而只不过是采取了一种漠然视之的态度而已。据说，康茂不喜欢他的妻子克丽丝庇娜，因此身边时常会有情妇，但在他的情妇之中却有一个是基督徒。

康茂德的统治就是在这种和平的气氛中展开的。父亲马可给儿子留下了一班忠诚且拥有责任感的将军，同时还留下了一大群富有才能的行政官员。

不管康茂德有没有意识到巡察边境激励士兵的重要性，或者就算他意识到了却不肯付诸行动，这些都无所谓，反正他已经作为帝国的最高负责人开始实施统治了。虽然他爱好竞技胜过爱好学习，但对罗马的平民而言，这并不是负面因素。要知道，曾经有人批评过马可·奥勒留伪善，而热衷于竞技的年轻皇帝自然与这种批评沾不上边。

然而，到了公元 182 年，也就是康茂德即位刚刚两年的时候，发生了一起令他性格大变的事件。有人阴谋暗杀皇帝，而且还是一桩家庭伦理悲剧，其主谋就是皇帝的姐姐。

姐姐露西拉

哲学家皇帝马可·奥勒留共生有 14 个子女，但其中长大成人的只有儿子康茂德和 5 个女儿。在 5 个女儿之中，露西拉实际上相当于长女。她出生于公元 150 年，比康茂德大 11 岁。

康茂德生于马可登基那一年，而露西拉则是父亲成为安敦尼·庇护事实上的共治皇帝3年后出生的，露西拉11岁时，马可即位，露西拉自然成了公主。也就是说，自从出生之日开始，露西拉就一直生活在皇宫里。到了14岁，她嫁给了比自己年长20岁的路奇乌斯·维鲁斯。因为路奇乌斯也是共治皇帝，露西拉实际上成了皇妃。不仅如此，父亲马可为了庆祝他们结婚，赋予了露西拉“奥古斯塔”（皇后）的尊称。当时所有人都认为，马可·奥勒留之后，将由年轻10岁的路奇乌斯继位，而他的妻子露西拉当然是下任皇后了，因此获得“奥古斯塔”的尊称也可以说是实至名归。

然而天有不测风云，5年之后，路奇乌斯·维鲁斯竟然死了。露西拉和他前后共生有3个孩子，其中两个降生不久即告夭折，只有一个女儿存活了下来。

露西拉就这样成了寡妇，当时她还不到19岁，而半年以后，父亲马可在她丧期未满时就急急忙忙地将她许配给了自己的爱将庞培亚努斯。露西拉虽然遵从了父命，然而自尊心受到了极大伤害。庞培亚努斯这个人虽然是极其优秀忠诚的武将，是马可的左膀右臂，却来自行省，出身卑微，自己贵为公主，并且还是共治皇帝的妃子，为什么一定要做低微的行省总督的妻子呢？开始时母亲芙斯汀娜也站在女儿一边，所以哲学家皇帝要说服母女二人绝非易事。最后的结果是，露西拉以后仍旧保持“奥古斯塔”（皇后）的地位和称号，才使这一问题得以解决。尽管如此，露西拉还是对丈夫庞培亚努斯抱有轻蔑的态度。而自从母亲在小亚细亚去世以后，露西拉成了罗马唯一的“奥古斯塔”，也就是罗马帝国的第一夫人，因为后来和弟弟康茂德结婚的克丽丝庇娜虽然是共治皇帝的皇妃，却还没有获颁“奥古斯塔”的尊称。在电影《角斗士》中，主人公马西墨斯称呼虽然年长却同为将军的庞培亚努斯的妻子为“Your Majesty”（皇后陛下），古罗马人此时居然说出英语来，多少令人有些哭笑不得，其实在这种情况下，电影应该使用拉丁语“Augusta”（奥古斯塔）这个词。

自从父亲马可离世，弟弟康茂德成了唯一的皇帝以后，露西拉虽然也感受到了自己的地位变化，可她仍旧是唯一的“奥古斯塔”。然而两年后，即公元182年，坊间出现了皇妃克丽丝庇娜怀孕的传闻。尽管这只是一个未经证实的

露西拉

康茂德

小道消息，但在露西拉听来十分刺耳。

相比于元老院大员的女儿克丽丝庇娜，露西拉的外祖父则是先帝的先帝安敦尼·庇护，父亲是上任皇帝马可·奥勒留，并且她的前夫路奇乌斯·维鲁斯的亲生父亲埃里乌斯·恺撒曾被哈德良皇帝指定为继承人，也和马可一起同为安敦尼·庇护的养子，后来又是马可的共治皇帝。很多富贵人家的女子极其重视这些东西，因为除了血统之外她们找不到自己存在的理由。

可以说露西拉也是这种执著女性的代表，在她看来，克丽丝庇娜只是一位元老院议员的女儿，如果也获得“奥古斯塔”的尊称是不可接受的。就像露西拉的母亲芙斯汀娜一样，第一个孩子的降生往往就是获颁这一称号的契机。克丽丝庇娜还不到 20 岁，如果真的生了小孩，她也很可能获得“奥古斯塔”的尊称。如果那样的话，自己只是皇帝部下的妻子，皇帝的姐姐之一，却头罩“奥古斯塔”的光环，既没有意义也没有力量，怎么看都有些夸张。32 岁的露西拉恼怒之下，想出了一个愚蠢的办法，就是杀掉能够颁发“奥古斯塔”尊称的皇帝。

马可·奥勒留临终时，曾经要求手下的将军们协助康茂德治理国家，其实他更应该要求露西拉发誓像母亲一样协助弟弟。在《沉思录》中，马可曾写到了家庭生活的重要性。这位哲学家皇帝从不拈花惹草，坚持一夫一妻，相信多子多福，毫无疑问，他做梦也想不到一个姐姐会去杀害弟弟。他所深深迷恋的哲学或许能教导他应该怎样正确地生活，却没有告诉他在人类社会里，不但有崇高的行为，也有卑劣的暗算。只有历史才会讲述人类社会的真实状态。如此看来，马可·奥勒留所热衷的学问是哲学和伦理学，而不是历史。

克丽丝庇娜

如果一个人始终在追求正确的人生，可是其子女之间上演着家庭内部悲剧，这不能不说是个巨大的遗憾。

阴谋

暗杀皇帝的阴谋，或许因为是露西拉所主导，计划显得相当毛糙。

既然要杀死皇帝，那么必须事先考虑好由谁来继位。庞培亚努斯是露西拉的丈夫，因而算是比较恰当的人选，但露西拉讨厌自己的丈夫。并且在康茂德返回首都以后，庞培亚努斯成为多瑙河防线的最高负责人，此时他正在前线忙于保卫国家，培养新人。其实就算他身在首都，也不可能违背对先帝马可立下的誓约。庞培亚努斯从始至终都和暗杀计划毫无关系。

最后，露西拉选择了马库斯·渥米狄乌斯·库瓦特拉托斯。这个人是马可过世的妹妹安妮亚的儿子，和露西拉算是表兄妹关系。虽然生年不详，可是此人在公元167年曾就任执政官，所以在酝酿阴谋的这一年大概在四十五六岁。然而他的军旅经历可以说是一片空白，只不过是一位享受着罗马舒适生活的元老院议员。

我们不知道露西拉究竟是怎样说服此人的。或许露西拉可能用暗杀成功后自己与庞培亚努斯离婚然后嫁给他为诱饵。露西拉虽然面容坚毅，但仍不失为一个美女。

具体执行暗杀任务的是克劳狄乌斯·庞培亚努斯·昆提亚努斯，他是丈夫庞培亚努斯的外甥，身体强健，武艺高强，年轻而不善思考。

行动地点的选择也很草率。他们计划埋伏在希腊音乐剧的剧场出口，等康茂德散场出来时动手。可是皇帝当然不会独自出行，何况年轻的康茂德身边总是簇拥着很多和他年龄相仿的追随者。

尽管如此，刺客还是成功地接近了皇帝。那一时期的康茂德还以为自己深受民众爱戴，又是在演出刚刚散场的时候，因而没有过多防备。事情坏在刺客拔出剑后喊了一句多余的口号："以元老院的名义！"实际上元老院和这起暗杀阴谋没什么关系，但元老院和公民一样，都是罗马帝国的主权拥有者。在罗马，"以元老院的名义"这句话是人们打倒暴君时的经常性用语，然而这句口号也等于向康茂德发出预警，还没等刺客挥剑，人们就已经将其拿下。

对于一个21岁的年轻人而言，知道自己成了别人的靶心当然会恐惧，可是审讯刺客之后呈现出来的事实更令人心惊肉跳。主谋居然是露西拉，五姐妹中年龄最长，头脑聪慧，性格坚强，母亲在世时就获得了"奥古斯塔"的尊称，而其本人的言行也与此尊称完全相称。而且在康茂德看来，露西拉还不仅仅只是五姐妹中的一个。康茂德似乎总是对性格坚强的女子很倾心，自从14岁时母亲过世以后，年长11岁的姐姐就成了她最为信赖的亲人。

刺客昆提亚努斯很快被处以斩首，阴谋计划中的继任者库瓦特拉托斯也被判死刑。服侍这两人的两个奴隶也被当做同谋处死。

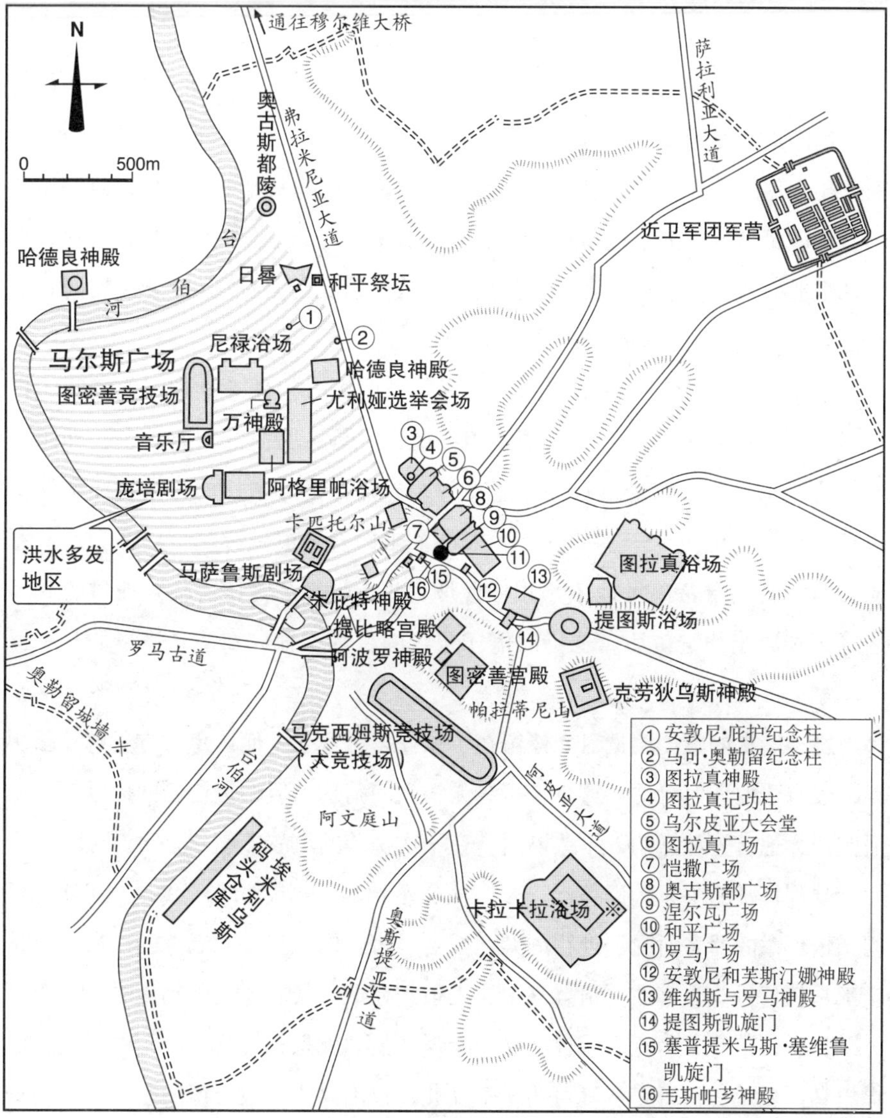

公元 2 世纪后半期的罗马地区（带有※的为帝国后期建筑物）

露西拉被判流放卡普里岛，不久之后就被杀害在岛上，遗体也不许葬在皇家墓地哈德良陵园。

这起失败的阴谋使21岁的康茂德皇帝彻底成了猜忌的俘虏，他本与“暴君”一词无缘，可是从此却变成了真正的暴君。

实行帝政之后的罗马，创设了近卫军团，大约有1万兵力，驻扎在距离首都不远的近卫军团基地。这个地方与现在的罗马大学相邻，不知为什么，到了两千年之后的今天仍然是座军营。因为皇帝有自己的贴身卫队，所以近卫军团的任务就是维持首都罗马和意大利本土的治安。出于近卫军的性质，在皇帝御驾亲征的时候，他们也跟随皇帝到前线作战。这支部队在马可·奥勒留时代一直部署在前线，到了康茂德时代才返回首都。

根据传统，这个近卫军团的“长官”由两个人担任。其中一人名叫帕提鲁诺，他早在先帝马可时代末期就担任此职，是希腊裔的罗马人，长期跟随在皇帝马可身边，深受信赖，才能卓越，起着办公厅主任的作用。和蛮族所进行外交谈判也由他一手负责。后来这个帕提鲁诺被皇帝马可任命为近卫军团长官，直到皇帝离世他依然担任此职，也是马可·奥勒留临终托付的武将之一。在康茂德继位后，他仍旧信守曾经的誓约，辅佐新主，恪尽职守，保卫国家。

疑神疑鬼的康茂德把目光停留在了帕提鲁诺身上。他认定对方了解暗杀阴谋却没有采取任何行动。这本来是毫无根据的猜忌，但帕提鲁诺的命运却因此而改变。他首先被撤职，不久以后就在一次伪装的事故中遭到杀害。

受到怀疑的不只帕提鲁诺一人。从公元182年开始到183年的一年时间里，因知情不举的罪名而受到处罚的人达6名之多。他们都是元老院的议员，而且全都是担任过执政官的要员。其中4人被判死刑，其余2人被判流放。

另外，还有2名元老院议员受到牵连。他们就是先帝马可帐下的军团长昆提里乌斯兄弟。哥哥娶了马可的一个女儿，也因此成为康茂德的姐夫。千钧一发之际，驻扎在叙利亚的弟弟成功逃脱，哥哥因为身在首都，不幸被捕，未经审判就被处死了。

现在离开罗马，沿古代阿皮亚大道前行，不久就能看到一处壮观的别墅遗迹。这家别墅的主人虽然可以从高架水道桥引水，可是又自费另修了高架桥到自家院内，以保持充足的水量。直到今天，这里仍被称为“昆提里乌斯别墅”。这里的主人正是当年康茂德的姐夫，两人在公元177年时还一起出任过执政官。其实昆提里乌斯兄弟参与暗杀阴谋的可能性微乎其微，就连平民们都传言，说是康茂德看上了这处别墅，于是才罗织罪名，害死了兄弟俩。

哈德良皇帝生前曾不无讥讽地说，元老院就是平时只考虑自己的议员集团，可一旦灾难临头，他们却又能团结一致。因为这一连串事件，元老院的议员们对皇帝康茂德的感情为之一变，而普通平民对皇帝的印象也和以前不一样了。对平民而言，元老院议员都是富有的上流阶层，当这些人被皇帝处死，财产被没收时，大家只会感到痛快，而不会产生丝毫的同情之心。如果现在去形容罗马皇帝和元老院的关系，可以说很像美国总统与在野党占多数席位的上下两院的博弈。所以说，皇帝和元老院不和才是常态，二者关系良好的时期仅限于图拉真、安敦尼·庇护以及马可·奥勒留时代，首都的平民们都喜欢围观元老院议员的失势和覆灭。

然而有一种情况却令平民心灵震颤，那就是骨肉相残。传统的罗马人极为重视家庭，平民们本能地认为不修身齐家则无以治国平天下。可是从公元182年开始，一年间的疯狂报复中，皇帝的亲姐姐和另一位姐姐的丈夫都死于非命。

直到公元183年后半，这场风暴才逐渐平息。不可思议的是，露西拉的丈夫庞培亚努斯却始终没有受到怀疑。父亲马可极其信赖这位出身于叙利亚的武将，儿子康茂德也继承了这一点。帕提鲁诺死后，近卫军团的长官只剩下佩雷尼斯一人，据说庞培亚努斯曾奉劝皇帝要信任佩雷尼斯。其实这个人之所以能成为近卫军团长官，本来就是因为老上级庞培亚努斯的极力举荐。

开始的 5 年

姐姐策划的暗杀阴谋，彻底改变了 22 岁的皇帝的性格。当然，只有近臣才了解这些变化。可康茂德不是个普通的年轻人，而是皇帝，他本来就对帝国统治漠不关心，而佩雷尼斯在这一时期恰好弥补了这种致命缺陷。

在公元 2 世纪前后，军队中出身于意大利本土的将领已经为数不多，塞克斯托斯·提吉狄乌斯·佩雷尼斯就来自意大利本土。此前他一直身在前线，是庞培亚努斯帐下的得力干将，不仅曾在多瑙河前线任职，而且踏遍了帝国边境各地，最后才受命担任近卫军团长官。不过这个人也有缺点，就是常年征战，他毫不掩饰自己对首都那些追求舒适生活的元老院议员们的鄙视，而元老院也把佩雷尼斯视为政治暴发户。此人应该在 50 岁上下，当康茂德对统治失去兴趣的时候，实际上是他一手承担起了帝国的政务。

马可·奥勒留治下 20 年的战争状态结束后，罗马得以享受和平。不过这种和平和安敦尼·庇护时代的那种无忧无虑的和平已经截然不同。帝国的边境防线必须始终保持临战状态，否则就有遭到攻击的危险。

只有马可·奥勒留征战过的幼发拉底河和多瑙河两个地区比较安全，其他地方要么出现了危险的征兆，要么就已经到了刻不容缓的紧急状态。佩雷尼斯的边境经验使他能够快速应对这些情况，而这一时期的帝国比以往更加需要具有这种能力的人。

据史书记载，罗马帝国曾于公元 183 年和 185 年两次强化北非毛里塔尼亚地区的边境防线，其具体位置相当于今天的摩洛哥和阿尔及利亚两国，在罗马时代，这里分别是以廷吉（今丹吉尔）为首府的“毛里塔尼亚·廷吉塔纳行省”和以恺撒利亚（今舍尔沙勒）为首府的“毛里塔尼亚·恺撒恩西斯行省”。从这两个行省向东，依次为“努米底亚”、“阿非利加”、“昔兰尼加”以及“埃及”等罗马诸行省。除了皇帝私人领有的埃及，其他 5 个行省总共只部署了一个罗马军团，即驻扎在努米底亚行省兰帕西斯（今龙柏斯）基地的第三奥古斯

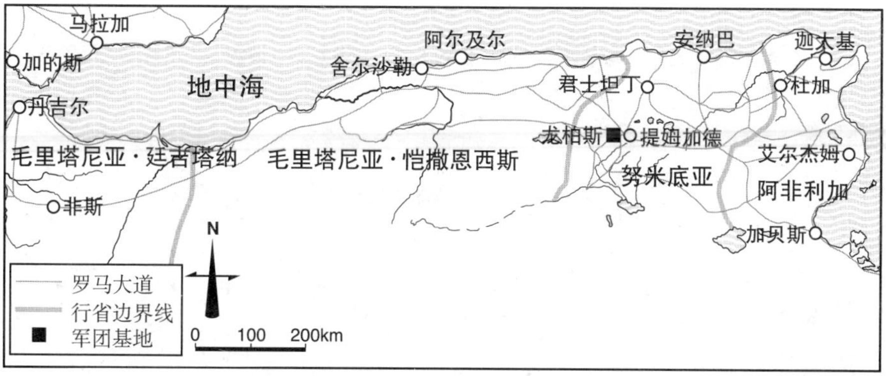

北非主要的罗马大道

塔军团，该军团的军团兵和辅助兵合计6000人，是罗马常驻北非的正规部队。

之所以如此单薄，是因为北非的情况和与帕提亚王国对峙的中近东地区有所不同。这里的主要敌人是越过沙漠发动袭击的原住民部族。罗马方面认为，对方并不是正规部队，只是一群强盗而已，派驻一个军团已经绰绰有余了。

但这并不意味着可以轻敌。如果把强盗的劫掠仅仅视为暂时性的灾害而不加以防范的话，当地居民就会放弃土地，逃到安全的沿海城市去。无人耕种的土地不仅将荒芜，而且会被流沙逐渐掩埋，最后导致气候发生变化。田野有绿意才会下雨，雨水可以储存起来用于灌溉，然后才可能有下一次的降雨。人类的定居是防治荒漠的最好办法。罗马帝国在这一地区的任务，就是要保证居民的定居。不过，为了不给帝国的其他地区增添防卫负担，还是有加强防卫措施的必要。

第一项措施是，充分利用由原住民组成的辅助兵。军团基地只有龙柏斯一处，辅助兵在这里接受过训练之后，被分派到各个战略要地去守卫要塞，各要塞之间还修筑了用于监视的据点，守在里面的也是行省出身的辅助兵。第二项是，把未服兵役的居民也发动起来。罗马将每个绿洲中的部落都建成堡垒，把各个行省的居民也容纳到帝国的防卫体系中来。第三项措施则不仅

沙漠地带的防线——威胁程度相对较低的地方（昔兰尼加、非洲、毛里塔尼亚行省等）

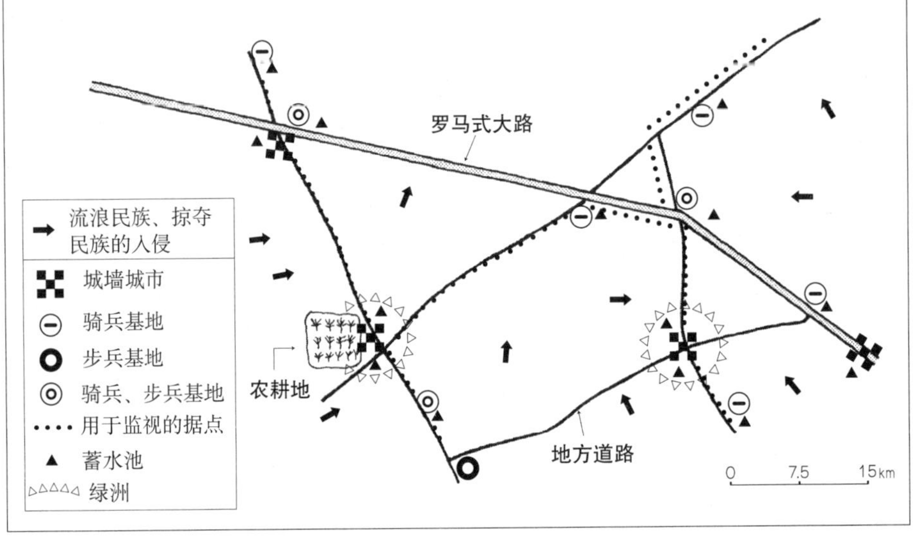

沙漠地带的防线——威胁程度相对较高的地方（北非的一部分以及叙利亚行省等防线）

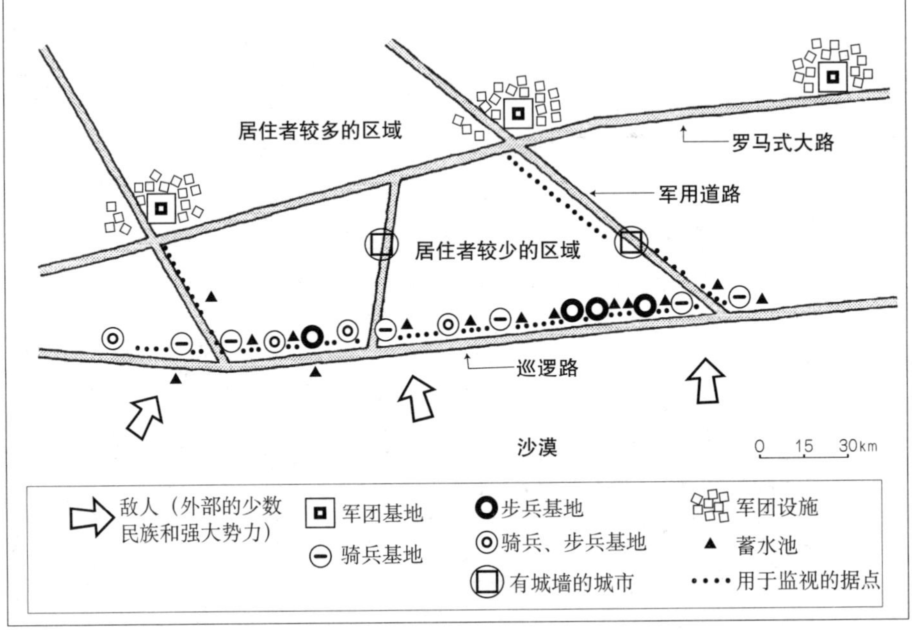

（上下图都摘自 Edward N. Luttwak,“The Grand Strategy of the Rome Empire”）

限于北非的沙漠地带，在帝国的其他边境地带也同样实施，即把服役期满退役的军团兵组织起来，让他们建设聚居的城镇。

提姆加德遗址

提姆加德是发掘进展最为顺利的遗址，也因成果丰硕而著名。这座城镇就在龙柏斯的第三奥古斯塔军团基地附近，是由图拉真时代的军团兵为自己退役后的生活建设起来的。很多罗马人建设的城镇都很像大型的军团基地。在罗马时代，这里被称为塔姆加狄，的确处处都显现出军团基地的痕迹。也可以说它是边长为400米的四方形小镇，两条中央大街呈十字形交叉。虽说这座小镇出自退役的军团兵之手，但仍令人感到好笑。不过罗马人头脑中的都市机能在这里都很完备，既有神殿，也有广场，还有公共图书馆和剧场。大大小小的公共浴场共有14家。这里发掘出来的公厕更是典型的罗马式公厕，在建筑史专业的书籍中经常对其样式有所介绍。当然，道路也都是经过铺装的，上下水道也当然齐备。今天这里已经无人居住，周围也都是沙漠，而以前有人居住的时候，附近还有宽阔的耕地和果园。

在罗马时代，类似提姆加德这种起源的城镇不在少数。军团基地、辅助部队基地、要塞、监视据点、退役兵的聚居地，以及原住民城镇形成的地方自治体等作为“点”，罗马式的大道等作为“线”，“点与线”二者相结合，共同构成了罗马帝国在北非的防线。因此所谓的强化北非防线，就是进一步加强各“点与线”的规划与构成。如果这项工作得不到重视，那么不但北方地中海沿

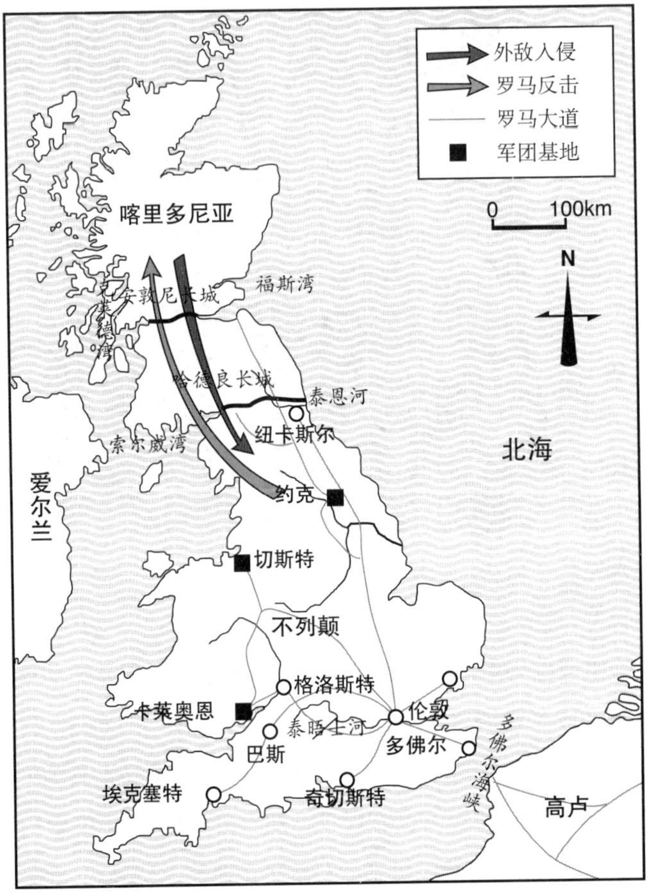

蛮族入侵不列颠

岸城市会受到威胁，就连直布罗陀海峡对岸西班牙的安全也得不到保证了。

代替皇帝处理帝国政务的佩雷尼斯所面临的第二个问题，是公元 184 年发生的蛮族对不列颠的入侵。不列颠地区就是后世的英国，而喀里多尼亚相当于现在的苏格兰，前者似乎命中注定永远要承受后者的袭扰。因为尽管罗马军队能征善战，但是喀里多尼亚有隔着北海相望的斯堪的纳维亚半岛源源不断地给自己“输血”，人口总不见减少。因而面对不列颠的边境防线就不能只依靠

“点与线”了，而是建起了绵延不断的城墙哈德良长城，此外常驻的军团也增加到3个。公元184年罗马收到紧急战报，迎击喀里多尼亚来敌的一个军团遭到了重创，被迫撤退，负责指挥的军团长已经阵亡。

获此消息，元老院极为震动，认为应该从莱茵河防线或伊比利亚半岛抽调至少一个军团前去救援。然而近卫军团长官佩雷尼斯拒绝了这项建议。因为罗马没有多余的兵力可供委派，并且从时间上看也来不及。那么如何是好呢？佩雷尼斯以康茂德的名义，命令身在莱茵河防线的乌尔庇乌斯·马萨鲁斯火速赶往不列颠，顶替阵亡的军团长。前线经验丰富的佩雷尼斯知道，军团即便吃了败仗，但只要新的指挥官赶到，士气肯定为之一变。最后的结果是，马萨鲁斯率领下的军团在没有获得其他两个军团策应的情况下，成功雪耻。不过，元老院直到获得捷报才得知对马萨鲁斯的调遣，事前佩雷尼斯完全没有报告过此事。

但元老院对佩雷尼斯的反感根本没有时间发酵，第二年年初，同样在不列颠，发生了对帝国来讲不亚于异族入侵的重大事件。卡莱奥恩是距离哈德良长城最远的军团基地，按照惯例，每年的1月1日，驻扎在基地的军团兵都要举行向皇帝效忠的宣誓仪式。可是这一年，该军团的士兵拒绝向皇帝康茂德宣誓效忠，反而拥戴自己的军团长为皇帝。军团长普利斯库斯虽然拒绝了士兵们的拥戴，可士兵们依然蠢蠢欲动。

这是关系到帝国防卫的重大事件。士兵们拒绝向最高司令官效忠，意味着罗马防卫体系濒临崩溃，而且士兵们不仅仅是拒绝效忠，居然还推举另外的人替代皇帝。佩雷尼斯意识到，必须尽早提出对策，了结此事。这一次，他同样没有向元老院寻求建议，而是派出了自己在庞培亚努斯帐下时的同僚柏提那克斯赶往不列颠。

我们无从得知柏提那克斯是怎样说服军团兵的，总之任务完成得比较圆满，军团兵们重新举行了向康茂德皇帝效忠的宣誓仪式。不过，佩雷尼斯仍旧充分认识到了这一事件的严重性。为了防止不列颠驻军的不满情绪向其他防线

歌颂军团将士和谐的货币

的士兵们蔓延，应该大力宣传这一事件的圆满解决。在罗马帝国，大力宣传的方式就是发行刻有文字和图像的货币。当时铸造了两种银币，正面都有皇帝康茂德的侧脸，一种上面刻着“Concordia exercitum”的字样，另一种刻着“Fides exercitum”。这两句都是歌颂将士和谐以及效忠皇帝的话语。

佩雷尼斯的担忧是有根据的。驻扎在达契亚的军团兵，甚至多瑙河防线上的守军发出呼声，认为自己在边境上辛辛苦苦保卫国家，可是却遭到了皇帝的抛弃。这是因为士兵们还对坚守前线的先帝马可·奥勒留念念不忘。如果康茂德还惦记着前线的士兵，那么他就应该向哈德良皇帝学习。即使当年没有战事，可是哈德良皇帝仍旧到不列颠和多瑙河视察，慰问前线的将士。

士兵的薪酬是用第纳尔银币支付的，银币上面刻的宣传语句是否奏效我们不得而知，总之发生在不列颠的这次事件没有扩散到其他防线上去。然而与这种安定相反，元老院对佩雷尼斯的排斥却开始表面化了。这使 24 岁的康茂德深感不安。

无论在共和时期还是在帝政时期，元老院都是人才储备机构，因此这个组织才得以存留下来。“元老院”这种译法往往使我们误以为这里充斥着一群功成名就的老人，七嘴八舌地对在职官员鸡蛋里挑骨头。然而事实并非如此。我经常把元老院比做现代国家里的议会，罗马公民只要满 30 岁就有资格取得议席，担任国家要职的人选都来自元老院，任职期满后也要回到这里。元老院与现代议会的不同之处，在于这里的议员并不是选举产生的，任期也是终身制。不过，如果某些议员被认为不合格，最后也会失去议席。

这样的罗马元老院议员，不但在政治和军事方面才能卓越，经验丰富，而且在学识和教养方面也同样出类拔萃。在罗马时代，撰写哲学和历史著作的人没有元老院议席者屈指可数。这些议员之所以能够形成罗马时代的“媒体”，也是因为一旦进入元老院这个机构就能更方便地获取各种信息，并且善于用文字来表现社会现象和思想的人都集中在这里。当然，不管是什么组织，都存在着鱼目混珠的现象。

公元 2 世纪末期的罗马元老院仍然保持着这些传统，对国家政治怀有责任感的议员仍旧占多数。这些人虽然不满佩雷尼斯轻视元老院的态度，却也没有将他的态度与实施的方针政策混为一谈。只是议员们的不满情绪很容易表面化，而且佩雷尼斯代理政务已有 5 年，5 年的时间对于评价功绩而言还是有些匆忙，但对于忽略不满而言则又太漫长了。

逃脱姐姐谋害后的康茂德变得性格内向，但也没有孤僻到缩在皇宫里不见任何人。年轻的皇帝依然出现在斗兽场和大竞技场，和民众保持接触，还常到各地的皇帝别墅去小住，骑马狩猎。每当这时，他总是为社会各阶层的人所簇拥。所以他并非不跟外人接触，而是只跟自已喜欢的人在一起罢了。而且，就如同一个儿子对父亲总是存在逆反心理，康茂德始终热衷于体力和武艺方面的竞技。

不过从本质上讲，这种倾向却是一种自闭。尽管他大部分时间都不在家里，但他生活的世界是狭窄的。相比之下，把终生都奉献给政务、学问以及家庭的马可·奥勒留的世界显然更为广阔。活在自我享受的世界里是老年人才有资格享受的人生勋章，一个 20 多岁的年轻人早早地被局限在自我的世界里，明显就是病态。而面对这样的患者，恶魔的耳语往往最容易奏效。

利用元老院对佩雷尼斯不满的，是皇帝寝宫里的一个侍臣库雷安德罗斯。他本是奴隶的儿子，进宫以后，不知用了什么手段，很快就摆脱了奴隶的身份，成了“解放奴隶”。从名字上推测，他是希腊人的后裔，由于专门在寝宫做事，接触皇帝的机会当然不少。

这个人把元老院对佩雷尼斯的不满添油加醋地说给了康茂德。而康茂德虽然身在首都，却总是缺席元老院的会议，因此自己无法确定库雷安德罗斯话语的真伪。并且，如果他能认识到有核实的必要，那也不能说他是病态了。偏听偏信之余，康茂德又担忧起来，他担心元老院对佩雷尼斯的不满可能会转移到自己身上来，毕竟是自己提拔重用了佩雷尼斯。

这时，寝宫的奴隶再次发出一击。他告诉康茂德，说佩雷尼斯企图指使手下 1 万名士兵除掉皇帝。佩雷尼斯是名武将，前往皇宫汇报政务时并不像其他官员那样重视繁文缛节，其态度有点像马可·奥勒留时代在作战会议上发言的百人队队长，开门见山，畅所欲言，向年轻的皇帝进言时也并不注意字斟句酌。此时的康茂德于是认为佩雷尼斯轻视自己，曾遭暗算的他以为危险再次降临了。

可是，这次的对手是近卫军团的首领，有 1 万名部下就驻扎在首都罗马附近。如果要除掉此人，必须以迅雷不及掩耳之势造成既成事实。

杀手似乎来自皇帝的贴身卫队。在夜色的掩护下，一伙人离开帕拉蒂尼山袭击了佩雷尼斯官邸。不但佩雷尼斯本人，他的妻子、妹妹以及两个孩子全都死于非命。

到第二天清晨，这个消息就传遍了罗马，连元老院都难掩震惊之情。而康茂德为了证明自己幸运地挫败了暗杀阴谋，宣布在自己的官方正式名称中，加上“菲利克斯”一词，意为“幸运的人”。

历史学家卡西乌斯·狄奥应该在这起事件不久前获得了元老院议席。虽说是小亚细亚出身的希腊人，但他的父亲曾担任过西里西亚和达尔马齐亚两个行省的总督，是元老院的资深议员，这样他的儿子在 30 岁的时候也成为元老院议员肯定不是很困难的事情。新晋议员当然只能敬陪末座，可正因为如此，卡西乌斯·狄奥才不至于沾染上元老院那种权威主义，能够比较客观地评判当时的气氛。他对佩雷尼斯评价如下：

> 他是个野心家，但清廉公正，无法收买。在政策方面较为稳健，从不意气用事，虽然对元老院态度强硬，但仍不失为一个有才能的公务人员，他本应获得更好的结局，而不是以这种方式死去，他有这种资格。

随着佩雷尼斯的遇害，康茂德的统治也就彻底不可救药了。代替佩雷尼斯掌舵的，是解放奴隶库雷安德罗斯。

亲信政治

职业没有贵贱之分，但是人生却有贵贱之分。

即便是奴隶，也有人保持着纯粹的人生。例如与格拉古兄弟中的弟弟同生共死的奴隶。当尤里乌斯·恺撒遭到布鲁图一伙杀害，连恺撒帐下最强的武将、同为执政官的马克·安东尼都因恐惧而不敢上前，这时是恺撒的三个奴隶在无人指示的情况下，在手持带血利剑的嚣张凶手面前穿过，将恺撒的遗体搬回家中。克劳狄乌斯皇帝患有小儿麻痹后遗症，并且说话结巴，但他的奴隶纳尔奇索斯在皇帝遭毒杀时最后和主人一起殉难。即使在奴隶社会，超越阶级的人际关系也依然存在。

可是，这种超越的人际关系也存在弊端。无论是奴隶还是解放奴隶，他们都没有接受过什么教育，缺乏用以自律的“过去”，所以只能重视“现在”。当他们所服侍的主人是最高权力者皇帝时，对“将来”的安全感就更谈不上了。在他们看来，唯一能够保证自己将来的就是“现在”，直截了当地说就是金钱。奴隶出身的人一旦有了影响上层的机会，第一个想到的问题就是敛财。库雷安德罗斯就是这样，为了敛财他可谓只争朝夕。

从一个寝宫里的奴隶一跃成为皇帝的亲信，库雷安德罗斯很快就开始半公开地卖官鬻爵。罗马把远离边境、不必派驻军团的安全行省称为“元老院行省”，成为这种行省的总督，就意味着站在了仕途上升的起点上，并且这种职位也更容易获取利益。而要想成为行省总督，则首先要具备执政官的履历，因此所有的元老院议员，不论是谁，都挖空心思地想当执政官。买卖这种职位，获利空间巨大。既然康茂德热衷于竞技，那么库雷安德罗斯就忙于存钱。这种情况不但引起了元老院正直人士的愤慨，而且帝国边境的将士也开始不满。

能够制约库雷安德罗斯的，除了皇帝，还有近卫军团的长官。可能是近卫军长官真的有所行动，因为这一时期近卫军团长官的人事更迭十分频繁。有人在职期间只有 5 天，最短的记录则只有 6 个小时。

在这种社会氛围里，公元 187 年第二次出现了针对皇帝的暗杀。我们至今仍旧不能肯定这种阴谋计划是否真的存在，也不排除是库雷安德罗斯一门心思要保住自己的官位，向被害妄想狂康茂德煽风点火的结果。总之，主谋马梅尔提努斯和布鲁斯未经审判就被处死。

这两个人都是皇帝康茂德的亲戚。马梅尔提努斯是马可·奥勒留五女儿科尔尼切亚的丈夫，不但武艺高强，而且曾于公元 182 年担任过执政官。布鲁斯则是出身于北非的武将，娶了先帝的小女儿萨宾娜，也曾于公元 181 年担任过执政官。如果加上四年前被处死的昆提里乌斯，哲学家皇帝的 5 个女婿中已经有 3 人死在了小舅子手上。这就是马可一直珍视的家庭，最后竟落得如此下场。不过姐夫妹夫虽遭处决，但有史书记载他们的妻子又再婚了，可见康茂德还没有对自己的其他姐妹下手。

只要有感情存在，那么人和人还是骨肉至亲，如果没有感情了，这种关系就与路人无异。康茂德对自己的妻子很冷漠，本来克丽丝庇娜与暗杀阴谋毫无关系，只是因为皇帝另有新欢，她比较碍事，于是就被扣上通奸罪的帽子流放卡普里岛，不久之后也惨遭杀害。

此时的康茂德已经完全失控，只有一个人还能阻止他，那就是先帝马可留下的忠臣、一直深得皇帝康茂德信赖的庞培亚努斯。这个人把多瑙河防务安排妥当之后回到了首都，可是自从自己的旧部佩雷尼斯于公元 185 年遇害，他就彻底隐退，不再露面了。可能是对康茂德过于绝望，但他并没有加入反康茂德的阵营，也没有理会社会上的不满声音，而是实实在在地恪守着自己曾经立下的誓约。

恪守誓约的不只是庞培亚努斯一人，先帝马可临终时那些不在场的军队将领也没有人起来反对康茂德。马可·奥勒留那高洁的人格与强烈的责任感始终警醒着众人，直到今天，罗马男人对契约的认真态度仍然令人惊叹。康茂德在位的 11 年里，恶政接连不断，但先帝马可起用的武将没有一个兴兵发难的。

那么，在这段时期，公认的皇权监督机构元老院又在做什么呢?

我们说元老院里鱼目混珠，其实如果“鱼目”和“明珠”都很明确的话，事情就变得简单了，可实际上能够确定为“明珠”或“鱼目”的只是极少数，剩下的大多数往往相时而动，他们时而是“明珠”，时而又成了“鱼目”。也许是因为看到皇帝处死姐夫们而噤若寒蝉，感到害怕，或者是看到了近卫军团长官走马灯一样换来换去，总之从公元 187 年以后，元老院里“鱼目”占了上风，到了公元 190 年，一年里就任执政官的竟然高达 25 人，原来的执政官每年只有 2 人，至多也不过 4 人，现在居然有 25 人。就算库雷安德罗斯愿意经销官职，但元老院里如果没有人付款，这种交易也不可能成立。

所以，当奴隶出身的库雷安德罗斯就任近卫军团长官时，没有人站出来反对也就不足为奇了。不仅如此，元老院甚至还弄了一个“Pater Senatus”（元老院之父）的肉麻称号赠送给他。我们只能说此时的帝国政治已经走向荒谬，而被共和主义者视为“罗马帝国的良心”的元老院竟也堕落到如此地步！佩雷尼斯生前对元老院极端鄙视，从政治角度看这种态度可能有失偏颇，但是其心情也是可以理解的。看来，这种对元老院的轻蔑态度也影响到了康茂德。

然而在这种状态下，帝国仍旧维持着运转。这除了要感谢驻守边疆的武将，基层行政机关发挥的作用也令人赞叹。中央政府已经是一团乱麻，但乡村还平静如常，帝国的运转就好像一辆飞驰的列车，即便拉下制动也不可能立刻停车。不过这种状态只持续了4年。

用今天的概念看，共和时代的罗马已经开始推行社会福利事业了，贫穷的人每个月能免费领到约30公斤小麦。将军凯旋或皇帝举行庆典时分发的礼金至多不过是一种礼物，而每个月的小麦配给则是公民的权利。然而这种权利的拥有者只局限于罗马公民，即拥有罗马公民权的17岁以上的男子。如果一家有夫妻二人和两个未成年的孩子的话，30公斤小麦当然无法糊口，只是国家保证不饿死人而已。

罗马法对私有权加以保护，而与此呼应就出现了自由市场。免费领取的小麦质量低劣，优质小麦都在自由市场上出售。只要个人经济条件允许，人们可以把免费领取的小麦给奴隶食用，自己则出钱到自由市场上购买优质小麦做成的面包。

库雷安德罗斯专心敛财，对这些事项本不关注，也可能是有官员接受了贿赂，总之原本不该在市场上出现的劣质小麦也拿来买卖了，这样用于免费供应的小麦自然会大量减少。

平民被激怒了。既然罗马公民权包含这项权利，大家当然会愤慨。阵容庞大的抗议游行队伍以女性为主、男性为辅，一直逼向康茂德的住处。

皇宫就在帕拉蒂尼山上，可是这时皇帝并不在皇宫，而是住在阿皮亚大道旁的昆提里乌斯别墅里。这一带都是平原，别墅周围虽有高墙环绕，但面对着愤怒的平民越逼越近，28岁的康茂德不由得心惊胆战。

皇帝的贴身卫队看到这种架势也不敢轻举妄动，而近卫军团驻在罗马的北部，距离别墅的位置还很远，不胜惶恐的康茂德只好丢卒保帅，他把库雷安德罗斯推出别墅大门，然后在后面关上了大门。

库雷安德罗斯被呐喊的平民拖回了罗马，很快被杀，他所储存的金银财宝也尽归国库，但康茂德并没有用这些钱重建小麦市场，而是用来举行了一场规模盛大的角斗表演。他不但主持比赛，而且为了取悦观众，还亲自下场和职业选手进行较量。以前康茂德总是在角斗士学校或皇宫内和人一比高低，还从未在观众面前亮相过。从此，康茂德有了一个别名，“角斗士皇帝”，相比于他父亲“哲学家皇帝”的称号，真是令人不胜唏嘘。

“罗马的赫拉克勒斯”

康茂德执政从公元180年开始，到192年为止，最初的5年有佩雷尼斯代劳，接下来的4年被库雷安德罗斯把持，本来最后3年他怎么也应该亲自出马了，然而事实并非如此。如果一个人直到28岁还没能独立，那么他永远也不可能独立了。康茂德执政的最后3年，受以下3个人影响最大：

马尔奇亚——康茂德的新欢。这个女人本来是库瓦特拉托斯的奴隶，公元182年，库瓦特拉托斯追随露西拉谋刺皇帝，失败被处死以后，他的个人财产包括奴隶都被皇帝接收了。这个人是个基督徒，但她没有四处张扬。只要没人揭发检举，保持一种信仰其实没那么难。而康茂德不但对国家政务不感兴趣，对基督教的危害也同样漠然置之。

艾克雷科图斯——库雷安德罗斯之后，他成为皇帝寝宫内的侍臣，是希腊的解放奴隶，马尔奇亚在成为皇帝的情妇之前和之后，都和他保持着夫妻关系。

埃米里乌斯·雷特——近卫军团长官。库雷安德罗斯被杀后，他是唯一的近卫军团长官。

连这种人都能围绕在皇帝周围，那些有真才实学的人自然知难而退。他们要么遭到排挤，要么主动辞职，到最后连给行省总督和军团长撰写行政文书的人都找不到了。当然康茂德可以自己署名，但文书的内容不得不找他人代笔。一旦这种秘书出现紧缺，那么皇帝发出的书信往往就只有一个词“vale”。这个“vale”本是一句客气话，意义很宽泛，类似于请保重、拜托、再见等等，

扮成赫拉克勒斯的康茂德雕像

是书信结尾时的习惯用语。当信使带着皇帝的文书，沿着罗马大道策马飞奔，日夜兼程抵达目的地之后，收信人展开文书，雪白的纸莎草纸上面赫然只有一个“vale”。当边境的军团长们手捧这种文书，内心会有什么感想呢？而元老院也开始醒悟，意识到自己是康茂德恶政的帮凶。

这时的皇帝已经无所顾忌，终日沉溺于竞技场内。实际上，年轻的康茂德身体强健，力大无穷，武艺堪与职业角斗士相匹敌。并且，父亲马可生前的体弱多病也成了他藐视的对象，称自己真正的父亲是朱庇特，自己是赫拉克勒斯再世，让大家今后称呼他为“罗马的赫拉克勒斯”。

就是在这一时期，他命人给自己制作了头披狮子皮、手持狼牙棒的雕像。以致后世人们传说，康茂德的父亲并不是马可·奥勒留，而是皇后芙斯汀娜和一个角斗士通奸造就的孽种。在现代电影《罗马帝国衰亡史》中就采用了这个传说，其实招致这样的谣言也只能怪康茂德自己了。

不过到今天这种说法已经被否定了。康茂德出生前后，正是芙斯汀娜每年都生小孩的时期，很难想象她还有时间去和角斗士情人幽会，并且从雕像和钱币上看，马可和康茂德父子二人的容貌极为相像。况且角斗士虽然有点类似于今天的拳击冠军，但仍属社会底层。角斗士在应募军团兵时往往遭到拒绝，虽然马可·奥勒留曾因兵源短缺征召角斗士入伍，但那也是命令角斗士自己形成一队，不能和罗马的正规军团并肩作战。

在公元2世纪末期，尤里乌斯·恺撒颁布实施的《地方自治法》仍然有效。该法针对地方议会的选举，规定了下列人等拥有选举权却没有被选举权：有犯罪前科的人（包括作伪证者）、军团逃兵、被军团开除的人、戏子、色情业者，最后是角斗士。

所以康茂德肯定了解这些情况，他不可能四处吹嘘自己的父亲是角斗士。他所谓的“父亲”是希腊罗马宗教中的最高神朱庇特（希腊为宙斯）。不过这也是一种心理变态。现代人对马可·奥勒留评价甚高，不相信他会把帝位传给这个愚蠢的儿子康茂德。这种心情是可以理解的，在这种心态下也促成了两部电影和多部小说的问世。马可·奥勒留是后人最为喜欢的罗马皇帝，可惜康茂德虽然继承了血统和皇位，但人生截然不同。这就是世界，既有龙兄鼠弟，也有虎父犬子。

皇帝康茂德人生的最后3年，正是历史学家卡西乌斯·狄奥从35岁到37岁的时期，并且他也和康茂德一样住在首都，还是元老院的议员，这真是可遇而不可求的最佳现场证人。不过，我们在参考这个人的著作时，有些地方需要加以注意。

首先，卡西乌斯·狄奥的文笔固然优美，但他显然是过于自信了，喜欢把别人的现场演说换成自己的语言来表述。这种倾向在我们只能依靠文献获知过去史实的时候表现得尤为明显。就连以简洁明快为特色的尤里乌斯·恺撒的演讲，到了他笔下也都换成了缓慢冗长的叙述。幸好我们还有恺撒自己的著作做旁证，可是当没有其他文献可供对照时，我们就要注意了。卡西乌斯·狄奥之所以有这种毛病，可能因为他是公元2世纪末到3世纪初的知识分子，还没能强烈地意识到言语鼓动是胜过千军万马的武器。如果恺撒生于今天，那么当他在议会、支持者集会、电视辩论，以及同其他国家首脑围着圆桌举行高峰会谈等各种场合发言时，肯定都会根据现场实际情况，经常改变说话的方式。这就是作为政治家的恺撒和一心只惦记着读者的卡西乌斯·狄奥之间的区别。

当然，重视读者也有好处，就是愿意把自己知道的所有事情都网罗进著作里。因而在他的巨著《罗马史》中，最有价值的地方，就是他不但记录了自己的所见所闻，而且直率地表达了自己的感想。关于他的感想我们前面已经有好几处介绍过了，下面介绍的则是他的亲眼所见。公元 192 年皇帝康茂德 31 岁，出现在了斗兽场。

> 那天在竞技场，我们元老院议员都坐在观众席的前排，欣赏皇帝的武艺。当时康茂德的对手是一只大得令人难以置信的鸵鸟。面对冲过来的鸵鸟，康茂德只一挥刀，立刻就把鸟头斩落。随后他以骄傲的表情转向元老院议员们，将手中的利剑从左向右一挥，好像在说："只要我愿意，你们的人头也会像这只鸵鸟一样，瞬间落地。"
>
> 这真是可怕的一幕，同时也有些滑稽。议员们反而笑了起来，笑声从元老院议员专用席的一边传到了另一边。
>
> 这时卡西乌斯·狄奥（作者和恺撒一样，在著作中以第三人称称呼自己）本能地感觉到这样下去会有麻烦。于是他从头上的月桂冠上摘下一片树叶，放进嘴里咀嚼，同时让其他议员也这么做。
>
> 康茂德见此情景，只好在内心安慰自己，元老院议员因为咀嚼月桂树叶而蠕动嘴巴，并非是对他发出的威胁报以嘲讽。于是，他为自己的残酷内心寻求满足的借口也就没有了。

暗杀

几个月以后，公元 192 年 12 月 31 日夜晚，针对康茂德的暗杀终于成功了。

谋划此事的，是皇帝的情妇马尔奇亚以及寝宫内的侍臣艾克雷科图斯，而真正的刺客则是纳尔奇索斯，用今天的话来说，他是康茂德的摔跤教练。正在入浴中的皇帝是被扼住脖子绞杀的，31 岁的人生，12 年的统治，就这样结束了。

谋杀的动机不明。马尔奇亚和艾克雷科图斯正是假借康茂德的威势才得以飞扬跋扈，康茂德的死使他们失去得最多，并且史书中也没有找到任何证据表明元老院在暗中穿针引线，甚至连令人怀疑的迹象都没有。我们只能认为这是皇帝近臣的个人行为。如果真是这样，那么他们之间肯定发生了外人有所不知的龃龉，最后凶手狗急跳墙。杀人动机这种东西，本来就没有客观标准。对某些人来讲可能是微不足道的因素，拿到另外的人那里就有可能变成杀人的动机。

不管怎么说，干掉康茂德之后，三个人采取的行动倒是非常干练。他们立即以康茂德的名义召见近卫军团长官埃米里乌斯·雷特，雷特到达后，三个人把事情经过告诉了他。雷特的行动也十分迅速，当天夜里就和元老院的资深议员商议妥当，决定了皇帝的后继人选。

在此期间，皇宫内也在静悄悄地处理善后。原本放置在浴室内的尸体被用床单简单地裹好，悄悄地抬到外面掩埋了。对多数罗马人来讲，传统的做法是火葬，但当时只能将尸体草草掩埋，5 年之后，经过塞维鲁皇帝最后拍板，康茂德才得以火葬，骨灰安放于哈德良神殿。

马尔奇亚、艾克雷科图斯和纳尔奇索斯当天夜里就从皇宫消失了，以后也再没有他们三人的消息。是近卫军团长官雷特把他们灭口了吗？或者长官为他们办理了通行许可，三个人隐姓埋名回故乡希腊去了？总之，他们此后就从罗马历史中消失了。

掌权者在行使权力时为了能让人接受，只依靠武力是远远不够的，还需要正统性。尽管康茂德昏庸无能，是个不合格的皇帝，但他在正统性方面无可挑剔。他是先帝马可指定的继承人，又有三年共治皇帝的经历，登基时获得了元老院的承认，执政伊始还受到了罗马公民的欢迎。当康茂德被杀后，罗马自然变成了只靠武力说话的时代。而凭借武力得以幸存的统治者最重要的任务，也还是寻求正统性。没有正统性，权力的行使会变得十分困难。正统性和武力之间的关系，就是这样相互对立又相互依存。二者相互调和的结果，就形成了后世的君主立宪制。

因为只依靠武力行事会导致整个社会的不稳定，对国家而言就是内乱频仍。随着康茂德的被杀，公元 192 年也结束了，将军们为马可·奥勒留坚守的誓约也随之解除。12 年来，面对这样一个昏聩的皇帝，将军们始终没有越雷池一步。坊间开始传说，自从佩雷尼斯遇害后，在乡间隐居了 7 年的老将庞培亚努斯，已经决定接受自己的旧部、新任皇帝柏提那克斯的邀请，即将前往首都罗马。这是军人时代到来的前兆。

另外，元老院全场一致通过处以前任皇帝康茂德以“记录抹杀刑”(Damnatio memoriae)。康茂德是继皇帝尼禄、皇帝图密善之后，第三个被处以这种刑罚的皇帝。一旦死后遭受如此耻辱的刑罚，当事人的肖像会被破坏，刻有功绩的石碑也会被除去姓名。不过，与尼禄和图密善相比，康茂德几乎没有任何功绩，也没有兴建或修复过任何公共建筑，所以实在是没有什么东西可供抹杀。

第三章

内乱时代

（公元193—197年）

NON UNO DIE
ROMA AEDIFICATA EST

柏提那克斯
（ Pertinax ）

狄第乌斯·尤利安
（ Didius Julianus ）

克劳狄乌斯·亚尔比努斯
（ Clodius Albinus ）

培辛尼乌斯·尼戈
（ Pescennius Niger ）

塞普提米乌斯·塞维鲁
（ Septimius Severus ）

我们把皇帝康茂德之后争夺帝位的5个人并列起来看，会发现他们全都是马可·奥勒留时代负责保卫帝国的人。这不禁令人心生感慨。在他们的实力之中，兵权当然是必须考虑的因素。军队这种组织，不管是在罗马时代还是在其他民族的什么时代，都面对社会底层敞开着大门，而在其中一言九鼎的，则是少数实力人物。什么叫乱世呢？就是以下犯上的世道。这时元老院议员世家或者权贵姻亲等因素都不起决定性作用了，就如同野生动物的世界一样，最重要的是依靠武力和智慧，胜者为王！

军团里的实力派

柏提那克斯最初并没有称帝的野心，更没有称帝的举动。他从5年前开始担任首都罗马的长官，结果率先得知康茂德已死的近卫军团长官雷特说服了他。雷特的理由是元老院属意柏提那克斯，所以说柏提那克斯的登基是基于他个人的爱国热情。

当时柏提那克斯已经66岁，即使宣布隐退也不会令人感到意外。但是他意识到，在康茂德死后，如果政治生活不能尽快恢复正常的话，罗马帝国就会像尼禄死后那样陷入内乱状态。年纪尚轻就死去的皇帝还有图密善，但是元老院马上推举了涅尔瓦继位，成功地控制住了事态的恶化。古稀之年的涅尔瓦即位一年后，迅速指定了继承人图拉真。柏提那克斯认为自己的使命就是要做第二个涅尔瓦。

康茂德死后的第二天是1月1日，在罗马时代，这一天是工作开始的日子，元老院将召开新年的第一次会议，执政官也将在这一天就任。公元193年的1月1日，元老院议员以绝对多数通过了柏提那克斯登基。

据说年逾七旬的庞培亚努斯也出现在会场。这位马可·奥勒留的老臣，军事方面的左膀右臂，兢兢业业把一生都奉献给帝国前线的武将，利用自己对元老院一贯的尊重姿态，为元老院议员们提供了一种安全保障。而柏提那克斯也向这位老上级发出就任“共治皇帝”的邀请。结果身为先帝马可女婿的这位老将拒绝了，他认为应该由更年轻的人出任此职。

带着柏提那克斯登基文告的信使们迅速奔赴帝国各地。1月1日也是边境军团基地的将士向最高司令官，也就是皇帝举行效忠宣誓仪式的日子。帝国如此广阔，即使是紧急文告，送到遥远的边疆也要费时一个月。防止混乱的最好办法，就是尽快把新皇帝登基的消息通知给边境军团，让已经向康茂德宣誓过的将士重新向新皇帝宣誓效忠。

事实证明，有些担忧是多余的。所有的军团基地都传回了消息，他们宣誓效忠新皇帝。这完全是因为柏提那克斯从前的经历博得了将士们的好感。

公元126年，普布利乌斯·赫尔维斯·柏提那克斯出生于意大利北部的热那亚，父亲是贩卖毛料的解放奴隶。柏提那克斯只比马可·奥勒留小5岁，可是二者的家世和成长经历却有着天壤之别。

少年时代的柏提那克斯就头脑聪颖，他知道，要想在罗马帝国出人头地，首要条件是必须取得罗马公民权，而取得罗马公民权的捷径则是从事医疗或教育。根据尤里乌斯·恺撒制定的法律，不论民族、出身、肤色，只要是医生和教师，都授予罗马公民权。因为做医生需要一定的经验，这个解放奴隶的儿子选择了教师。他很快就开设了私塾，教室曾设在广场的一角，也曾设在称做“茵斯拉”的四五楼公寓的檐下。他似乎只接受过中等教育，就开始担任“grammaticus”中等教育的教师，可见其胆识过人。这样过了五六年以后，他认为还是在军队能更快地出人头地。加入军团必须具有罗马公民权，但他是教师，已经获得了这种资格。于是他得以加入罗马军团。

在罗马的军团中，应募者一旦合格，并不都是从普通士兵干起，有前途的年轻人有可能被任命为30人小队的指挥官。以柏提那克斯的条件，即便加入防卫莱茵河和多瑙河的军团，当个小队长是不成问题的。然而，这个解放奴隶的儿子却更加巧妙。

他回避了著名的西方精锐部队，志愿加入叙利亚军团。驻扎在多瑙河的军团兵往往不无轻蔑地称呼叙利亚军团为“东边的”，因为自从安敦尼·庇护时代起，尽管边境防线享受了很长时间的和平，但西方还是和蛮族经常发生小摩擦，而与此相对照，面对帕提亚王国的形势则是高枕无忧，以至于士兵都变得软弱了。这个军团驻扎在叙利亚，应募而来的自然都是当地希腊人或塞姆人（Semu，亦称闪米特人，又称闪族人，是起源于阿拉伯半岛的游牧民，相传挪亚的儿子闪即为其祖先。阿拉伯人、犹太人都是闪米特人。生活在中东、北非的大部分居民，就是阿拉伯化的古代闪米特人的后裔。——译者注）的后裔。这时突然出现一个意大利本土出身的年轻人，不但成绩优异，而且看上去颇具胆识，这无疑会引起上级军官的注意。结果柏提那克斯的军旅经历，是以百人队队长为起点的。

但是，百人队队长这种称呼是从前沿袭下来的官名，到了帝政时代，百人队队长手下只有 80 名士兵。百人队队长必须和手下士兵同吃同住，有点类似于今天的士官。不过自从尤里乌斯·恺撒充分运用百人队队长制度以来，军中就流传一种说法：“百人队队长是罗马军团的脊梁。”在罗马军团中，资深的百人队队长可以参加司令官召集的作战会议。

柏提那克斯就这样一直做着百人队队长，而且逐渐从普通的百人队队长晋升到了顶级百人队队长。一般来讲，百人队队长自下而上分四个等级：

一、指挥 80 名士兵的百人队队长。

二、同样是指挥 80 名士兵，但有参加作战会议的资格，手下的“百人队”是所属大队 6 个百人队里最强的。

三、隶属 10 个大队里最强的大队，指挥着 160 名士兵，具有参加作战会议的资格。

四、一个军团里唯一的顶级百人队队长，成为军团里最强大队中最强百人队的领袖，称为“首席百人队队长”。

一旦成为首席百人队队长，尽管地位仍相当于士官，却比那些入伍不久就担任大队长的元老院议员子弟资格还老。这就如同经验丰富的护士长比刚毕业的见习医生更懂得手术一样。

在和平年代，仅用几年时间就升到这么高的职位，可见柏提那克斯的确表现优异，并且这些升迁都是在叙利亚行省一地完成的，百人队队长以下的职位极少换防。

35 岁的时候，柏提那克斯迎来了命运的转机。就任皇帝的马可·奥勒留最不希望发生的事情出现了。和平终于结束，战争年代到来了。

不过，柏提那克斯没有任何裙带关系，即使当上了首席百人队队长，也并不意味着下一步就是大队长。指挥 6 个百人队共 480 人的大队长都是军官，柏提那克斯想到达那种位置还必须先登一个台阶，而这个台阶就是一个大队中的"长官"职位。大队里军事指挥方面的任务由大队长负责，除此之外的所有事项都是大队长官的业务范围，比如宿营地的选择，军粮的调运与分配等等，相当于总务长。就在柏提那克斯担任这种长官期间，罗马与帕提亚之间的战争爆发了。结果被调派来参战的西方军团发现了柏提那克斯，立刻就非常重视他。在这种微妙时刻，或许是商人父亲遗传给他的处事的灵活性发挥了作用。

总之罗马的将军们极为赞赏柏提那克斯在这一时期的表现，甚至将此事汇报给了皇帝马可，由此可见柏提那克斯是多么的突出。罗马军队极其重视后勤补给，兵站管理专家和战场上的将领拥有同等地位。有了这一时期的成绩，柏提那克斯顺利地晋升为大队长。

一旦成为指挥一个大队的大队长，任职地点往往频繁转换。从守卫幼发拉底河的叙利亚行省，到多瑙河防线上的米西亚行省，到处都留下了柏提那克斯的足迹。不久以后，他又被任命为驻扎在米西亚的骑兵队的负责人。骑兵队的基地和军团基地不在同一处，因此柏提那克斯是一处独立基地的首脑。

然而他此后的工作突然变化，其实在罗马时代这种变化也很平常，他被任命为行省的"财务长官"。总督是行省政治、军事和司法的负责人，而财务长官则负责行省的财政，其业务既要管理以公共基础建设为主的支出，也要管理行省税等其他收入，属于行省的“财政厅长”。柏提那克斯好像先后在好几个行省担任过这一官职。

后来柏提那克斯又负责管理艾米利亚大道。这条大道的起点在里米尼，途经皮亚琴察，最后到达米兰，是由东南向西北贯穿意大利北部的主要交通干线。柏提那克斯负责这条大道的维护管理。

完成这些工作的柏提那克斯获得了广泛赞誉，最后他终于进入了帝国的精锐部队。在莱茵河防线像佛珠一样排列着一串基地，柏提那克斯被任命为一个辅助部队的基地长官。由于部下都不是罗马公民而是行省出身的士兵，这种任务并不简单。接着又有达契亚行省财务长官的职位在前面等待着他，然后是多瑙河防线上的分队指挥官。

应该就在这一时期，柏提那克斯在将军庞培亚努斯的领导下，与入侵意大利本土阿奎利亚的日耳曼部族作战。柏提那克斯战功卓越，元老院的大门终于向他敞开了。

成为元老院议员的柏提那克斯后来取得了法务官的职位，然后他前往近潘诺尼亚行省的布里吉提欧（今匈牙利的苏尼），担任驻扎在那里的第一亚狄托里库斯军团的军团长，直接面对自多瑙河北岸南侵的蛮族，是最前沿军团基地的首脑。当时庞培亚努斯是多瑙河防线事实上的指挥官，柏提那克斯在庞培亚努斯麾下，与日耳曼民族战斗了好几年。

因军功，柏提那克斯被选为“候补执政官”，顾名思义，相对于每年1月1日就任的正式执政官，这个候补执政官实际上是板凳队员，一般在一年中的最后两个月走一下过场。不过，这个职位在“执政官经历”上的意义显然要大于“候补”的字面含义，因为不管怎样，要想成为行省总督，有执政官的经历是必需的。既然如此，就有不少人当选了候补执政官之后却并不前往首都就职。柏提那克斯也是这样，他没有回首都，而是选择继续留在前线。

既然柏提那克斯获得了“执政官经历”，帝国也就立刻利用了这个头衔。

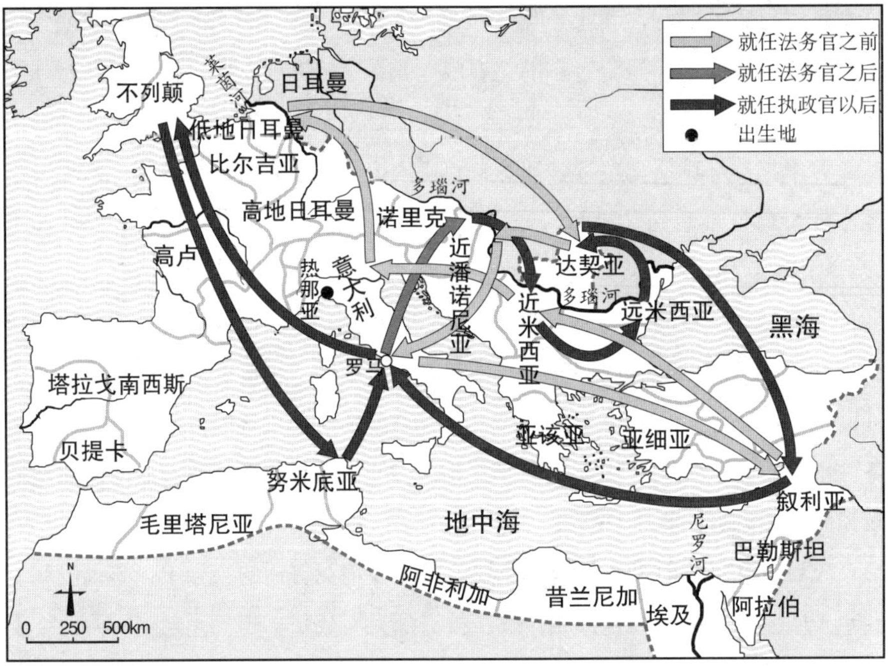

柏提那克斯任职地点的变化

皇帝马可任命 50 岁的柏提那克斯为近潘诺尼亚行省的总督，任职地点就在这个行省的首府辛基杜卢姆（今塞尔维亚首都贝尔格莱德）。这样柏提那克斯就成了最前线的将军，指挥两个军团。他接下来的职位是远潘诺尼亚行省总督，这一地区在多瑙河下游，相当于现在的保加利亚，柏提那克斯的任务是率领两个军团死守边境防线。后来他又前往达契亚行省担任总督。达契亚位于多瑙河北岸，是一个凸出的桥头堡，与其他防线相比，这里的任务无比危险艰巨。

马可·奥勒留于公元 180 年离世，在那之前，即公元 179 年，也可能是 178 年，皇帝任命柏提那克斯为叙利亚行省的总督。叙利亚是东方防线上最重要的行省，柏提那克斯当年入伍就在这里，年过半百之后，他成了这里的总督，并且是指挥着三个军团的司令官。皇帝马可离世后，他仍在这个职位上，直到公元 183 年有人来接替，柏提那克斯才回到首都。

然而首都的舒适生活还没过两年，公元 185 年就发生了士兵拒绝向皇帝康茂德宣誓效忠的事件，柏提那克斯又被派往不列颠。骚乱平息后他回到首都，很快就前往阿非利加行省首府迦太基，负责当地的福利政策。这项工作需要他和行省总督相配合才可能成功，柏提那克斯仅用两年就做得很圆满。回到首都的他得到了“首都长官”的职位，这个职位大概相当于市长，也兼任首都警察首脑。柏提那克斯从公元 187 年到 192 年一直担任此职，并且在公元 192 年的一整年时间里，他还和皇帝康茂德一起共同担任了执政官。这一次可不是候补，而是正式的执政官。也就是说，此时的他已经进入了罗马帝国的核心权力圈，甚至有资格接替康茂德。

可是不久以后，接替康茂德这件事居然变成了现实。公元 192 年 12 月 31 日，康茂德被杀，第二天，公元 193 年 1 月 1 日，柏提那克斯登基。

柏提那克斯的经历是罗马时代布衣卿相的典型，也说明罗马社会是流动着的社会。一个解放奴隶的儿子，最后竟然做到了皇帝，而且这也是他一步一个脚印，扎扎实实，逐步高升，不仅为自己，也为他所属的共同体不断作出贡献的结果。

皇帝柏提那克斯

在公元 193 年 1 月 1 日举行的元老院会议上，柏提那克斯的即位获得了承认，66 岁的他随后发表了演讲，明确提出自己的施政方针将效仿马可·奥勒留。这意味着他将和元老院合作，共同治理国家。柏提那克斯还表示，在没有经过审判的情况下，不得处罚元老院议员。这种政策简直就像回到五贤帝时代一样，元老院议员们内心的石头总算落了地，都对柏提那克斯的施政演讲表示满意。

军事经验丰富的柏提那克斯明白，自己在施政之初，必须要像在战场上一样，采取迅速行动。于是，一条又一条新政策相继出笼，元老院也都抓紧时间，审议处理。在罗马帝国，如果没有元老院的通过，政策是不可能成为法规的。当然皇帝有发布暂行措施的权力，但既然柏提那克斯已经表明要与元老院相互配合，所以他不想只依靠那些暂行措施，而是要想方设法地取得议会的首肯。

柏提那克斯最优先的政策是健全国家财政。这并不是说康茂德时代因挥霍无度已经入不敷出。在康茂德主政的12年里，罗马因为没有发生战争，财政方面意外地健全。后世的历史学家总是想把所有的脏水都泼到康茂德身上，结果把马可·奥勒留时代对货币的偷工减料都安到了康茂德头上。柏提那克斯所说的健全国家财政，指的是精简机构，裁减冗员，降低花费。像罗马帝国这样庞大的组织，如果不加以控制的话，其自身就会不断膨胀。柏提那克斯在元老院表示，由于作出机构精简重组的计划案需要花费时间，眼下正在紧锣密鼓地作着准备，其具体内容将不得不等到4月21日罗马建城日才能公布。

除此之外，他有条不紊地推进着相对容易的行政举措。例如着手平反康茂德时代的冤案，为遭到处刑的人恢复名誉，返还被没收的财产等。当然，柏提那克斯也没有忘记改善边境防线上将士们的待遇。还有，对于罗马时代舆论调查的样本首都居民，新皇帝在上任之际也发放了礼金，每个居住在罗马的公民权拥有者都得到了大约100第纳尔的“赏金”。

新皇帝还明确表示不搞皇位世袭。柏提那克斯和妻子拥有一对儿女，但他并没有向妻子颁发“奥古斯塔”的称号，至于儿子和女儿，更是连皇宫都不许进。他虽然发行了刻有自己侧脸的钱币，但上面的文字却是“公民的自由”。

似乎一切都很顺利。然而，实力的世界正如同野生动物的世界，只要稍不留神就有可能丢掉性命。在下面这件事上，柏提那克斯犯了非常严重的错误。

柏提那克斯之所以能轻而易举地登上皇帝的宝座，近卫军团长官雷特立下了莫大的功劳，而雷特也正在等待柏提那克斯报答自己。具体地说，就是他想让新皇帝任命自己为埃及的长官。

刻有“公民的自由”的银币

近卫军团的长官手下有1万名士兵，在首都罗马的权力仅次于皇帝。但是，如果能代替皇帝去做埃及的长官，不但能成为这块皇帝私人领地的最高统治者，而且还能享受到权力带来的财富。官员如果在首都收受贿赂，一旦遭到揭发就有可能性命不保，而在行省，民告官的行为也已正常化。但埃及和其他行省不一样，这里是皇帝的私人领地，在这里受贿损害的只是皇帝的利益，而不是以罗马公民和元老院为主权拥有者的帝国的利益。换句话说，只要皇帝自己睁一眼闭一眼，这种行为简直算不上犯罪。很多过去的文献都有记载，某个前行省总督遭到行省人民的告发，坐在被告席上，元老院议员分成两方，一方接受原告委托提出控诉，另一方则为被告辩护。公元1世纪的历史学家塔西佗和文人小普林尼，以及公元2世纪到3世纪间的卡西乌斯·狄奥，都经常做这种审判的辩护律师。也就是说，这种审判在罗马并不少见。可是在文献记录中，行省埃及这种民告官的审判则一例也没有。因为在帝国的其他行省由罗马公民和元老院共同拥有主权，只有埃及是皇帝的私人领地。

在罗马帝国，政治和军事方面由元老院阶级负责，经济和行政方面则是骑士阶级做主，他们构成了社会的前两个阶层。而一般认为骑士阶级仕途的顶点就是埃及的长官，其理由之一就是在这个职位上可以大发横财。雷特在权力方面已经是一人之下万人之上，他下一步的愿望是出任埃及长官，原因也正在这里。

柏提那克斯当然是了解这些内情的，他肯定也想寻找一个恰当的时机满足雷特的愿望。但是柏提那克斯同样知道自己缺乏皇帝的正统性，所以他既然已经当上了皇帝，那么下一步就只能去提升政绩，来为自己树立正统性。在柏提那克斯心里，对正统性的渴望占了上风，压倒了他本来拥有的灵活性。

新皇帝为争取敌视气氛浓厚的元老院的支持，专心致志地推行各种正当的行政措施，暂时把雷特的愿望向后推迟。大概新皇帝也有一些顾虑，如果登基后立刻把雷特派往埃及，无疑会招致元老院方面的指责。

从国家利益出发，对康茂德时代的统治进行矫正是“大事”，对促成登基的功臣进行报答不过是“小事”，然而，如果皇帝不愿在“小事”上忍耐批判的话，“大事”肯定也无法实现。即使到今天，大胆改革的人也都需要具有“水至清则无鱼”的意识。

转眼3个月过去，望眼欲穿的雷特终于等不及了，开始煽动属下的近卫军。他说新皇帝柏提那克斯成了元老院的傀儡，对皇帝偏袒元老院的政策大加指责。至于自己的愿望，雷特则只字未提。似乎柏提那克斯并没有像马可·奥勒留那样登基后立刻前往近卫军团发放特别奖金，他也把这件事向后推迟了。现在雷特也把这一条拎了出来，指责皇帝忽略近卫军团。如果从加强权力基础的角度看，急速上升中的柏提那克斯的确是在这一点上疏忽了。

讲明道理，当面说服10个人可能算不上难事，可是当对面站了100人的时候，说服对方就很困难了，当对方达到1000人时，这就成了不可能完成的任务。而近卫军团有1万人。这也正是谣言得以惑众的原因。如果想在1万人中间掌握主动，就需要其他一些因素，人们称这种东西为人格魅力。不过，一旦错过恰当的时机，就算有什么人格魅力也无力回天。

公元193年3月28日，近卫军团士兵在雷特的煽动下，袭击了帕拉蒂尼山上的皇宫。他们来势汹汹，皇帝的贴身卫队和侍从只能逃命，最后柏提那克斯只剩下孤身一人。近卫军团的一个队长一剑就刺死了在位仅仅87天的皇帝。唯一值得庆幸的是，皇帝的妻子和两个孩子总算没有卷进这起灾难。

成功除掉柏提那克斯的雷特安排的下一个皇帝，是刚从北非卸任回到首都的狄第乌斯·尤利安。

政变的成败全都系于能否迅速造成既成事实。然而，狄第乌斯·尤利安虽然承诺继位，但这时出现了一个竞争者。他就是柏提那克斯的岳父，元老院议员弗拉维斯·斯皮切努斯。那么到底由谁来出任皇帝呢？这个问题只能由雷特煽动起来的近卫军团士兵来回答。

元老院认为近卫军团夺走了主导权，根据元老院议员、历史学家卡西乌斯·狄奥不无嘲讽的记录，我们可以体会到当时的气氛。两位皇帝候选人站在近卫军营地的围墙下，士兵们则站在围墙上，睁大了眼睛做见证人。帝位竞标就这样开始了。到了约定的时间，斯皮切努斯只能给每名近卫军士兵5000第纳尔，而尤利安则付出了6250第纳尔。元老院尽管愤愤不平，但最后也只能承认竞标成功的尤利安就任皇帝。

然而，皇帝得到了元老院的承认，却没能得到边境将士们的承认。柏提那克斯登基时没有异议的军团面对狄第乌斯·尤利安时，很快就有了不服的表示。其实军团兵对尤利安本人倒是并不反感，这个人完全不是那种只在首都享受舒适生活、温文尔雅、有气无力的元老院议员，在军团兵看来，尤利安和他们的总督以及军团长都是一样的。然而此时，这种“一样”却成了狄第乌斯·尤利安的负面因素。

柏提那克斯是罗马帝国布衣卿相的典型，而尤利安的经历，则是世家子弟一路升迁的代表。

公元133年已经是哈德良皇帝主政末期，狄第乌斯·尤利安在这一年出生于意大利北部的梅狄兰姆，即今天的米兰。尤利安家是当地有名的财阀，代代都是元老院议员。

15岁举行成年礼之后，尤利安离开父母前往首都求学。作为地方豪绅的儿子，他的寄宿地点也很排场，住在马可·奥勒留的母亲家。

在当时的罗马，这算不上稀罕的事情。上流社会的家庭有收留行省或地方豪绅子弟的传统，不但支持他们求学，而且安排他们与上层人物交流，习惯首都生活。而寄宿在皇宫的，当然都是盟国的王侯子弟。由于这是一种传统，所以寄宿的人往往不仅一两个，结果罗马很多上流家庭都弄得像学生宿舍一样。

少年时代的尤利安就这样在首都开始了求学生活。但马可比他大 12 岁，已经离开了家在皇宫生活，所以尤利安并不曾和当时的下任皇帝住在一起。不过马可很惦记母亲，在妹妹出嫁以后，他经常回家看望独居的母亲，所以少年的尤利安很有可能见过马可。

在罗马，只要是元老院议员的子弟，一般都会出任那种“光荣的职务”的官职，尤利安也是如此。

他第一个“光荣的职务”是财务检察官。任职地点在首都罗马和各行省的军团基地之间。这种官职经常调动。

然后他做了按察官。这一次是在首都，从角斗表演和四马战车比赛的策划，到食品市场的管理、取缔青楼等，都是他的业务范围。这种工作需要充分接触社会基层，虽不乏乐趣，但深奥而艰巨。

当这项工作完成时，尤利安也到了 30 岁，获得了进入元老院的资格。议员的子弟，只要个人品行没什么问题，一般都能获得元老院的议席。他以议员资格参选法务官并顺利当选。法务官的经历是践行下一阶段“光荣的职务”的必要条件，而这时的罗马已经进入了马可·奥勒留时代。

有了“前法务官”的头衔，狄第乌斯·尤利安先是被派往北非，接着是小亚细亚，后来是高卢的一个行省比尔吉亚。比尔吉亚的首府是兰斯，在今天法国的北部。尤利安在此地任职期间，日耳曼民族的一支迦提族越过了莱茵河南侵。在比尔吉亚行省本没有军团驻守，之所以能坚持到莱茵河基地援军的到来，完全是因为尤利安组织当地居民奋勇抵抗的结果。

尤利安这段时期的表现得到了肯定，旋即被任命为第二十二普利米捷亚军团的军团长。该军团驻扎在莱茵河防线上的要地莫根提亚肯，即今天德国的美

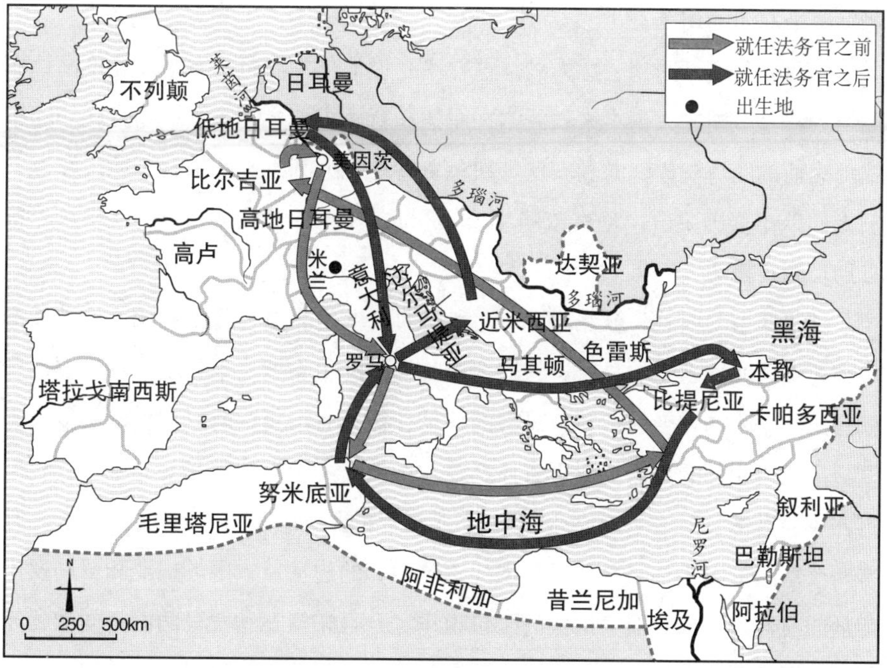

尤利安任职地点的变化

因茨。狄第乌斯·尤利安在进入政界之前就好像做过军团的大队长，现在总算升到了军团负责人的位置，手下的军团兵和辅助兵加在一起有 1.2 万人。

这一阶段结束后，尤利安当选为执政官。不是候补，而是正式的执政官。“前执政官”的头衔把他助推到达尔马提亚总督的位置上。这个行省虽然没有军团驻守，但隔亚得里亚海与意大利本土相望，也是重要的行省之一。尤利安在这里的任务应该完成得非常圆满，因为他下一个职位是低地日耳曼行省的总督。

罗马时代，帝国把重要防线莱茵河分为上游和下游两部分。上游叫高地日耳曼，下游叫低地日耳曼，行政上也分为两个行省。尤利安的赴任地点在莱茵河下游，在波恩和克桑腾分别驻有一个军团。尤利安到达首府科隆后，就成了指挥两个军团的司令官了。

此后尤利安又回到了意大利。这并不是说他作为武将的军事才能不高，而是因为罗马帝国的人事本来就经常在军团和行政机构之间频繁调动，就如同柏提那克斯的经历一样。尤利安这一次负责管理意大利本土的粮食来源。在意大利人们以小麦为主食，基本依赖从埃及和北非进口，为了保证粮食供应，“粮食局长”责任重大。

到了康茂德时代，狄第乌斯·尤利安的人生仍旧没有什么变化。他被任命为小亚细亚北部本都的总督，在这个濒临黑海的行省埋头于行政事务。在这种没有派驻军团的元老院行省，总督的任期往往只有一年，所以尤利安又很快平调到了西边相邻的比提尼亚行省任总督。虽然这两个行省都是元老院行省，但这并不意味着工作生活的轻松。在小亚细亚的最东边是卡帕多西亚行省，驻有两个军团，因为那里是与亚美尼亚王国相邻的边境。大国帕提亚和罗马发生龃龉的时候，往往拿亚美尼亚的王位说事。一旦帕提亚和罗马两国之间战云笼罩，小亚细亚所有的行省都将成为后勤基地。

历任如此要职的尤利安终于在公元 192 年，自己年近花甲的时候，获得了一份轻松的行省工作，就是在包含今天突尼斯和利比亚的阿非利加行省任总督。当他结束任期回到首都时，皇帝柏提那克斯遇害。于是，名门子弟、一直在“光荣的职务”上勤勤恳恳的狄第乌斯·尤利安，在他 60 岁的时候，又面临着重大的人生转折。

皇位争夺战的序幕

既然帝国边境的军团开始动作，那么不是只靠政变更换首脑就能解决的问题了。军人之间针尖对麦芒，内战的时代到来了。

公元 193 年 1 月 1 日，柏提那克斯接替了被杀的康茂德，继任皇帝，获得了元老院的承认。

同年3月28日，柏提那克斯遇害。

同日，狄第乌斯·尤利安即位，元老院也承认了。

4月9日，近潘诺尼亚行省总督塞普提米乌斯·塞维鲁在军团兵的拥戴下称帝。

几天之后，不列颠行省总督克劳狄乌斯·亚尔比努斯同样为部下所推举，宣布加入帝位争夺战。

并且在帝国的东方，叙利亚行省总督培辛尼乌斯·尼戈也在属下士兵的欢呼声中称帝，同时派出信使将这一消息紧急报告给元老院。

以上的顺序是依照消息到达罗马的时间排列的。维也纳的塞维鲁炮制出来的"新闻"显然比伦敦和安条克的消息更早地传到了罗马。

那么，边境军团在柏提那克斯登基时表现淡定，为什么一听说尤利安就任皇帝就立刻揭竿而起了呢？

解答这个问题的要点有好几个：

第一，军团兵对近卫军很反感。

当皇帝身在前线时，近卫军团随行保护，也承担作战任务。在马可·奥勒留时代，近卫军团面对日耳曼诸部族作战骁勇，甚至指挥战斗的长官都阵亡数人，可见他们经常身处最前线，其勇猛甚至连军团兵都自叹弗如。

与多数来自行省的边境军团士兵相比，近卫军团是罗马军队的精锐，出身于意大利本土的人占了绝大多数，薪酬和退役金也比军团兵高出三成。服役期限军团兵是20年，而近卫军团则是16年。因为是军队最高司令官皇帝的"近卫"，所以军装也非常华丽夺目。

如果军团兵看到近卫军勇敢地杀入令人望而却步的战阵，待遇方面的差距也就不难接受了。可是在康茂德治下的12年间，却基本没有发生过战争，尤其是必须由皇帝亲自督战的重要战争更是一次也没有。既然皇帝身在首都，那么近卫军团士兵自然也都驻扎在首都近郊的军营里。然而12年里，戍边的军团兵所承担的防线上的压力却丝毫没有改变。在边境军团中，没有一个人相信与蛮族的一纸和约就能保证高枕无忧。

康茂德被杀后，柏提那克斯成了皇帝，他曾与军团兵同生共死，对近卫军团并没有采取特别的优待政策。虽然这种做法直接导致了他不到三个月就死于非命，但在军团兵看来，柏提那克斯是对边境情况了如指掌的皇帝。而后来由近卫军团推举出来的尤利安则恰好和柏提那克斯相反，军团兵拒绝向他效忠也就不难理解了。

第二，执掌军团兵的各行省总督也反对尤利安。

总督们倒不是不认同尤利安的资历，问题在于尤利安的辈分。

庞培亚努斯曾是先帝马可的左膀右臂，如果把他算做第一代的话，那么从年龄和资历上看，柏提那克斯就是第二代，因为长年以来他都是庞培亚努斯的副将。至于尤利安、亚尔比努斯、尼戈三人都出生于公元130年代中期，塞维鲁虽然还要年轻10岁，但职位级别已经到了，所以都算第三代。也就是说，第三代的四位武将都是在第一代、第二代手下积攒资历的。

在这四人中，柏提那克斯之所以没有引起反感，是因为他的上级、众人所敬仰的老将庞培亚努斯在后面支持他。

而现在柏提那克斯被杀，接下来登基的竟是和自己“一样”的尤利安！如果用通俗的语言表达其他三人此时的心情，那就是：“他算什么东西？胆敢骑在我们头上！”

和人类社会的其他事物一样，实力主义既有好处，也有坏处。所谓实力主义，就是问题最后仅能依靠实力去解决。

第三，就是军团兵究竟有没有资格和权利，通过推举一个人做皇帝这种方式来参与国家政治呢？

答案是当然有！

我们不要忘记，罗马国家是由城邦国家发展而来的，这也是地中海文明的特点。所谓城邦国家，就是由城市居民构成的市民共同体，由市民来掌握主权。在王政时代，负责统治的国王也是由市民选举产生的，不过罗马还创建了一套独特的体制，就是在委托“国王”治理国家的同时，又组织士绅和学者成立“元老院”，这个机构负责对国王提出建议，同时把国王的政策确定为法律。进入共和时代以后，以前委派给国王的任务转而由执政官操办，元老院和市民的地位和职能不变。进入帝政时代以后，三者依然共存，只是以前每年选举的执政官由终身制的皇帝取代了。罗马人总是信不过帝位世袭，也是因为有着上述传统。

所以，无论是在王政时代还是共和时代，或者是帝政时代，公民权拥有者也都拥有国家主权，从形式上讲，皇帝只不过是接受元老院和公民的委托，代为实施统治的存在而已。

第二任皇帝提比略说得好，“罗马皇帝的定义不只有一个”。因为身兼最高司令官，所以士兵称之为“皇帝”，到了普通公民那里，这种称呼就变成了“第一公民”。在历代皇帝的正式名称中，都有“奥古斯都”和“恺撒”两个词，“奥古斯都”的意思是“尊贵的人”，用于平时的称谓难免有些夸张，通常人们都称“恺撒”。可是，就像开国皇帝奥古斯都所喜欢的称谓，罗马皇帝至多也就是“第一公民”。虽然皇帝不再由公民通过选举产生，但公民不仅还是主权拥有者，而且仍有反映自己意见的手段。

首先，当皇帝进入斗兽场或大竞技场时，普通公民可能会鼓掌喝彩，但也有可能发出嘘声。公民还可能游行示威，这些都是表达民意的方式。

并且，和普通公民一样拥有罗马公民权的军团兵，在每年 1 月 1 日举行效忠皇帝的宣誓仪式。这也是他们表达意见的机会。这不单纯是对最高司令官宣誓效忠，因为如果仅仅是宣誓，就没有必要每年都重复。每年的宣誓意味着皇帝和士兵之间已经缔结契约，士兵对皇帝投了信任票。因此在军团基地，每年年初都要举行这种仪式。

虽然理论上讲这种宣誓是每名军团兵根据自己的态度，由个人意志来决定的仪式，然而就像前面讲过的近卫军团一样，煽风点火的人还是有很大的活动空间。具体地说，如果军团长授意几个大队长和百人队队长，那么军团的整体意愿很容易就受到左右。公元 193 年各地军团内部肯定也出现过这种情况，但最后的决定仍旧是军团整体的意志。

当得知尤利安就任皇帝的消息并需对他效忠宣誓时，军团兵们就拒绝进行这种信任投票，不仅拒绝，而且推举出了自己的司令官。这就说明皇帝狄第乌斯·尤利安没有得到信任。即使元老院表示信任，那也是在元老院和公民这两大主权拥有者之中，只取得了单方面的支持。

于是，解决问题的办法就只剩下动武一条路了。从公元 193 年春开始，帝位争夺战拉开了序幕。我们也能从四位主角的出身地区观察出时代的变化。

我们在前面已经讲过，狄第乌斯·尤利安出身于意大利北部的米兰，其实还有一个人也出身于意大利本土，就是在叙利亚称帝的培辛尼乌斯·尼戈。我们不知道尼戈出身于意大利的什么地方，但与元老院议员子弟的尤利安不同，尼戈属于骑士阶级。他虽然不像解放奴隶的儿子柏提那克斯那样艰难，但也绝对是在军团中经过千锤百炼才崭露头角的。这个人一直没做过什么名震天下的大事，据说元老院得知他称帝的消息时都瞠目结舌。

不列颠行省总督克劳狄乌斯·亚尔比努斯出身于北非的哈德尔米托姆。哈德尔米托姆位于今天的突尼斯境内，追寻历史，当后来被罗马全力击溃的迦太基还是一个强大国家时，这里就已经是个港口城市了。

而近潘诺尼亚行省总督塞普提米乌斯·塞维鲁来自港口城市大莱普提斯（Leptis Magna，莱波蒂斯·玛尼），位于现在利比亚境内，古代也属于迦太基，到了罗马时代被划为“阿非利加行省”。

四位主角中，有两位出身于意大利本土，两位出身于北非。在罗马帝国，出身于行省而担当要职的人并不少见，他们来自除不列颠和埃及以外的各个行省，但随着时代的变化，这些行省出身的人也会形成势力。学者们认为，罗马帝国的人有个共同点，即无论是出身于希腊还是出身于中近东，或者无论是出身于高卢还是西班牙，或是出身于北非，他们都认为自己是罗马人。在我看来，这就好像无论是北海道人还是九州人，尽管都认为自己是日本人但有时也的确会发生同乡结党现象。例如在五贤帝时代，图拉真、哈德良以及马可·奥勒留都出身于西班牙，可见当时是来自西班牙的人大显身手的时代。到了公元2世纪末，这种地域优势转移到了北非。在马可·奥勒留时代，皇帝的5位女婿中就有2人来自北非。马可的恩师弗龙托也来自阿非利加行省的城市锡尔塔（今阿尔及利亚的君士坦丁）。在当时定员600人的元老院中，出身于北非的议员就占了两成。随着时代的变化，这种情况的确会出现，不过究竟能不能抓住机会，就全靠个人能力了。

到了依靠实力争夺帝位的时代，由前任皇帝指定或者就是前任皇帝的血脉等显示出来的正统性已经没有了，在罗马帝国就是靠兵权说话。现在让我们比较一下争夺帝位的4个人的拳头大小。

尤利安——明确的支持者只有1万名近卫军团士兵，并且这1万人仅仅是支持他，并不是他直接指挥的士兵。

尼戈——负责幼发拉底河防线，手里有卡帕多西亚的2个军团、叙利亚的3个军团、驻扎在巴勒斯坦的2个军团，还有驻扎在阿拉伯行省即今天约旦境内的1个军团，共计8个军团，光是主力军团兵就达4.8万人。

亚尔比努斯——直属兵力为常驻不列颠的3个军团，他称帝以后对他表示拥护的还有莱茵河防线上的4个军团，共计7个军团，这样支持他的士兵就有4.2万人。

塞维鲁——其他三位竞争者都已是花甲之年，但这个人却只有47岁，是出身于北非的最年轻的总督。帝国规模最大、最骁勇善战的多瑙河防线上的军团都团结在他的周围。他们是驻守在日耳曼长城的2个军团、潘诺尼亚的4个军团，米西亚的4个军团，达契亚的2个军团，共计12个军团，仅军团兵就达7.2万人。

当然，这些总督都深知守卫边境防线的重要性，没有人会把所有兵力都投入到内战中去。不过，就算他们不得不把半数兵力留在防线上，那么对原本兵

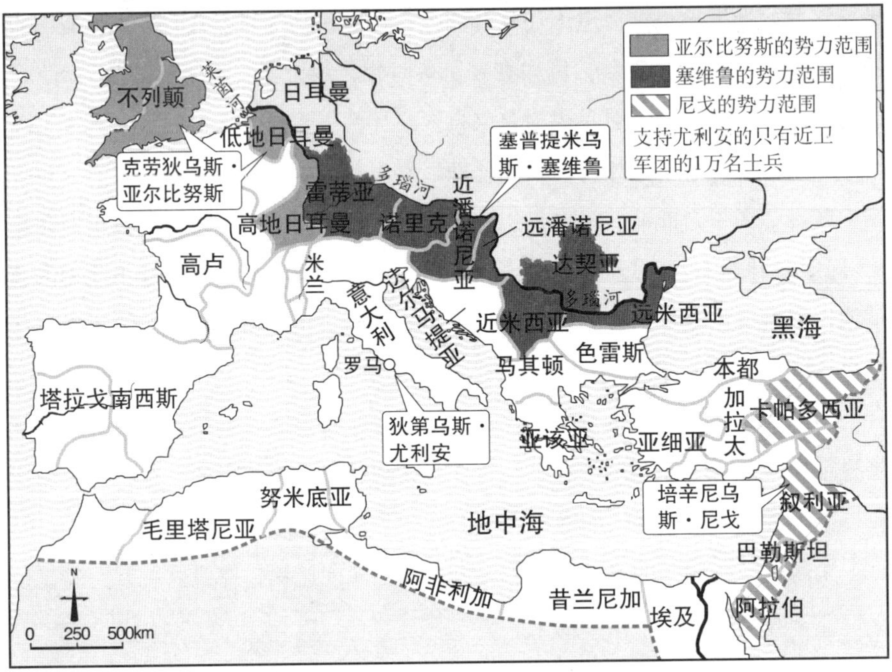

柏提那克斯遇害时四将的任职地和势力范围

力占优势的人依然有利。

最先展开敌对行动的是塞维鲁，这是因为他比其他人更早地得知了尤利安就任皇帝的消息，并且他手下的兵力也占据着压倒性优势。

不过塞维鲁并没有直接冲向首都，而是先拉拢同样称帝的亚尔比努斯。此时亚尔比努斯已经渡过了多佛尔海峡进入高卢，开始在当地扩大影响，巩固势力。这两个人都出身于北非。塞维鲁派遣心腹赶到里昂，向亚尔比努斯提出建议，即塞维鲁愿意把“恺撒”的称号送给对方，然后两个人联手战斗。塞维鲁的意思并不是要亚尔比努斯做下任皇帝。在罗马皇帝的正式名称中，都必然含有“奥古斯都”和“恺撒”两个称号，塞维鲁把“奥古斯都”的称号留给自己，把“恺撒”的称号送给对方，意思是要和亚尔比努斯共同实施统治。

亚尔比努斯接受了这个建议。毫无疑问，这种选择也是考虑到自己与塞维鲁之间的兵力差距。而如此一来，塞维鲁进军罗马就没有后顾之忧了。

塞维鲁知道，要想做皇帝，不但需要取得主导帝国“舆论”的首都公民的支持，而且还要获得元老院的承认。罗马过去的历史表明，控制了首都的人也就能控制整个帝国。

这位 47 岁的武将认为，从整个多瑙河防线集中兵力太浪费时间了，既然自己已经取得了他们的支持，那么只要率领自己近潘诺尼亚行省的 2 个军团开赴罗马就可以了。这两个军团分别为驻扎在维也纳的第十杰米纳军团和驻扎在苏尼的第一亚狄托里库斯军团，加在一起有 1 万兵力。这个数量虽然与罗马的近卫军团旗鼓相当，但塞维鲁认为，自己在实战经验上占据上风。

进军罗马

5 月，塞维鲁率领 2 个军团开始南下。他们从多瑙河中游流域出发，取道西南，直指首都。行军路线就是沿着渔网般铺装良好的罗马式道路前进。

一般情况下，罗马军团行军时，总有满载军粮的牛车队随行。但这一次为了加快进军速度，塞维鲁没有带军粮车，而是只让每个军团兵按惯例背负 15 天的粮食。如果这些给养消耗完毕，塞维鲁就从当地征调。

我根据自己的经验，立刻就理解了塞维鲁的做法。从帝国边境的多瑙河到意大利本土西北部所用的时间，和从意大利西北部到罗马所用的时间基本上是一样的，不过这么说也还是不能真切地表达多瑙河防线对罗马帝国的重要性，那我们现在只要看看塞维鲁率领的 2 个军团，当士兵们随身背负的粮食将尽的时候，他们已经进入了意大利本土。

皇帝尤利安当然不会坐以待毙，不过他手里没有直属的军团，因而手段有限。他首先要求元老院表决，宣判塞维鲁为“国家公敌”。在近卫军团方面，他通过长官雷特在那不勒斯近郊米塞诺军港征召海军和划桨手，确立起迎击态势。

可是，元老院议员们已经掩饰不住他们的动摇态度，近卫军团内部也并未就迎击一事达成一致，不管是议员还是近卫军团士兵，都对塞维鲁的进军神速感到不知所措。

面对迅速进入意大利本土的塞维鲁，拉韦纳基地的海军首先背叛了尤利安。

同处意大利半岛，面向第勒尼安海的是米塞诺军港，其驻军管辖地中海的西半部分，是西地中海的警备总管；而面向亚得里亚海的则是拉韦纳军港，其驻军负责管辖地中海的东半部分。仅拉韦纳的海军投靠塞维鲁就已经令人心惊胆战，而这一叛变也等于为敌军打开了通往首都的大门。难怪尤利安得知这一消息后吓得面色苍白。并且，塞维鲁在进军的同时，还向罗马派出密使，企图分化近卫军团。

深感焦虑的尤利安认为，自己至少要取得民众的支持，于是就将人们深恶痛绝的近卫军团长官雷特抓住斩首了。然而这样做的后果只是令近卫军团更加疏远自己。首都的市民们深谙内战状态下的生存之道，他们把贵重物品都隐藏了起来，然后躲到安全的地方静观其变。

最后尤利安只剩一条路了。他派遣几名元老院议员做使节，带着任命塞维鲁为共治皇帝的信函，前往敌方。可是塞维鲁没有对这一信函作出回应，只是继续进军。招安的办法最终落空。

皇帝狄第乌斯·尤利安已经众叛亲离，即便在皇宫里也没有人愿意搭理他。公元 193 年 6 月 1 日，当尤利安独处一室的时候，几名后悔与他走得太近的近卫军团士兵杀害了他。尤利安在位时间只有 64 天。

而此时塞维鲁已经走过弗拉米尼亚大道三分之二的路程。

得知尤利安已死的元老院立即撤销了对塞维鲁“国家公敌”的宣判，决定重新写一封邀请其登基的文件，让 100 名元老院议员一起送达塞维鲁。既然塞维鲁沿弗拉米尼亚大道南下，那么议员们只需沿这条干线道路北上，就可找到他。

双方终于在小镇特鲁尼相遇。虽然这100名元老院议员仅身披白色托加，可还是遭到了士兵的严格搜身，以防他们暗藏匕首之类的武器。当所有人都被检查过后，全副武装的塞维鲁才带着卫队姗姗来迟。这一幕预示着罗马直到公元211年，都是皇帝塞维鲁的时代。

说到被宣判为公敌却又率领军队突入本国的人，人们的头脑中立刻就回想起科尔涅利乌斯·苏拉（《罗马人的故事3·胜者的迷思》）和尤里乌斯·恺撒（《罗马人的故事·恺撒时代》），这两个人虽然都对同胞罗马人刀兵相向，但取胜后的态度截然相反。苏拉毫不留情地整肃了从前的对手，而恺撒则宽恕了公开反对自己的人，将他们无条件释放。现在塞维鲁效仿的是苏拉，不过他的方式又和苏拉有所不同。他认为根据具体情况，作为一种战术人也可以说谎。而苏拉则完全不能容忍谎言，如果自己的言论与事实不符，那他宁愿去改变事实。

公元164年4月11日，路奇乌斯·塞普提米乌斯·塞维鲁出生在莱波蒂斯·玛尼，这是一座濒临地中海的城市，位于今天的利比亚境内。

向上追溯，他们家是早在罗马战胜迦太基时就移居到北非的意大利人，不过移居来的罗马人基本都和当地人通婚，所以我们还是说塞维鲁是混血的北非人比较准确。据说他的母亲和两个妹妹都说当地的腓尼基语，不太懂拉丁语。

塞维鲁一家属于骑士阶级，虽然在罗马社会是第二阶层，但在地方城市负责行政事务或从事经济活动的人有很多都属于这一阶层。塞维鲁家似乎很富有，因为他18岁时就离开了故乡，前往首都罗马求学。当时正是马可·奥勒留时代。

在首都接受高等教育的5年时间里，好像皇帝马可·奥勒留发现了他。尽管这个青年出身于骑士阶级，但热衷学问的马可还是让他像元老院阶级的年轻人一样，踏上了“光荣的职务”的道路。

24岁时，他做了财务检察官。

26岁时，他被派往西班牙南部的行省贝提卡，一年里仍旧是财务检察官。

27岁时，他被派往撒丁岛工作了一年。

次年他改换任职地点，来到北非，任职地点大概在阿非利加行省的首府迦太基。

公元176年，30岁的塞维鲁被选为护民官。这一官职是专门为平民设置的，可见塞维鲁的资历虽然可与元老院阶级的子弟相媲美，但仍旧被视为“骑士阶级”的人。不过在罗马社会，担任过护民官的人下一步肯定能进元老院。塞维鲁当然也不例外，有了护民官经历的他很快获得了元老院的议席。虽然他只是新来的，但毕竟是元老院阶级的人了。

应该是在进入元老院的第二年，他被选为法务官，因为从那以后他就增添了一个“前法务官”的头衔。戴着这顶官帽，32岁的他被派往西班牙。不过和上一次不同，这次他的任职地点在西班牙北部莱昂的军团基地。在西班牙卸任之后，塞维鲁第一次前往帝国的东方叙利亚行省任职。他被任命为第四西提卡军团的军团长。该军团驻扎在安条克东北方向200公里处的巴尔奇斯，是面对幼发拉底河的前线基地之一。塞维鲁在这里神经紧张地监视了大国帕提亚整整两年。恐怕连皇帝马可·奥勒留的死讯，他也是在幼发拉底河前线获知的。

康茂德继位后，不知为什么，塞维鲁没有获得年轻皇帝的赏识，逐渐偏离了帝国的仕途轨道。也有可能凡是父亲马可重视的东西，儿子康茂德都看不上眼。不过塞维鲁并没有因此而消沉，赋闲之中的他尽管已经30多岁，但仍旧前往希腊的雅典求学。在雅典，有一座和埃及“博学园”（Mouseion）相媲美的帝国最高学府“希腊学园”（Akademeia），当年连哲学家皇帝马可·奥勒留都梦想着有朝一日到这里深造，而塞普提米乌斯·塞维鲁则亲身体验了这种

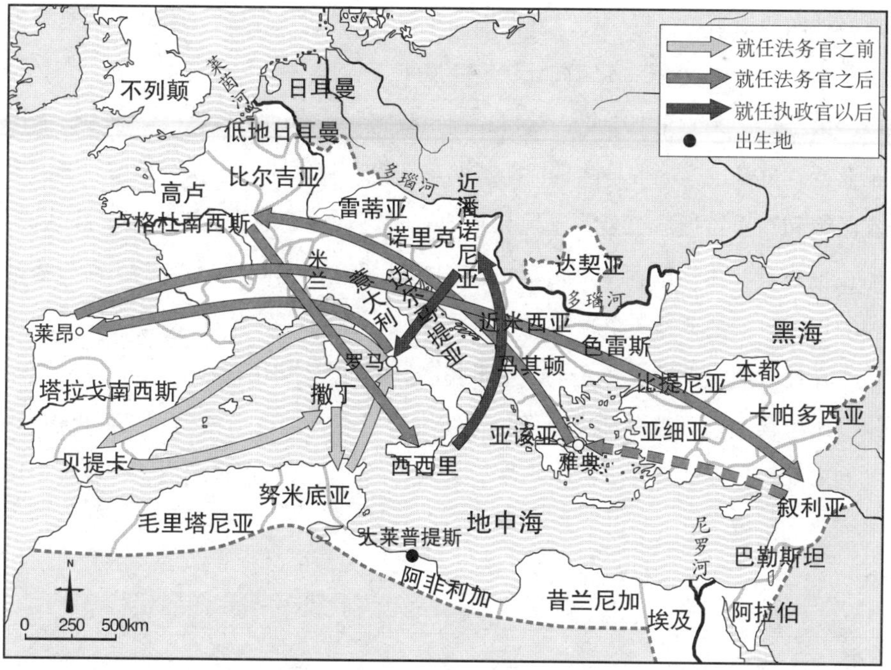

塞维鲁任职地的变化

生活。以前的历任罗马皇帝没有一个有“大学文凭”，塞维鲁是第一个修习了“硕士”课程的皇帝。

到了康茂德时代后期，可能是得到了什么人的推荐，41 岁的塞维鲁重新回到了“光荣的职务”的轨道上。他被派往卢格杜南西斯高卢行省任总督。这里是高卢四个行省（前面“罗马人与蛮族”一节谈到恺撒将高卢划分为 6 个行省，这里的 4 个行省应该指以高卢人为主体的行省，排除了低地日耳曼和高低日耳曼。——译者注）中最为重要的行省，首府在里昂。塞维鲁在任上待了两年，其间第二次结婚，对象是叙利亚神职人员的女儿尤利亚·多姆娜。在里昂，他们的长子降生，即后来继承父位的皇帝卡拉卡拉。

从高卢卸任后，等待着他的职位是帝国的另一个行省西西里岛的总督。和卢格杜南西斯高卢行省一样，西西里岛也没有驻扎军团。公元 190 年，塞维鲁当选为“候补执政官”，这时他已经 44 岁了。

第二年，即公元 191 年，获得“前执政官”头衔的塞维鲁被任命为近潘诺尼亚行省总督。这一带是多瑙河防线的最前沿，仅军团基地就有维德伯纳、卡农图姆和布里吉提欧三处，基地和基地之间还有辅助部队基地、骑兵队基地、监视据点等，沿多瑙河 200 公里的范围内几乎全都是防卫设施。45 岁的塞维鲁的任务，就是率领 3 个军团死守防线。

在任上两年之后，公元 192 年年底，皇帝康茂德被暗杀。

康茂德之后，柏提那克斯即位，塞维鲁没有行动，当柏提那克斯也被杀，尤利安即位，塞维鲁终于按捺不住了。他后来的言行，远远超出了“渡过卢比孔河”的限度。

在首都

塞普提米乌斯·塞维鲁进入首都的过程极为平和，兵不血刃，流尽鲜血的只有狄第乌斯·尤利安。面对兵贵神速的塞维鲁，近卫军团没有经过战斗便投降了。塞维鲁要求近卫军团的士兵们放下武器，身着礼服，全部走出营区，向自己表示臣服。于是近卫军团身着华丽的甲胄，手持象征和平的橄榄枝，来到塞维鲁及其部下面前。

突然，他们发现自己被全副武装的军团兵包围了。军团兵命令惊慌失措的近卫军团士兵脱下礼仪用的甲胄。当近卫军团士兵卸下盔甲，只剩短衣时，塞维鲁高声宣布：

“我命令你们离开首都，如果我在首都 100 罗马里的范围内发现你们，格杀勿论！”

由开国皇帝奥古斯都所创立、220 年来一直都是罗马军队的精锐、光荣的近卫军团就这样解散了。塞维鲁随即将自己部下的军团兵升为近卫军。在多瑙河防线上，即便是意大利本土出身的军团兵，退役后也都和当地女子结婚，并且辅助兵在服役期满后也都获得罗马公民权，因为这种权利可以世袭，所以在罗马军团的正式士兵中也有不少日耳曼血统的人。在军团兵混血儿越来越多的情况下，近卫军团是唯一意大利本土出身者占多数的部队。现在这支部队出现了这种变化，就和其他军团毫无二致了。意大利本土的空洞化于此可见一斑。

这场政权更替的大戏从始至终只有尤利安一人牺牲，为了强调这一点，塞维鲁在举行罗马入城仪式时，虽然有军队前呼后拥，但身为最高司令官的他却只穿着托加。尽管是便装，但为了表明他元老院议员的身份，在托加上镶有一条红色条纹，并且第二天参加元老院会议时，他仍旧是这身打扮。也就是说，虽然塞维鲁身穿和其他元老院议员一样的服装，但是他的背后总是跟着一队全副武装的近卫军士兵。当元老院举行会议时，他们就守在门口。元老院议员在武装卫兵的包围下，倾听着塞维鲁的讲话。

塞维鲁的态度丝毫没有威胁的意思，他只是以极端克制的语气，简明扼要地诉说了自己的意见。

首先，他强调自己的行为是为帝国着想，其次，他说自己这是为柏提那克斯复仇，最后表明自己的统治是马可·奥勒留时代的延续。接着，他请求元老院承认身在高卢的亚尔比努斯为共治皇帝。

元老院一致通过了决议。塞维鲁随后表示衷心感谢。接着塞维鲁又要求第二年即公元 194 年的执政官由他和亚尔比努斯两人担任。对这一要求，元老院也作了肯定的答复。

获得元老院的承认后，下一步就要争取公民的承认了。塞维鲁来到首都规模最大的图拉真广场，在上万名观众面前，高声发表演说。他还是那么举止从容，态度坚毅。他知道，民众或许对自己这样的领袖感到亲近，但是并不会为自己所倾倒。尤其是在危机到来时，这种倾向更加明显。

塞维鲁在图拉真广场上的演讲有几个要点。因为面对公众也是一种需要，相比于发表政见，更要抓住机会自我宣传。而公民也知道，无论是谁做皇帝，其职责都是一样的，用不着喋喋不休地重复。重要的是怎样履行自己的职责，而这就要看每个皇帝的个性了。

塞维鲁的这次演讲，可以说是一个谨慎的人所作的谨慎演讲。换句话说，他只是对一些很不具体的事情作了保证。因为到现在他只击败了一名对手，还剩下一名，不，在他的头脑中还剩下两名对手。

塞维鲁并非出身于元老院世家，对首都罗马居民而言，他完全是个陌生人。当有生以来第一次面对公众，这位 47 岁的新皇帝说：

> 在战场上需要刚毅果敢，但是我保证，在政治上我将严谨慎重。
>
> 我要采取强有力的措施打击敌人和反叛者，但是对于公民我要公正而温和。
>
> 在私生活方面，我要严格自律，而在公共场合，我绝不骄傲自满。
>
> 虽然不必刻意炫耀，但我是罗马公民的代表，我要保持与之相称的坦荡与坚忍，庄重而不严厉，亲切而不谄媚，与人为善，深谋远虑，真诚而公正。
>
> 通过努力，我希望自己能够成为代表各位公民的“第一公民”！

这时在旁倾听的几位元老院议员有些不满意了，批评道：“他不是说自己在雅典留学过吗？怎么还改不掉非洲口音？”然而，公众对这次演讲却很满意，甚至很热情，因为罗马公民早已厌烦了领导层那些冗长乏味的讲话。就这样，塞维鲁成功获得了普通公民的支持。

一千三百年后，马基雅弗利提出，所谓民众，就是更容易接受具体事物而不是抽象议论的人群。现在看来，塞维鲁早就谙知这种人性特点。那么，要说民众要求的具体事物，无外乎就是安全与食品。安全分为抵御外敌和维持治安两个方面，外敌已经有500年不曾入侵过首都了，罗马的居民都生活在祥和之中，所以他们所谓的安全，指的就是治安。塞维鲁任命了自己的亲信蒂斯特罗斯为“首都长官”，全权负责治安，严令他“连一个小偷都不得放过”。

据推算，首都有120万居民，作为粮食方面的具体措施，塞维鲁要求确保主食小麦7年的供应。平时这个期限是2年。塞维鲁还要求重新安排仅次于埃及的北非、西西里和撒丁岛的小麦收储体系。意大利本土的小麦主要来自埃及，约占总需求量的三分之一。现在这个埃及似乎倾向于塞维鲁的头号敌人、叙利亚总督尼戈。如果从埃及进口粮食这条路走不通了，必将导致小麦价格飞涨，引起民众恐慌。因此维持7年的粮食储备是防患于未然的策略。

当然，塞维鲁也没有忘记军事行动。他命令驻扎在努米底亚龙柏斯的第三奥古斯都军团向东方进军，同时，命令驻扎在米西亚防守多瑙河下游防线的4个军团各选拔出一个分队，也前往东方。策略已经相当明确，即塞维鲁要从北非和欧洲出发，双管齐下，撼动以帝国东方为根基的尼戈。另外，尽管只是做表面文章，但是也能产生其效果，塞维鲁请求元老院宣判尼戈为“国家公敌”，元老院很快就通过了。

塞维鲁进入首都仅10多天，就完成了所有的工作。速战速决不仅在战场上，在其他方面也十分有效。随后，他只带领一队全员换血之后的近卫军团士兵，离开了首都，向尼戈所在的东方进发。

通常情况下，人们沿阿皮亚大道南下，到终点布林迪西港乘船，横渡亚得里亚海，在希腊登陆，然后一路向东。然而塞维鲁没有选择传统路线，他从罗马沿卡萨亚大道北上，到达佛罗伦萨后翻越亚平宁山脉，然后经博诺尼亚，沿艾米利亚大道到达摩德纳。后来他就一路向北，经维罗纳、特伦托，翻越阿尔卑斯山，直到多瑙河畔的军团基地雷根斯堡。这条道路艰难而曲折。然后，塞维鲁又沿多瑙河东进。这样他在巡视多瑙河防线各军团基地的过程中，可以亲自进行精锐部队的选拔。面对在东方拥有8个军团的尼戈，塞维鲁虽然人数上不占优势，但可以实施精兵战略。他也可以发动大军，但那样需要时间。对他而言，时间的确太宝贵了。离开首都一个月之后，塞维鲁已经到达了欧洲与亚洲的分界处——达达尼尔海峡。

对手亚尔比努斯

我还是弄不明白，当塞维鲁向东方进军的时候，为什么亚尔比努斯不抄他的后路呢？既然塞维鲁命人预备 7 年的粮食，就说明他认为打垮东方的尼戈需要好几年时间。虽然实际上他只用了 3 年，但至少在这 3 年里，亚尔比努斯的天地是宽阔的。明确站在亚尔比努斯一边的，有不列颠、高卢、莱茵河防线地区，现在西班牙也开始支持他。并且在公元 194 年的这一年里，亚尔比努斯和塞维鲁同为执政官。

如果以执政官的名分挺进首都罗马，再加上不列颠的 3 个军团、莱茵河防线上的 4 个军团、西班牙的 1 个军团，共计有 8 个军团，完全可以成就一番事业嘛！

但是这个人在部下的拥戴下，“渡过卢比孔河”称帝，接着却又踟蹰不前了。这是为什么呢？

提吉姆斯·克劳狄乌斯·亚尔比努斯，从姓名上看，他好像是地地道道的罗马人，然而实际上他出生在自迦太基时代一直繁荣至今的港口城市哈德尔米托姆，是个行省人。但是他家里世代经商，相当富有，长辈很早就取得了罗马公民权。虽然不及其他元老院议员那般显赫，但也绝对算系出名门。

他 30 岁前后开始从军，相对较晚，有的学者认为他在那以前的时间都用于继承和打理家业了。或许是从前的经历引人注意，他入伍后只用了几年时间，就从一个行省出身的士兵做到了辅助部队的指挥官。

就在这一时期，亚尔比努斯吸引了马可的目光。在皇帝的推荐下，他也开始了“光荣的职务”，先后担任财务监察官、按察官，最后顺利进入元老院。

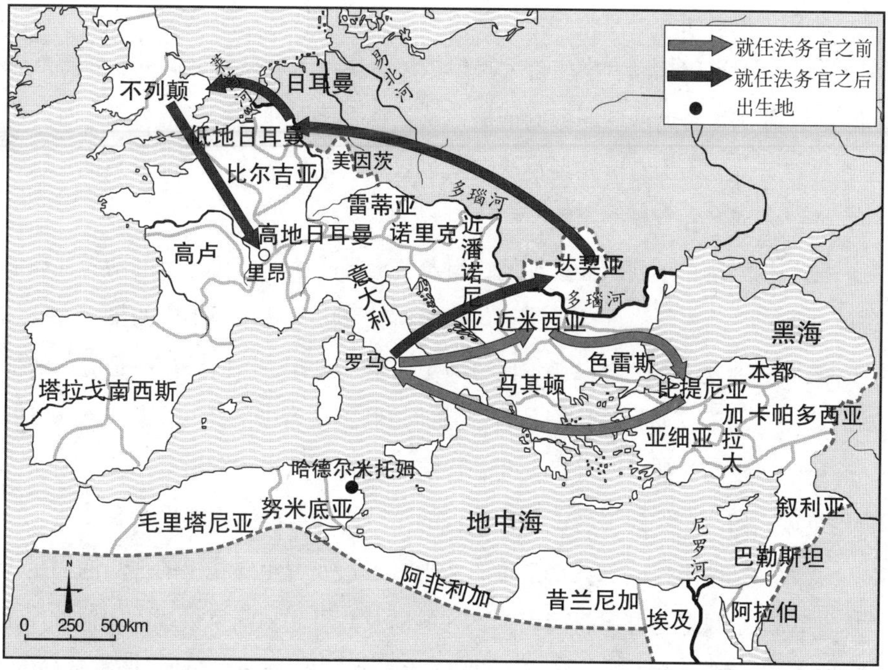

亚尔比努斯任职地点的变化

然后又经历法务官一职，获得了指挥军团的资格。

年近40岁的他出任多瑙河防线近米西亚行省总督，这是个要职，指挥着2个随时保持临战状态的军团。3年之后，他又成了濒临黑海的比提尼亚行省总督。

公元175年，在亚尔比努斯任比提尼亚总督期间，发生了亚维狄乌斯·卡西乌斯叛乱。这是马可·奥勒留时代发生的唯一一起部将叛乱，当时比提尼亚行省和东邻的卡帕多西亚行省一起拒绝了卡西乌斯的诱惑，始终对皇帝马可非常忠诚。为表彰他的表现，在皇帝的推荐下，亚尔比努斯于公元176年就任执政官，并不是“候补执政官”，而是任期从1月1日开始的“正式执政官”。

康茂德继位皇帝后，亚尔比努斯在前线的职务并没有发生很大变化，而是一直在达契亚和莱茵河防线等与蛮族对峙的地区任职。康茂德时代罗马处于和平状态，但这仅指没有发生过大规模战争，实际上和蛮族之间的小摩擦从未间断过。亚尔比努斯胜任职务的证据，就是在莱茵河卸任后，不列颠总督的位置在等待着他。因为有蛮族经常从喀里多尼亚（今苏格兰）越过哈德良长城入侵，所以不列颠驻有3个军团，同样时刻不能松懈。

亚尔比努斯在不列颠任职期间，康茂德遭到暗杀，之后即位的柏提那克斯也被杀，罗马陷入了内乱，于是亚尔比努斯也登上了这场历史剧的舞台。

如果从个人经历上看，亚尔比努斯绝非泛泛之辈，然而手握一把好牌的他却迟迟没有动手。如果说控制了首都就能控制整个帝国的话，那么从公元194年开始的3年间，他只要当机立断，肯定能碰到终点线。难道亚尔比努斯认为自己年近六旬，已经到了应该考虑隐退的年龄，因此而犹豫不决了吗？

或者他把塞维鲁关于共治皇帝的话当真了？或者年届花甲的他真的满足于“共治皇帝”，只要塞维鲁将高卢、不列颠以及西班牙划归自己统治，他就停止脚步吗？不管怎么说，长达3年的时间里，他在里昂按兵不动是非常致命的。一个人一旦“渡过卢比孔河”，那他就只能继续前进。

又一个“实力派”

我们看亚尔比努斯，尽管没有像元老院议员世家的子弟那样一帆风顺，但也不是从基层一步一个脚印逐渐晋升上来的。但是，现在和塞维鲁正面对垒的尼戈，虽然出身于意大利本土，却在军中千锤百炼，是个典型的实力派。

我们只知道培辛尼乌斯·尼戈出身于意大利半岛，却不知具体在什么地方。不过他既然出身于意大利本土，就应该拥有罗马公民权，有可能属于骑士阶级。

或许是因为出身于意大利本土，可能也有骑士阶级的因素，尼戈的军旅经历是从百人队队长开始的。我们在讲述柏提那克斯时已经说过，百人队队长分四个等级，尼戈经历过所有等级，甚至两次被任命为百人队队长里的顶级“首席百人队队长”。

接着他升任大队长，先后3次任大队长一职，我们不知这些职务分别处于哪个防线，不过此后关于尼戈的记录就比较详细了，因为他成了众多重要职业军人中的一个。从这一时期开始，尼戈逐渐崭露头角。

40岁时，他迎来了人生的转机。当时他被任命为驻守埃及的罗马军团中的“长官”，也就是说，除了军事指挥以外，他是其他所有事务的负责人。在任职过程中，终结亚维狄乌斯·卡西乌斯叛乱的马可到访埃及，从此尼戈幸运地进入了皇帝的视野。

虽然尼戈进入元老院是由于皇帝马可的推荐，但在后面真正起作用的，还是皇帝的干将庞培亚努斯。因为从以后的经历看，尼戈之所以能进入领导层，边境上军团长和总督的职位锻炼显然比他所接受的精英教育更为重要。并且尼戈真正受到重用是在马可死后，庞培亚努斯辅佐康茂德的时期。康茂德相当尊重亡父的部将，我们有充分理由认为是庞培亚努斯向新皇帝进言，因为尼戈以后的工作地点都是皇帝有任命权的地方。

而尼戈被重用为边疆要员也有着充分理由。边境的防卫不能只依靠以军团为代表的军事力量。一个人被军团兵所接受固然是必要条件，但在边疆行省并不是只有军队。罗马在每个战略要地都建立军团基地和辅助部队基地，在这些基地周围逐渐会有人群聚居，慢慢形成城市。而在边疆行省的非战略要地，也有原住民居住，有时他们和罗马军队有往来，也有的没有任何关系。只有对他们这些人都有所掌握，整个防卫体系才能固若金汤。因此在帝国防线上任职的行省总督，也要求有政务处理能力。

尼戈在这方面可谓最佳人选。当皇帝马可到访埃及时，尼戈并不是负责埃及防卫的尼克波利斯军团基地的军团长，而是其属下的军团长官，但却是埃及防卫的主导者。庞培亚努斯一生从事边境保卫工作，最需要的就是这样的人才。

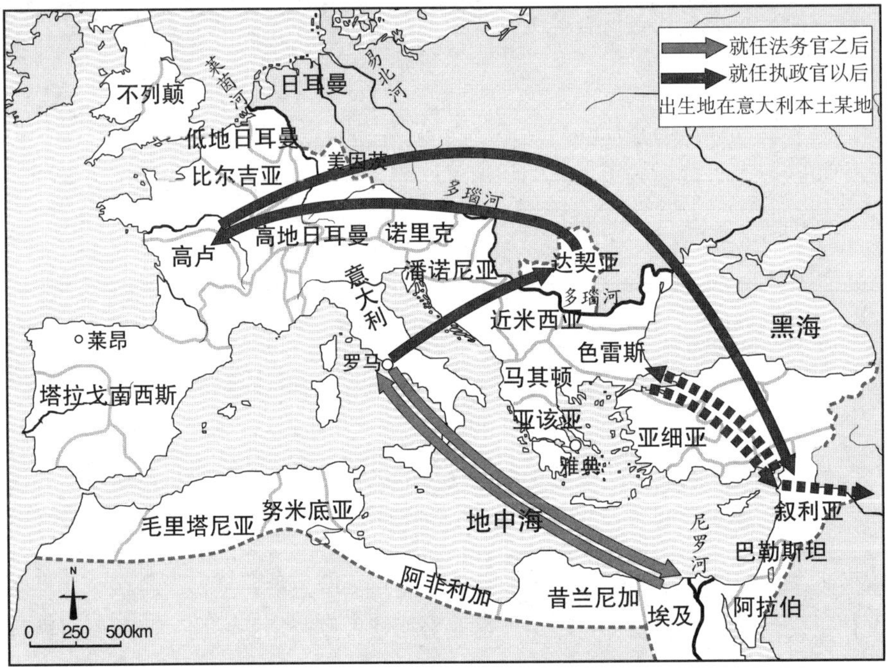

尼戈任职地点的变化

在这种情形之下，尼戈最终进入元老院。因为年龄快 50 岁了，所以两年之后就获选“候补执政官”，这样才得到指挥军团的资格。皇帝康茂德于是很快任命他为达契亚行省总督。

达契亚是罗马帝国伸向日耳曼民族之海的桥头堡，此地的防卫当然不简单。除了在军事方面要坚持不懈，同时面对那些希望移居罗马境内的北方蛮族，还必须予以一定程度的满足。所以当地的居民中日耳曼裔占了压倒性多数。尼戈在如此复杂的行省担任了 5 年总督。

公元 188 年，新的任务又来了。罗马军队逃兵组成的强盗团伙袭扰高卢，而当地没有常驻军团，尼戈的任务就是恢复高卢的治安。虽然耗时两年，但尼戈将强盗全部肃清。因此得到赏识的尼戈接着被派往帝国东方。仅在叙利亚行省就有3个军团驻扎，尼戈是指挥3个军团的行省总督。

如果把总督分为鹰派和鸽派，那么尼戈无疑属于鸽派。在叙利亚，他同样很成功。

罗马帝国总是把帕提亚王国作为假想敌，但同时认为一个稳定的帕提亚对自己也有好处。由于该王国苦于境内波斯势力明显增强，尼戈的两大国共存路线等于在侧面缓解了它的压力，因此在帕提亚王室内部甚至出现了“亲尼戈派”。

在帕提亚和罗马两大国中间，还有很多小国和小部落，为双方起缓冲作用，尼戈也和他们维持着良好的关系。

在这种形势下获益最大的，当然是从事东西方贸易的商人。在罗马帝国的东方，经济界基本是希腊人和犹太人的天下，在常年纷争的两个大国之间维持一个相互都能接受的状态，有助于帝国东方的社会安定。

总督尼戈在当地享有崇高的声望，这同时也是他的治理成果。军团兵也拥护尼戈，主要因为两个理由：其一，尼戈并不仅仅在安条克总督官邸发号施令，而是经常巡视军团基地，和士兵们保持密切交流。其二，尼戈坐镇东方最重要的行省，为人清廉正直。这一点不但对普通士兵，就是对一般居民也同样有意义。

在尼戈担任叙利亚总督期间，康茂德和柏提那克斯相继被杀，罗马帝国陷入了内乱时代。我认为尼戈称帝，似乎更大程度上是取决于安条克军团兵的推举，而不全是他个人的意愿。因为他称帝以后的所有行动，都是模棱两可的。

乍一看，能受如此拥护的人肯定非常不错，然而在乱世之中，只有那些自身有着强烈意愿的人成功率最高。因为有着强烈的意愿，目的才会明确，才会认真选择达成目的的手段。相反，如果只是应周围人的要求，那么目的就很模糊，选择手段时也会犹豫不决，所有的事情都容易半途而废。既然已经“渡过卢比孔河”，再采取模棱两可的态度肯定就是最糟糕的。实际上，称帝以后的尼戈无论做什么事情都很迟缓，即便有所行动，也往往虎头蛇尾。此时的尼戈和亚尔比努斯一样，都已年过花甲。

伊索斯平原

在帝国的西方，举事的成败取决于能否占领首都罗马，而在帝国的东方，则看能够占领大城市安条克。塞维鲁进军罗马时虽然兵不血刃，但通往安条克的道路就不那么平坦了。

现在尼戈手握重兵，卡帕多西亚 2 个军团，叙利亚 3 个军团，约旦和巴勒斯坦合计 3 个军团，再加上埃及的 1 个军团，共计 9 个军团，只要他下定决心，这些兵马随时可以倾巢出动。因为帕提亚王国已经表示保持中立，为他解除了后顾之忧，亚美尼亚王国甚至愿意为他提供兵力援助。也就是说，尼戈只要愿意，可以把所有的兵力都投入到与塞维鲁的战斗中去。

但是，尼戈采用的战略，却不是寻找时机一决胜负，而是把战争分为三个阶段：

第一阶段，尼戈决定抢在塞维鲁的军队到达亚细亚之前，在拜占庭（今伊斯坦布尔）以西 200 公里处的培林托斯进行迎击。

如果迎击失败就进入第二阶段——拜占庭保卫战。

如果在拜占庭再次失败，就等对方越过小亚细亚东南部的托罗斯山脉，在他们进入叙利亚行省之前迎击。这是第三阶段。

公元 193 年年末，双方在培林托斯展开激战，尼戈获胜。获胜后的尼戈随即给塞维鲁修书一封，提出担任共治皇帝的要求。然而，塞维鲁没有回复。

尼戈本来打算第二阶段进行拜占庭保卫战，但是他也知道这并非良策。如果敌军回避重兵守卫的城垣绕道进军亚细亚，尼戈的如意算盘就会落空。于是尼戈把第二阶段的战场转移到了亚细亚一侧尼凯亚附近的平原。双方于公元 194 年 1 月展开第二次战斗，结果塞维鲁方面获胜。

虽然在小亚细亚最初并不是败退而只是转移战场，但第二阶段败北的影响远超一次战斗的失利，因为这表示整个小亚细亚都落入了塞维鲁手中。这也使

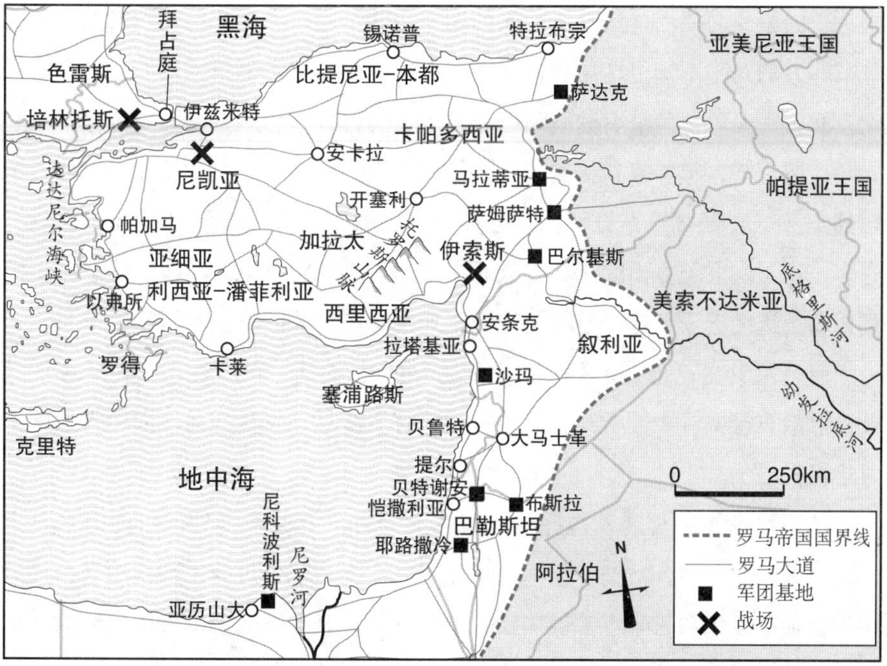

塞维鲁和尼戈的对阵

原本站在尼戈方面的各个军团发生了动摇。首先，驻扎在约旦的第三昔兰尼加军团和驻扎在巴勒斯坦的第六菲拉塔军团就脱离了尼戈，并且叙利亚的两个城市拉塔基亚和巴勒斯坦的提尔也从支持尼戈转为支持塞维鲁。在这两个城市，本来相互对立的希腊裔和犹太裔此时却取得了一致，甚至在尼戈派面前紧闭城门。尼戈依靠个人声望打造的势力圈早早地破裂了。

事态紧急。公元 194 年 10 月，塞维鲁大军已经越过托罗斯山脉进入叙利亚，双方在伊索斯平原展开了决战。

无论是陆战还是海战，不知为什么，尽管时代不断变化，但交战双方总能选择相同的战场。在 500 年前，伊索斯就是亚历山大大帝和波斯王大流士一世进行正面激战的战场。这是一片面朝地中海的平原，没有任何特别之处，在此往来的人们几乎不知道这里是古战场。现在对垒的双方都是罗马人，起初是尼戈方面占了上风，但最后的胜利还是属于塞维鲁。

众所周知，塞维鲁和恺撒不同，战后对投降的士兵决不轻饶，并且西方军团的士兵一直很鄙视东方军团。这样一来，对方只要没有取胜的把握就只有逃命一途了。尼戈方面的士兵作战时也当然时刻注意逃跑的时机，一旦露出破绽，马上逃之夭夭。这才是尼戈在伊索斯决战中败北的真正原因。

而且尼戈自己也在逃跑。他首先逃回了安条克，安排妻子和孩子逃往埃及，然后自己率领少数士兵继续向东。他打算渡过幼发拉底河，向帕提亚国王寻求保护。

结果尼戈在距离幼发拉底河还很远的地方，就被塞维鲁派出的追兵赶上了。总督心想，与其被捕，还不如一死了之。于是他转过身来冲向追兵，最后被杀。他的妻子和孩子也都被捕获。但塞维鲁只是在形式上判处他们流放。因为尼戈的妻子和两个孩子同样以清廉闻名，人们转而开始同情他们的遭遇。就这样，塞维鲁顺利地清除了一个对手。

尼戈垮台后，塞维鲁继续挥军东指，越过幼发拉底河，攻入美索不达米亚。这只是对倾向尼戈的帕提亚和亚美尼亚进行警告，防止他们得寸进尺。在帕提亚组织反击之前，塞维鲁已经撤回罗马境内。可以说这不过是一次示威而已，加深帕提亚方面尼戈战败的印象。

在接下来的一年里，塞维鲁重新组织了帝国东方的防卫体系。公元 196 年夏，塞维鲁离开了安条克。他沿着来时的路线，自多瑙河下游走向上游，逐一视察防线上的所有基地，然后瞄准了西方。

只有到这个时候，身在里昂的亚尔比努斯可能才意识到自己已经浪费了太多的时间。

掌握了东方军团的塞维鲁兵力比三年前增加了一倍，而亚尔比努斯方面的力量则减少了二分之一。当帝国在西方得知尼戈败北的消息，莱茵河防线上的

4 个军团脱离了他的阵营。结果亚尔比努斯手里只剩下自己总督时代直属的不列颠 3 个军团以及西班牙的 1 个军团。塞维鲁当然不会放过这个机会。

尽管塞维鲁给人的感觉是顺势一刀，但双方于公元 197 年 2 月 19 日在里昂附近平原展开的战斗却始终异常激烈。这是罗马军队主力的军团兵之间进行的正面作战，而且一方是多瑙河的边防部队，另一方也毫不逊色，驻守不列颠的军团兵以实战经验丰富为傲。军团里虽然指挥官调动频繁，但百人队队长以下的军团兵直至服役期满，20 年里往往都在一地度过。因此罗马军队对当地出身的人并不抵触，具体到多瑙河边防部队多为日耳曼血统，而驻扎在不列颠的军团兵体内则多流着不列颠人的血。他们同样都是经过严酷训练的罗马战士，塞维鲁和亚尔比努斯也都亲自指挥战斗，因此战斗当然从始至终都很激烈。

可是，战斗结束时，获胜的却是塞维鲁。亚尔比努斯意识到大势已去，于是选择自尽。据说塞维鲁还驱马践踏亚尔比努斯的遗体。尽管两人都出身于北非，但塞维鲁依然毫不留情。

将不列颠的 3 个军团完成改编后，当年 6 月，塞维鲁返回首都罗马。51 岁的他成了唯一的胜利者，也是唯一的皇帝。

不管怎么说，内战毕竟是悲剧。对死去的人而言当然是悲剧，对国家（共同体）而言也同样是悲剧。如果没有内战，那么多能为罗马帝国这个共同体作出贡献的优秀人才就不至于仅仅因为一场战斗的失败而沦为冤魂。这不禁令人回想起了马可·奥勒留，他清楚地认识到了内战是最大的危害，为此他宁愿采取罗马人所难以接受的帝位世袭制度。

内战就如同一个人伤害自己的身体，然后让鲜血流淌。出血即使不会造成死亡，但肯定会造成体力的衰退。当年恺撒渡过卢比孔河以后，采取了宽容（clementia）的态度，这是与他敌对的元老院顽固派都知道的事实。小加图和布鲁图认为，一个罗马公民对其他众多罗马公民行使宽容正是对共和精神的背叛，因此他们都批评恺撒只不过是在寻求自我满足罢了。然而这是他们没有理解恺撒的内心。恺撒想的是因自己渡过卢比孔河引发的内战，损失了很多优秀人才，只要有可能，恺撒就要尽量挽救一些生命，让流血也尽量少一些。这并非是多愁善感，而是冷静观察事实就能很容易得出的结论。塞维鲁当然也理解内战的危害，不过，理解是一回事，至于如何贯彻则需看个人资质了。

第四章

皇帝塞普提米乌斯·塞维鲁

（公元 193—211 年在位）

NON UNO DIE
ROMA AEDIFICATA EST

皇帝尤利安被杀后，路奇乌斯·塞普提米乌斯·塞维鲁于公元193年6月进入首都称帝，随即获得了元老院和罗马公民的承认，所以说他是从公元193年开始执政的。但是在其后的3年多时间里，他却不得不和对手尼戈以及亚尔比努斯进行战斗，所以我认为还是把他的主政时间从公元197年6月开始算比较恰当。这并不是时间问题，而是政治问题。在公元197年之前，塞维鲁因为受到两个对手的牵制，无法按照自己的意见实施统治。可是，当他于公元197年在元老院发表演讲时，无论是语气还是内容，都比公元193年发生了很大变化。作为唯一的最高统治者，塞维鲁直率地陈述自己的主张，然后一丝不苟地加以推行。不过他的做法却吓坏了元老院。

据当天出席元老院会议的历史学家卡西乌斯·狄奥记载，皇帝塞维鲁讲演的主旨有两个：

第一，他自命为马可·奥勒留的继承人，所以要求在正式名称中加入“马可”和“奥勒留”两个词，以及皇帝马可的家门名“安敦尼”。

元老院并未觉得皇帝塞维鲁的做法有何不妥。尽管塞维鲁就如同其他三个帝位竞争者从未存在过一样，不但没有提到他们，甚至连柏提那克斯都没有言及。可在元老院议员们看来，塞维鲁的意思也许要让持续了4年的内乱全部成为过去，一切都从现在重新开始。因为马可·奥勒留时代是皇帝和元老院相互配合管理帝国的时代，元老院当然愿意回到那个时代。然而，塞维鲁接下来的话却像对议员泼了一头冷水。

塞维鲁要求元老院撤销在康茂德遭暗杀次日，由元老院对其作出的“记录抹杀刑”。

这等于让元老院否定一项已经生效的决议，是明显损害元老院威信的要求。可是当元老院面对手握重兵、接连击溃所有竞争对手、取得丰功伟绩的最高统治者，既没有抗争的意志，更缺乏制约的手段。并且，在康茂德被杀后，元老院对接二连三出现在皇位上的人都予以承认，这种事实早已令元老院的权威摇摇欲坠。

塞维鲁当然不是欣赏康茂德，也不是对其英年早逝怀有同情之心。相反，早在 17 年前，康茂德对年长于自己 15 岁的塞维鲁相当冷淡。塞维鲁之所以要求为康茂德恢复名誉，是因为塞维鲁已经自称为马可·奥勒留的继承人，那么康茂德又是哲学家皇帝亲自指定的继承人，就不能一直接受对罗马精英来说最为屈辱的“记录抹杀刑”的处罚。如果对这一情况视而不见的话，那就等于说自己和康茂德都是一路货色。

元老院之后撤销四年前的宣判。草草埋葬的康茂德的遗体也重新得到了罗马式的火葬，然后与哈德良以后的历任皇帝一样，被置放于今天名为“圣天使堡”的哈德良陵园。不过，康茂德并没有被神格化。如果将其神格化，元老院就真的威严扫地了。塞维鲁没有这样做的真正原因是他心里比任何人都清楚，康茂德根本就不具备那种资格。在这一点上，皇帝和元老院倒是维持了一致意见。

不过，当塞维鲁又提出下面的要求时，元老院才领悟到他自称马可·奥勒留继承人的用意所在。塞维鲁要求元老院承认他的儿子卡拉卡拉为“Imperator Disignatus”。如果把这句拉丁语直译过来的话，只能是“既定皇帝事务参与者”，而不是“共治皇帝”的意思。因为不管怎么说，卡拉卡拉才 8 岁，距离成人礼还有四五年时间，无论怎么提拔也不能指定为皇位继承人。

在共和时代的罗马，传统上是在夏天进行下任执政官选举。当选的人获得“Consul Disignatus”称号，距离实际进入任期还有半年时间。在这半年时间里，每当元老院举行会议，发言权首先在现任执政官手里，现任执政官发言过后，接下来发表意见的就是这个“Consul Disignatus”。塞维鲁为了表明他让当时年仅 8 岁的儿子世袭皇位的意愿，重新挖出了这个共和时代的官名。既然卡拉卡拉获得“Imperator Disignatus”的称号，尽管还没有到举行成人礼的时候，在元老院的会议上也拥有了发言权。

从那以后，不论是壁画还是浮雕，或者是钱币，塞维鲁都把自己和夫人尤利亚·多姆娜以及两个孩子卡拉卡拉和盖塔的形象体现在上面。他还设计了很多包含有家人在内的全家福肖像，总让人觉得其不无英王室官方照片的做派。

元老院议员们当然感觉到了塞维鲁帝位世袭的意图，然而却无可奈何，因为塞维鲁当天演讲的第二个主旨，已经直接冲击到他们个人。

塞维鲁身材中等，但体格强健，经常是一副严肃的表情，甚至人们几乎记不起他的笑容。这一天他依旧是那副严厉的面孔：

> 帝国已经到了必须认真改革的时候，否则将积重难返。我们需要像马略（公元前157—前86年，古罗马统帅、政治家。在朱古达战争及其他击退外敌的战斗中屡立战功，7次就任执政官。完成军事改革，创建募兵制。与苏拉对立，肃清苏拉派，但不久病死。——译者注）、苏拉以及奥古斯都那样，扯下反对派的假面具，对他们进行严厉处罚。

塞维鲁说完后，提交了第一批26名元老院议员的处罚名单。

马略和苏拉相互整肃，每当他们之中的任何一方占了上风，都会导致其反对派人头落地。但是后人往往不解，开国皇帝奥古斯都和尤里乌斯·恺撒一样被人称为“神君”，为什么塞维鲁此时也把奥古斯都拿来说事呢？

实际上，奥古斯都在屋大维时代，一直都在有条不紊地整肃和自己并肩战斗的安敦尼以及暗杀恺撒的布鲁图一派，正是他将西塞罗列为清洗名单中的首要分子，其实后者仅为反恺撒派的精神支柱。从这一点上看，把奥古斯都与马略以及苏拉相提并论并不是没有道理的。而生怕漏掉塞维鲁讲话一个字的元老院议员们当然也谙知个中曲直。

但是，称列入名单的26位元老院议员反对皇帝，或者说他们反对罗马帝国，则完全是冤枉的。他们被塞维鲁指责为亚尔比努斯派。

这个理由相当牵强。因为亚尔比努斯直到受到塞维鲁进攻之前，一直接受着后者赠送的“恺撒”名称，说起来还和塞维鲁一样，都是共治皇帝。以与此人过从甚密为由就判为反皇帝罪，这实在令人无法接受。据说在这26人中，出身于北非的占了大多数。和塞维鲁一样，亚尔比努斯也来自北非，北非出身的元老院议员当然拥护同乡做皇帝，和他们两人中的某一个密切往来也是极其自然的事。然而，对塞普提米乌斯·塞维鲁而言，只有存在利用价值时，同乡才是同乡，如果一个人没有利用价值甚至成为一种障碍，那塞维鲁肯定翻脸来攻打他。塞维鲁只需要绝对服从自己的人，并且如果一个人非要等塞维鲁提出“绝对服从”要求时才绝对服从他的话，就已经太迟了。这使包括卡西乌斯·狄奥在内的众多元老院议员心情极为沉重。他们总觉得塞维鲁和以往的罗马皇帝们有些不一样。

尤里乌斯·恺撒曾经给自己政治上的反对派西塞罗写信，其中有下面这样的话：

> 我对自己的要求就是人生要忠诚于自己的思想，所以我认为别人也都是这样的。

奥古斯都虽然整肃了西塞罗，但没有阻止西塞罗全集的刊行。这套著作集由西塞罗的好友阿提库斯与西塞罗的助手两人共同编辑，其中对恺撒遭到暗杀后的权力斗争，以及年仅 20 岁的奥古斯都如何巧妙地刺激西塞罗的虚荣心等都作了生动描写。尽管如此，奥古斯都仍未禁止其刊行。如果奥古斯都将其列为禁书的话，那么我们今天就有可能读不到西塞罗的著作了。附带一提，日本也终于翻译了西塞罗全集，由岩波书店出版发行。

即使到了公元 2 世纪，罗马人之间的言论自由还是有一定程度的保证。当年马可·奥勒留也曾写到自己遭受过批评，说有很多人认为自己“伪善”、“好为人师”。

皇帝是唯一的最高掌权者，罗马是皇帝治理下的国家，同时这个社会却不是铁板一块，而是相互通融。但是现在，这种状态却恶化了。对反对派的宽容态度本是强大自信的证据，难道塞维鲁不具备这种宽容吗？还是他认为如果允许这种宽容存在，社会将变得不可收拾？

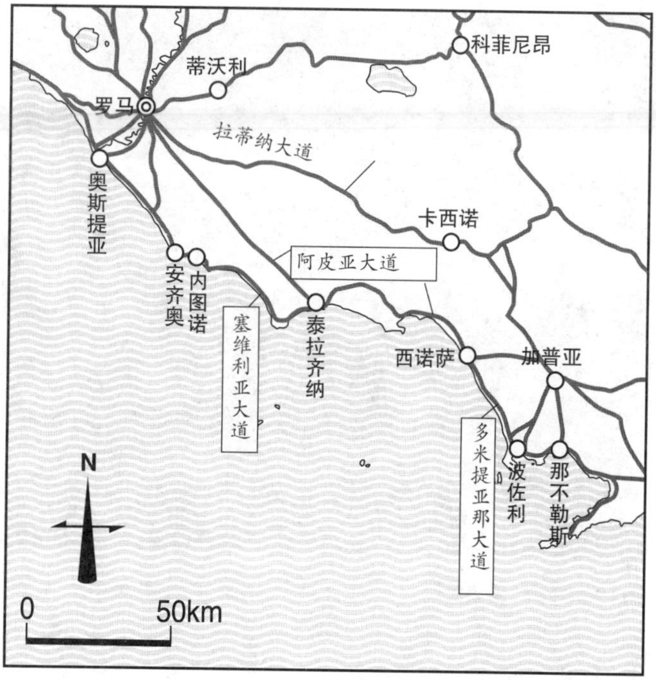

从罗马到那不勒斯的主要道路

不过，塞维鲁仍旧坚信自己是个忠实于传统的罗马人。

为了和广大罗马公民一起共同庆祝卡拉卡拉地位的明确，他不惜花费，在斗兽场和大竞技场举行了盛大的角斗表演和四马战车比赛。并且他还热衷于公共事业。罗马人不称公共事业为“城市基础设施”，而是称为“能使人生更美好的伟大事业”。虽然安敦尼·庇护和马可·奥勒留两位皇帝曾经搞过一些维修工程，但罗马的确有30年之久没有上马新的建设项目了。塞维鲁从罗马的外港奥斯提亚沿着海岸修建了一条通往泰拉奇纳的“塞维利亚大道”。

从罗马到泰拉奇纳早已经有了一条阿皮亚大道，因此铺设塞维利亚大道的目的，就是为了方便在沿海一带拥有别墅的权贵们往来。并且在这一带，有着安齐奥、内图诺以及奥斯提亚等适合于船只避风的良港。如果满载小麦前往

卡拉卡拉浴场（复原模型）

奥斯提亚的船只遭遇风暴，可以在这些避风港靠岸，如果道路完善可以就地卸货，然后经由陆路运走。

这样，沿罗马以南的海岸线就都有这种石板铺就的罗马式“高速公路”了。从奥斯提亚到泰拉奇纳的是“塞维利亚大道”，从泰拉奇纳到西诺萨的是“阿皮亚大道”，从西诺萨到与奥斯塔亚齐名的商港波佐利，再到那不勒斯的是“多米提亚那大道”。既可以运送物资，也有利于人员往来。这条塞维利亚大道是罗马铺设的最后的道路工程。

两年以后，塞维鲁又在罗马广场的中央修建了一座凯旋门。罗马广场是市中心，这座凯旋门也是皇帝在此地修建的最后的建筑。另外，塞维鲁还修建了大浴场，因为直到他儿子卡拉卡拉当政时期才完工，所以叫“卡拉卡拉浴场”。该浴场极尽奢华，甚至附设有图书馆，罗马南部的居民都亲切地称之为“平民的宫殿”。这的确是塞维鲁送给平民的礼物。但在塞维鲁看来，公共建设是罗马皇帝的职责，自己既然身为罗马皇帝，这也只不过是履行职责而已。

当然，皇帝的另一个职责，或者说最重要的职责，在于保障帝国的安全。塞维鲁并没有忘记这一点，并且他的措施非常彻底，与其他历任皇帝的做法迥异，甚至改变了整个罗马帝国的进程。

军人皇帝

看下页表可以得知，塞维鲁强化军事力量并没有采用增加军团数量的方法，而是提高所有作为主要军事力量的军团兵的待遇。首先就是上调年薪。尽管通货膨胀已经一点一点缓慢出现，但到公元 2 世纪末的这一时期，仍旧没有到必须采取应对策略的地步。因此塞维鲁给保障罗马安全的军团兵提高薪酬，可以视为和恺撒、奥古斯都以及图密善一样，是一种提高军团兵地位和待遇的政策。不过，从图密善皇帝时开始，提高的那一部分都存在军团内，等士兵服役期满时再一起支付给他们。但塞维鲁采取了不同的做法，即直接将提高的部分反映到每个月的薪酬数额中。不言而喻，士兵们获得了看得见摸得着的好处，当然更加满意。

提高地位和待遇的第二个办法，是赋予全体军团兵戴黄金戒指的权利。以前只有百人队队长以上的军官和骑兵才拥有这种权利。在罗马时代，戒指这种东西不仅是装饰品，更是一种印鉴。因此，戴上黄金戒指或金镶玉戒指，可以证明一个人社会地位的确立。

第三，即使是普通士兵，只要有能力或取得了某项成绩，就可以打开通往百人队队长或骑兵的道路。正如同塞维鲁的那些帝位争夺者所经历过的那样，在罗马军团里通过努力可以做到步步高升。不过这种情况虽然不少见，但只有出类拔萃或鸿运当头的人才有望获得这种机会，并没有制度化。现在塞维鲁将其形成制度，编入罗马的军事管理体系里。

罗马帝国的军事力量及部署变化（单位：军团）

	行省名	奥古斯都时代（公元前30—公元14年）	提比略—尼禄时代（至公元70年）	韦斯帕芗—图拉真时代（至公元117年）	哈德良时代（至公元138年）	奥勒留时代（至公元180年）	塞维鲁时代（至公元211年）
莱茵河防线	Britannia（不列颠）	0	3	3	3	3	3
	Germania Inferior（低地日耳曼）	4	4	2	2	2	2
	Germania Superior（高地日耳曼）	4	4	2	2	2	2
	Limes Germanicus（日耳曼长城）	0	0	0	0	2	2
	小计	8	8	4	4	6	6
多瑙河防线	Pannonia Superior（近潘诺尼亚）	3	3	4	3	3	3
	Pannonia Inferior（远潘诺尼亚）	0	1	2	1	1	1
	Dalmatia（达尔马提亚）	2	0	0	0	0	0
	Moesia Superior（近米西亚）	0	3	2	2	2	2
	Moesia Inferior（远米西亚）	0	3	2	3	2	2
	Dacia（达契亚）	2	2	1	1	2	2
	小计	7	12	11	10	10	10
幼发拉底河防线	Cappadocia（卡帕多西亚）	0	0	2	2	2	2
	Syria（叙利亚）	4	4	3	3	3	3
	Palestina（犹太·巴勒斯坦）	0	0	1	2	2	2
	Arabia（阿拉伯）	0	0	1	1	1	1
	小计	4	4	7	8	8	8

（续）

	行省名	奥古斯都时代（公元前 30—公元 14 年）	提比略—尼禄时代（至 公元 70 年）	韦斯帕芗—图拉真时代（至公元 117 年）	哈德良时代（至 公元 138 年）	奥勒留时代（至公元 180 年）	塞维鲁时代（至公元 211 年）
	Aegyptus（埃及）	1	1	1	1	1	1
	Africa（阿非利加）	1	1	1	1	1	1
	Hispania（伊比利亚半岛）	1	1	1	1	1	1
	合计	22 个军团（加入机动部队为 25 个）	30 个军团	28 个军团	28 个军团	30 个军团	30 个军团

每个军团包括：

Legionaris（军团兵）——主力（6000 人）

Augiliaris（辅助兵）——辅助战斗力（人数与军团兵大致相同）

Numerus（不定期服役兵）——监视敌人（1000 人）

另外，还有海军部署于地中海、多瑙河、莱茵河、多佛尔海峡、直布罗陀海峡等地。

罗马军团兵（人）年薪的增长

	第纳尔银币	塞斯特斯铜币
共和时代	70	280
尤里乌斯·恺撒提薪后（公元前 45—）	140	560
奥古斯都提薪后（公元前 30—）	225	900
图密善提薪后（公元 82—）	300	1200
塞普提米乌斯·塞维鲁提薪后（公元 197—）	375	1500

第四，军团兵可以结婚。

公元前2世纪末，马略实施军事体制改革，以往罗马军队实行征兵制，因此已婚士兵甚至有子女的士兵并不罕见。当时的战争往往从春天开始，持续到秋天，到了休战期，有的军团兵就回家了。不过，随着罗马统治版图的扩大，战争地点也越来越远，军团兵秋季回家春季再来的做法开始行不通。另外，流进城市的下层贫民也需要实施救济，于是马略想出了一个两全其美的办法，即把征兵制改为募兵制。

可是对军团而言，募兵制意味着职业军人的出现，军团士兵由年满17岁并通过了种种考试的人组成，直到服役期满的20年间保持未婚状态成为从事这项职业的一种义务。

这项义务对军团兵而言并不算苛刻。一个人如果17岁入伍，退役时也不过37岁，当时人的平均寿命之所以比较短，主要是因为婴儿死亡率很高，实际上在罗马时代，40岁以前都是开创第二段人生的绝佳年龄。此时退役，和以前就暗暗往来的相好正式结婚，以退役金做本钱，老兵由此进入第二段人生。即使在服役期间，罗马军队也承认士兵的女人，所以她们都在军团基地附近的“卡纳巴埃”地区居住，每到休息日都等待着自己的男人到来，甚至还有不少人生了孩子。

不过塞维鲁尽管允许军团兵正式结婚，但还是不许百人队队长以下的军团兵和妻子同居。士兵们必须像以前一样，和战友们在基地内共同作息。当每天训练作战之余的几个小时，或者到了祭典等节假日，士兵才可以回家与妻儿团聚。所以说，塞维鲁这种允许士兵结婚的改革，只限于法律层面。尽管如此，士兵们在这一点上已经和军官平起平坐了。不，实际上比军官的地位更高。在帝政时代，带家属随军的都是军团长或总督，大队长级别的人就会被频繁地调来调去，基本都是单身赴任。正因为这种情况，塞维鲁的改革自然会受到军团兵们的欢迎。

意外的结局

毫无疑问，皇帝塞维鲁是为了强化罗马的军事力量才推行这些措施的。不管怎么说，这些措施非常人性化，提高了保障帝国安全的士兵们的社会地位和经济地位，受到了广泛拥护。塞维鲁的出发点当然是善意的，不过早在250年前，尤里乌斯·恺撒就曾经说过：

> 很多事情尽管结果很糟糕，但是当初的意图都是好的，也是充满善意的。

塞维鲁的改革，使军团生活过于舒适了。薪酬上调，提升有望，还给了以前暗中往来的女子以正式的名分，所有这些都不必等到20年服役期满就可以得到，因此军团兵也就不必苦苦等待退伍。以前边境形势紧张，上级一旦要求士兵延期服役，往往引发可能导致哗变的抵制行为。而现在这些危险都烟消云散了。士兵延期服役当然也都有报酬，并且随着服役期的延长，退役金也会增加。换句话说，只要体力允许，永远在基地里生活都没什么不合适的。

这就是罗马政权军事化的开端。士兵们满足于军人的身份，退伍开创第二段人生的意愿出现衰退，造成罗马的军人与社会脱节。

尤里乌斯·恺撒就任终身独裁官以后，推行过很多国家改良政策，其中之一就是关于地方城市议会议员的选举。当时规定了下列条件：

一、未曾服过兵役者——30岁以上才可参选

二、在军团中做过步兵的——23岁以上即可参选

三、做过骑兵或者百人队队长的——20岁即可参选

这是为那些在服役期间因伤病而不得不退伍的军人安排的救济政策，而对于那些服役期满回归社会的人，这种规定也是一种奖励。天才的尤里乌斯·恺撒认为，罗马军团是从土木工程到医疗机构等各项事业都积极参与的集团，在

军团中获得技术和经验的人在民间社会也同样大有用武之地，而这种政策也能使帝国的重要组成部分“地方自治体”提高效能。

恺撒的后继者奥古斯都萧规曹随，把服役期定为20年，创立了古代世界史无前例的退役金制度，使军人回归社会的道路更加顺畅。如果军人和社会脱节，不但对军人自身不利，而且还会使社会出现扭曲。因为孤立的人更容易相互勾结到一起，最终的结果只能是打破社会平衡，使形势失去控制。

但是现在塞维鲁只重视两方面中的一个，这就打破了自恺撒以来军民维持了250年的均衡关系。我们相信塞维鲁是为了罗马帝国才推行这些措施的，但是从塞维鲁死后的现实看，其效果完全和皇帝的意图背道而驰。

军人和社会脱节造成自身的孤立，不难想象，最后的结果就是他们致力于强化自己的组织，具体而言就是增加军费。这当然会对国家财政造成压力。这种倾向本来是所有组织的共同特点，只不过因为军方拥有武力，一旦偏离正轨就很难纠正。

塞维鲁对军团兵的优待政策，也是人类社会古往今来十分常见的情况，即善意的出发点其实未必导致圆满的结果。不，或许我们可以说，整个人类社会的历史，基本上就是由不乏恶意的冷静促成的成功和充满善意的盲动导致的失败相互弥合而成的。善意且有效的措施往往只限于那些立竿见影的举动，比如慈善事业。我有时认为，如果我们都只能直面人性的现实，那么越熟悉历史就越容易陷入悲观。

总之，历史学家们对塞普提米乌斯·塞维鲁的评价是“非罗马式的专制君主”，是罗马政权军事化的始作俑者。

罗马皇帝被评判为昏君的不在少数，可是说一个皇帝“非罗马式”，塞维鲁则是第一个。罗马人所谓的“非罗马式”，指的就是“东方式”，但元老院提出的这种批评无疑是因为塞维鲁的妻子也即当时的“奥古斯塔”尤利亚·多姆娜是叙利亚神职人员的女儿。实际上她是第一个登上罗马帝国皇后宝座的东方人。

尤利亚·多姆娜面容姣好，富有教养。她可能是在塞维鲁驻在叙利亚时期嫁给他的，不过这肯定不是一桩政治婚姻。如果说塞维鲁在高卢总督时代就觊觎帝位的话，那么他就不会娶一个可能招致元老院和首都公民疑虑的东方女子。然而塞维鲁即位之后，马上毫不犹豫地明确了妻子的皇后资格。无论是此前还是此后，塞维鲁都不曾有过绯闻，就如同马可·奥勒留一样恪守着一夫一妻制。和恺撒、苏拉或奥古斯都相比，200年后的罗马统治者在生活方面似乎更加循规蹈矩。

尤利亚·多姆娜

尤利亚·多姆娜的父亲所信奉的宗教崇拜太阳，这种宗教从远古时起就在中近东流行，是一神教的一种，但又不排斥其他诸神，所以和犹太教或基督教那种一神教又有所不同。尤利亚·多姆娜出身在一个世代都是神职人员的家庭，她自己则精通希腊文学和哲学。也许正是这一点，使他和“硕士”出身的塞维鲁琴瑟和谐。

元老院中潜伏着一种反塞维鲁的情绪，议员们指责皇帝受了东方皇后的影响，可是，元老院却拿不出有说服力的证据。因为尤利亚·多姆娜并没有在帝国的首都建造供奉太阳神的神殿，甚至连这种愿望都没有。在罗马人的宗教意识里，只要不怠慢诸神，那么个人信仰则是自由的。在这一点上，皇后简直无懈可击。

并且，尤利亚·多姆娜成为第一夫人以后，并没有和那些喜欢传闲话要阴谋的上流名媛贵妇混在一起，而是加入到法学家和文人们组成的圈子。可能她希望通过自己去淡化丈夫甩不掉的军事色彩。我们只要看一下出现在皇宫沙龙里的常客，就可以知道他们不是声名远扬的大学教授，就是名副其实的作家，里面没有一个是野心勃勃寻找机会的新锐。所以我们说尤利亚绝对是生活中的“VIP”伴侣，是皇帝的贤内助。

尽管人们喜欢津津乐道尤利亚对丈夫的影响力，但塞维鲁自身的性格相当坚定，绝不会轻易被女性所左右。另外，罗马人所谓的“对男人的影响”指的绝不是正面影响。据说后来尤利亚妹妹的女儿，即尤利亚的外甥女们触碰了这一禁忌，当然也有可能是元老院反感这些女人，有意识地把她们说成是影响帝国高层的叙利亚势力。在丈夫塞维鲁在世的时候，尤利亚的生活还比较幸福，但最后的结局却是自杀，所以也是悲剧性人物。而悲剧的起因，则在于她对两个儿子的教育方法上。

无论是倾向于罗马的学者还是倾向于基督教的专家，在塞维鲁的宗教方面，尤其是他对待基督教徒的态度，都无法提出有说服力的结论。

罗马派史学家指责他受了妻子崇拜太阳神的影响，打开了一神教的大门。而基督教方面则认为，在塞维鲁主政前半期，他容忍基督教徒组成自治体，即使身边的人信奉基督教也没有被看成是问题，可是到了他主政后期，他的态度出现了倒退，和以前的皇帝们一样，即使人们可以自由信仰基督教和犹太教，但禁止传教，以至于使人不由得怀念康茂德时代。因为康茂德不理朝政，也就没有出现过针对基督教徒的检举和宣判。而随着塞维鲁本人对基督教态度的变化，各行省总督的态度自然也发生变化，尤其是在埃及和北非，又出现了迫害基督教徒的事件。

但这些不过是塞维鲁担任罗马皇帝的必然结果。罗马对基督教的官方意见是，信仰自由但不能有反罗马倾向，之所以禁止其传教，是因为基督教与罗马人的思考方式背道而驰。

犹太教也好，基督教也好，他们不说“信奉我主可使你的灵魂安宁，请改信我教”，而是说“只有信奉我主才是正途，抛弃你所信奉的邪神吧”。这与希腊、罗马容忍他人信奉自己神明的观念完全对立，并且罗马人把以朱庇特为代表的诸神视为统治多民族、多文化、多宗教的罗马帝国的纽带，可犹太教和基督教的思维却对宗教的这种功用表示怀疑。塞维鲁皇帝在宗教信仰这一点上倒是比较“罗马式”，也就是说，他采取了一种宽容的态度。

东征及其后果

公元 197 年夏，塞维鲁作为唯一的胜利者返回首都，还不到两年，公元 199 年秋，他又不得不匆匆离开罗马。虽然带着妻子和两个儿子同行，但他的目的却是把帕提亚王国不稳定的苗头封堵在罗马帝国之外。至少他是这么对外宣称的。

然而帕提亚方面并没有侵入过罗马境内，甚至没有证据显示在幼发拉底河附近发生过冲突。早在罗马时代就有历史学家认为，塞维鲁成为皇帝以后，尽管成功铲除了争夺帝位的对手，但是在对外作战中表现平平。现在塞维鲁需要这种战绩了。总之，这场战争并不是自身受到侵犯而展开的迎击，而是在对方发动可能的进攻之前就主动出击。尽管如此，在待遇得到改善的罗马军队中，却没有人反对这种“预防战争”。或许因为只是一种预防策略，在这一年对帕提亚的战争中，帝国西方的军队并没有东移，而只是由东方军团完成了这次任务。

塞普提米乌斯·塞维鲁在帝国内部争夺帝位的过程中发挥出了卓越才能，但即位以后在政治军事方面就乏善可陈了。这是众多历史学家的基本论断，我也持类似看法。塞维鲁的悲剧性就在于他坚信自己所做的一切都是为了罗马帝国。帝位世袭是这样，提高军队待遇也是这样，这次战争还是这样。

公元 195 年，塞维鲁打垮帝位竞争者之一、叙利亚总督尼戈以后，为了宣示胜利，曾攻入过支持尼戈的帕提亚王国境内。罗马军队越过了幼发拉底河，一直打到底格里斯河附近，几乎逼近了帕提亚王国的首都。当时大军刚刚战胜尼戈，士气正盛。现在塞维鲁卷土重来，帕提亚方面却没有足够的兵力去迎击罗马军队，因为其境内波斯势力高涨，帕提亚政府已经摇摇欲坠了。

早在罗马进入帝政时代的100多年前，与帕提亚的关系就是罗马最重要的外交问题和军事问题。按照东方人的思维方式，只有受到压力时才肯坐到谈判桌旁。而在罗马方面，苏拉、卢库鲁斯、庞培、恺撒等都贯彻“军事优先外交在后”的方针。就连侧重外交的奥古斯都也没有改变军事行动优先的做法。不过，这项策略之所以能成功维持，是因为帕提亚王国是一个有着统一指挥系统的国家。

因为指挥系统明确，军事方面的成果就能在外交方面反映出来。也就是说，知道用哪些筹码和谁去讨价还价，这样更容易达成妥协。相反，在面对尚未形成国家的蛮族时，即使在战场上取胜也无法立即反映在谈判桌上。不知向谁施压，也不知和谁谈判，是罗马和由众多部族构成的蛮族集团作战时相当大的不利。

300年来，帕提亚的确一直是罗马最大的假想敌。不过，300年间的假想敌这件事本身也证明了对罗马而言，帕提亚是一个不难对付的敌人。通俗地说，就是因为帕提亚是很容易就能找到弱点的对手。即便是奥古斯都、提比略、尼禄、哈德良以及安敦尼·庇护等与帕提亚交战的皇帝，也都命令军团在东方坚持不懈地固守，就是因为他们可以经常找到帕提亚的破绽。尼禄虽然为进攻帕提亚作了精心准备，但因将军科尔布罗坚持自己的帕提亚政策，尼禄最后没有一意孤行。事实证明尼禄的改变是恰当的，从此罗马和帕提亚之间维持了半个世纪的和平。

此外我已经讲述过好几次，就是罗马与帕提亚之间还有着与其他防线的不同之处。以安条克、阿勒颇、大马士革、帕尔米拉为代表的帝国东方城市是依靠与东方的贸易生存的。正因为商队能安全自由地在延展到幼发拉底河岸的叙利亚沙漠里往来，帝国东方的经济才得以发展。相比于让强盗般的沙漠暴民横行，不如使帕提亚维持存在更方便。

根据常年的较量可知，无论是罗马还是帕提亚，两个国家的军事力量都可以进攻对方，却不足以长期占领。由于这种共同点以及其他诸多因素，使罗马和帕提亚都成了善于寻找对方破绽的高手。

而现在帕提亚受到波斯势力的威胁，整个国家到了生死存亡的危急关头。而新兴势力往往不按常理出牌，所以叙利亚总督尼戈的政策完全是正确的，即罗马绝不采取任何使帕提亚走向衰败的行动。然而和尼戈相反，塞维鲁分别在公元 195 年和 199 年两次采取行动。当年马可·奥勒留当政时期的帕提亚战争，是为了迎击帕提亚方面的挑衅行为，而塞维鲁的远征却不是应对挑衅，因为帕提亚王国已经没有那个力量了。

当波斯的萨珊王朝取代帕提亚王国的时候，已经是塞维鲁死后 15 年的事了。虽不是本意，但塞维鲁的确为帕提亚内部的新兴势力助了一臂之力。

帕提亚是绝对专制的国家，其生命力可能会比罗马短暂。然而，罗马在进入公元 3 世纪以后，也出现了历史学家所谓的“3 世纪危机”。这也是关系到国家存亡的危急时刻，正是这一时期，罗马开始面对上升中的敌人波斯萨珊王朝。在这个问题上，罗马自身的确也有部分责任。对罗马而言，被萨珊王朝所支配的东方再也不是假想敌，而是真正的敌人了。

既然帕提亚王国已经这般窘迫，皇帝塞维鲁的远征也就当然如同探囊取物。罗马军队一直攻到底格里斯河畔，将底格里斯河与幼发拉底河之间广阔的美索不达米亚地区划为罗马的行省，然后班师西去。对于这场战争，随军同行的卡拉卡拉似乎比父亲塞维鲁还要自豪。

尽管树立了新的敌人，但胜利就是胜利。塞维鲁在呈送给元老院的报告中，要求后者允许修建凯旋门。皇帝的要求，尤其是来自塞维鲁的意见，元老院只有唯命是从。但值得强调的是，不管是元老院还是平民，都为皇帝的捷报而兴奋不已，凯旋门的建设计划也在一片欢呼声中获得通过。

塞维鲁的凯旋门

不管对谁来讲，为胜利感到喜悦都是很自然的反应。可正因为如此，统治者的责任就是考虑胜利可能带来的后果。以往凯旋的将军都是驾着四马战车通过“神圣大道”前往卡匹托尔山的朱庇特神殿。这次甚至等不及塞维鲁归国，人们就开始在“神圣大道”前方着手兴建凯旋门。自从图密善建造胜利纪念柱以来，罗马广场的中央已经有一个世纪不曾兴建新的建筑了，而凯旋门也一直存留到了今天。

在埃及短暂停留之后，公元 202 年春，塞维鲁带着妻子和两个孩子回到了罗马。两个孩子也亲身参与了盛大的凯旋仪式。雄伟壮观的队伍通过竣工不久的凯旋门，登上卡匹托尔山。据说队列的前排到山顶的时候，队列的末尾才刚刚进入罗马广场。毫无疑问，对56岁的塞维鲁而言，这是人生最荣耀的时刻。

不久以后，尚且14岁却已举行过成人礼的卡拉卡拉又举行了结婚仪式。新娘的父亲是近卫军团长官、皇帝不在首都时耀武扬威的普劳提亚努斯。这个人也出身于北非，与塞维鲁同辈，二人过从甚密。塞维鲁让他和次子盖塔一起就任第二年，即公元203年的执政官，而盖塔到公元203年时也才刚满14岁。

总之，在最高统治者塞维鲁身边，北非出身的人是越来越多。虽然图拉真、哈德良以及马可·奥勒留都是以起用行省人而闻名的皇帝，可是得到重用的人才都来自帝国各地，而不是只偏重于皇帝的同乡。

光耀门楣

从公元202年开始到208年的7年里，皇帝塞维鲁一直留在意大利本土。不过，从公元204年开始的5年间，他经常到自己出生的故乡莱波蒂斯·玛尼（大莱普提斯）小住。从罗马的外港奥斯提亚出发向南，首先在左舷望着西西里岛西端，然后在左舷望着马耳他岛一路航行即可到达。

大莱普提斯是濒临地中海的港口，自古以来就是商业繁荣的地方。尤其在哈德良皇帝视察过后，城市的功能有了飞快的进步。不过，在塞维鲁看来，这些仍旧不够。依照他的指示进行了大规模的改扩建工程，大莱普提斯的面貌为之一变。从保存至今的遗迹中，我们仍能想象出这座被誉为“地中海珍珠”的港口城市当初的繁华景象。可以说，这是塞维鲁在装点门楣，其他任何一位罗马皇帝都不曾这样做过。

我们和西班牙的意大利卡比较一下就一目了然。在意大利卡出过图拉真和哈德良两位强势有为的皇帝，然而当我们眺望这座城市时肯定会感到意外，因

莱波蒂斯·玛尼（Leptis Magna）的希腊剧院遗迹

为这里和罗马帝国境内的其他城市毫无二致。历史遗迹虽然也有，但多数都是两位皇帝死后，当地出于宣传而修建的。就算加上这些后修的古迹，意大利卡也赶不上同为地方小城市的庞贝。

图拉真也好，哈德良也好，成为皇帝以后，都不曾回过故乡。他们并非忘却了故土，而是他们认为，自己既然是整个国家的皇帝，那就不能只对故乡一地施与特殊照顾。

反倒是一些元老院议员，甚至一些事业有成的解放奴隶，喜欢捐赠公共建筑，或者出资维修家乡道路，将其作为光宗耀祖的义举。其实如果没有这些个人的捐赠行为，很多著名的罗马公共设施甚至无法出现。用今天的话来说，这种行为叫“位高责重”，罗马人认为，因为社会提供了机会而获得利益的成功人士应该回馈社会。为表彰这种慈善行为，人们会在受到捐赠的项目上冠以捐赠者的名字。比如“尤里乌斯公会堂”、“图拉真大浴场”等。

假如塞维鲁得知人们不满他这种装点门楣的行为，他大概会反驳说，自己已经主持铺设了塞维利亚大道，并且自己下令开工的大浴场，竣工时采用的是已成皇帝的卡拉卡拉的名字，所以自己已经充分履行了罗马皇帝的职责。

这话不无道理。可连奥古斯都都没有改造过自己的故乡韦莱特里（Velletri）小镇。尽管是开国皇帝的出生地，但韦莱特里始终是阿皮亚大道旁的一个小镇。韦斯帕芗和提图斯虽然喜欢经常回故乡列阿特，但列阿特和其他地方城市也没有丝毫不同。有些事情即便元老院议员或其他成功人士能够无所谓，可是到了皇帝这里反而有所顾忌了。

也可以说这是一种矜持，看来罗马的这种感觉已经日渐迟钝。在希腊历史学家卡西乌斯·狄奥看来，塞普提米乌斯·塞维鲁人生的顶点是在登基时刻，后来就开始逐渐下滑，最后沦为一位“非罗马式”的皇帝。卡西乌斯·狄奥出身于小亚细亚，坚信自己是罗马的一分子，他不仅是元老院议员，而且还身为前线上的行省总督。可能是距离塞维鲁比较近，因而他得出这种观感。掌握着权力的人其实远没有我们想象的那样自由，但正因为他们能够忍耐这种“不自由”，人们才愿意把权力托付给他。

皇帝塞维鲁的权力基础已经无比稳固。帕提亚已经奄奄一息，多瑙河防线仍旧保持着相持状态，元老院对皇帝的意愿除了赞同就是沉默，首都罗马的平民也都满足于饮食和娱乐。虽然针对军团的优待政策和无谓的帕提亚战争使国家财政出现了本质的恶化，银币中的银含量在慢慢减少，但在供应充足、熙熙攘攘的市场上，几乎没有人注意到这一点。不过，塞维鲁所充分享受着的权力已经从他身边开始崩溃。

首先，公元 205 年，皇位的第一继承人卡拉卡拉和近卫军团长官普劳提亚努斯的矛盾公开化了。这位长官是皇帝塞维鲁的同乡好友，手握 1 万名近卫军重兵，为人傲慢专横，自然引起倔强好胜的卡拉卡拉的排斥。或许，与妻子普劳提拉之间的感情淡漠也加深了他对岳父的反感。面对儿子与亲信之间的冲突，皇帝塞维鲁左右为难，皇后尤利亚·多姆娜也同样束手无策，因为在这场冲突里，还牵扯到了第三者。

他就是小卡拉卡拉 1 岁的弟弟盖塔。如果两兄弟因四马战车比赛而意见相左的话倒还没什么，然而一旦接近帝位，事情就不仅仅是兄弟间的不和了。兄弟二人年少时经常和父母一起出现在全家福肖像上，不过现在看来，所谓的全家福只是其父母的一厢情愿罢了。

公元 205 年的 1 月 1 日，在父亲塞维鲁的安排下，17 岁的卡拉卡拉和 16 岁的盖塔一起就任了执政官。然而，兄弟不睦的解决办法似乎也仅此而已了。

1 月 22 日，不知普劳提亚努斯的什么话一下子点燃了卡拉卡拉的怒火。17 岁的下任皇帝在父亲面前，拔出腰间的佩剑，杀死了普劳提亚努斯。接下来的第二天，在元老院举行的会议上，卡拉卡拉行使执政官首先发言的权力，毫不留情地指责近卫军团长官企图谋害皇帝一家然后自己取而代之，因此死有余辜。同为执政官列席会议的盖塔从始至终没有发言。最后，元老院议员们只好用沉默认可了卡拉卡拉对近卫军团长官的女儿普劳提拉及其弟弟的流放决定。具体的流放地点是西西里岛附近的利帕里岛。以往皇族的流放地，或者说

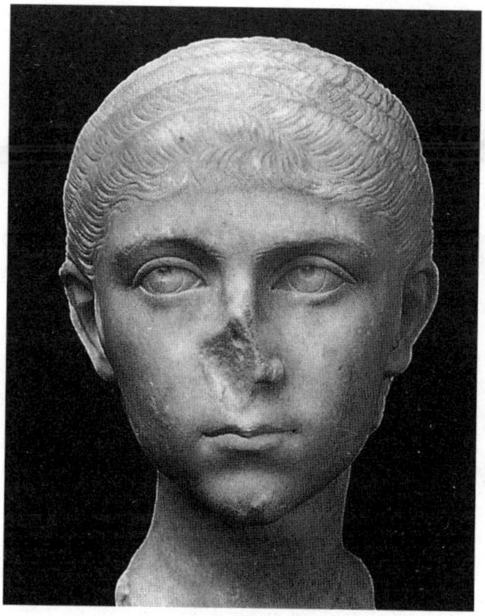

普劳提拉

卡拉卡拉

隔离地都在蓬扎岛或文托特内岛，这两座岛屿距离那不勒斯都很近，岛上从罗马式的蓄水池到鱼池都很完备，可是利帕里岛却是火山岛，仅有一个小渔村。普劳提拉和弟弟被流放到这里，6 年以后，卡拉卡拉即位，两人被新皇帝派来的士兵杀死。

兄弟间的不和一直持续着没有任何改善，两年过去了。塞维鲁虽然不是毫无作为，但此时推行的政策基本上都不过是既往方针的延续而已。尽管塞维鲁以自己身体强健而自豪，但毕竟已年过六旬。正如壮年期身体健硕的人常常遇到的那样，他也难逃痛风的折磨。虽然罗马人的主要食物是鱼类、谷物、蔬菜和乳酪，但塞维鲁可能是肉类等动物性蛋白质摄取过量。随着年龄的增长，痛风日渐严重，但他仍旧不失以往的霸气。好像要重塑病体一样，他决定远征不列颠。

不列颠

今天的英格兰和威尔士都属于罗马时代的不列颠行省。再向北就是罗马版图以外了，罗马人称为“喀里多尼亚”的苏格兰。在不列颠和喀里多尼亚之间，罗马人修建了哈德良长城，不再向北继续进攻了。这是因为当初占领不列颠的目的，也不过是为了守卫多佛尔海峡对面的高卢。既然已经达到目的，自然也就没有继续向寒冷多雨、物产贫乏的喀里多尼亚展开进攻的积极性了。冬季游览哈德良长城的人都会认同这种做法。站在城墙上向北眺望，阴沉沉的天空里是厚重的云层，下面则是一望无际的萧瑟荒野。地中海沿岸的人恐怕都不会对这蛮荒之地感兴趣吧？然而在古代，这片荒原的对面，则是凶悍好斗的喀里多尼亚民族。

罗马人并没有把喀里多尼亚人和居住在莱茵河与多瑙河对岸的日耳曼各蛮族等同，特别是丝毫不掩饰厌恶之情，将喀里多尼亚民族中的一支命名为“布里坎提斯”，拉丁语意为“盗贼”。可笑的是，英语也采用了指代自身某一部族的这个词作为“brigand”的词源。也就是说，部分喀里多尼亚人，尤其是接近罗马领地的居民，为了从荒野上的贫乏生活中解脱，专以盗抢为生。因为不管怎么说，哈德良长城以南就是遍布着城镇的肥沃土地。

皇帝塞维鲁之所以远征不列颠，是因为有一件事令他很生气。“布里坎提斯”们将一大批物资连同押运的军团兵一并劫掠而去，当时的不列颠总督无奈之下，只好用金钱赎回了人马。堂堂的罗马总督竟然屈从于盗贼的恐吓，这岂能置之不理？

历史学家塔西佗的岳父阿格里科拉将军在图密善时代曾经试图征服整个喀里多尼亚，现在塞维鲁认为，要想彻底改变现状，就应该把前人未竟的事业进行到底。只要苏格兰还处于罗马的管辖范围之外，盗贼的横行和喀里多尼亚人的南下就不会止息。就这样，塞维鲁把公元 208 年都耗费在战争准备上了。

第二年，即公元 209 年，塞维鲁等到了春天，于是和皇后及两个儿子离开了罗马。正式的作战应该是公元210年春开始的。既然要征服整个苏格兰，罗马军队一开始就积极出击。他们越过了哈德良长城，向苏格兰腹地挺进，前卫部队甚至一直深入到了苏格兰高地的山岳地带。

不过，率领士兵打前锋的却是年轻的卡拉卡拉。深知兄弟不睦的父亲有意识地将盖塔留在后方的伦底纽姆（今伦敦），任命他为不列颠行省的总督。而塞维鲁本人，天不遂人愿，已经无法冲锋陷阵了。

他的身体已经不能服从意志了，不但不能骑马，连马车的颠簸都难以接受。战争的第一年，他尚能乘轿接近战场观战，到了第二年，即公元210年，连乘轿都不行了。最后塞维鲁只好在最接近前线的埃布拉库姆（今约克）军团基地里一动不动。

滞留在约克的皇帝一直心情忧郁，然而病痛的折磨还在其次。要想征服喀里多尼亚全境，除了缜密的计划，还需要过人的果敢，但是，这副重担对22岁的卡拉卡拉而言却有些勉强。显然，除年龄原因之外，更重要的是军事才能问题。塞维鲁当然也注意到了这一点。因此说，真正折磨64岁的皇帝的，不仅是病痛，更是现实。面对丈夫的苦恼，任凭皇后尤利亚·多姆娜有多么高深的教养，到这时也都无济于事了。

逝世

转过年来的公元211年2月4日，皇帝塞普提米乌斯·塞维鲁在约克停止了呼吸。驰骋疆场的卡拉卡拉、接到病危消息稍早赶到的盖塔、始终紧紧追随丈夫的妻子尤利亚·多姆娜，以及不列颠战争中的主要将领们都见证了他生命的最后一刻。再有两个月他就65岁了，在位18年，安静地死去后就万事皆空了。据历史学家卡西乌斯·狄奥记载，塞维鲁在气息奄奄的时候对卡拉卡拉和盖塔两兄弟说了下面这样的话：

统治国家时，兄弟之间要和睦，互相为对方着想。不要忘记优待士兵，这是最应该优先的事情。

然后塞维鲁又像是自言自语，接着说道：

我做到了一切。做过元老院议员，做过律师，也做过执政官，还做过大队长，做过将军，然后做到了皇帝。也就是说，我经历了一个国家的所有要职，并且我认为自己勤勉称职。

可是现在回过头看，好像一切都是徒劳啊……

罗马的史学家知道卡拉卡拉和盖塔之间关系的发展，于是对皇帝塞维鲁最后的遗言作了解释，认为他当时已经预感到了自己创立的皇统行将结束，因而发出感叹。而后世的历史学家则了解罗马帝国的整个衰亡过程，于是认定塞维鲁在人生的最后终于明白日暮途穷的罗马已经不可挽回了。或许这两种解释都有道理吧。不过我却因另一件事对这位皇帝心生同情。

了解北英格兰严冬的人如果也去过北非这个季节的大莱普提斯，我想肯定也会同意我的观点。

铅灰色的天空下阴雨连绵，只要没有特殊需要大家都不会外出，焕发生气的只有那些常绿树木和青草。可是，在塞维鲁的出生地大莱普提斯，即便在冬天也是阳光普照，光影分明，极目远眺，蔚蓝的地中海，风景如画，一望无边。

在纪念柱矗立的大厅或回廊下，斜披托加的男人们在高谈阔论。不远处的广场上，出来购物的女人们身上的各色长衣，花团锦簇。而身穿麻色短装应对客人的，则是无处不在的商人。还有跑来跑去给店主帮忙的奴隶，如果仅从短衣上看，他们与平民阶层的罗马公民并无区别，然而脖子上皮绳吊挂的铜牌却表明了他们的身份，还有他们的肤色也多种多样。广场一角的私塾里，吵吵嚷嚷的孩子们与奴隶一样也是短打扮，脸和手脚都晒得黝黑。

塞维鲁一边回忆着故乡温暖的太阳，一边在阴冷潮湿的北英格兰等待死神把自己带走。纵然不为两个儿子以及帝国的将来而苦恼，这种气候的差异就足以令人备感忧郁了。马可·奥勒留在人生的最后，面对着维也纳冬季的萧瑟，写下了“我热爱绿影婆娑的西里欧山，我热爱罗马”的语句。现在已经到了连罗马皇帝都要死在前线的时代了。尽管后来皇帝殁于前线的事例越来越多，但在这一点上，塞维鲁的确是马可·奥勒留之后的第一人。

塞维鲁一家的肖像
（左下方盖塔的面部后来被卡拉卡拉削去了）

两位皇帝死后发生的事情也很相似。父亲塞维鲁死后，23 岁的卡拉卡拉成了新皇帝，很快就和喀里多尼亚人缔结了和约。然后以护送先帝骨灰为名，返回罗马。全面征服苏格兰的计划从此不了了之。

果不出所料，塞维鲁死后仅一年，即公元 212 年 2 月 12 日，帕拉蒂尼山上的皇宫里发生了惨剧。卡拉卡拉不顾母亲在场，拔剑刺向弟弟盖塔。年仅 22 岁的盖塔最终死在了母亲的怀里，鲜血浸透了母亲的衣衫。

卡拉卡拉随后下达命令，将罗马所有“全家福”肖像中弟弟的形象尽数除去。后来，这一命令被严格执行。

马可·奥勒留之后是姐弟之争，而在塞维鲁之后则是兄弟相残。马可和塞维鲁一直致力于打造甜蜜和谐的大家庭，但最后的结果完全一致，都酿成了家庭悲剧。无论是《沉思录》的结语还是塞维鲁的遗言，如果说其中散发出的人生感伤，哲学家皇帝和军人皇帝并没有什么不同。马可·奥勒留也曾写过，人难免一死，皇帝和奴隶都一样。（相关内容见《沉思录》卷六。——译者注）

罗马从前的领导者都怀有强烈的责任感，他们认为人固然都有一死，但每个人生前却都是不一样的。然而，那样的时代已经成为过去。

以责任感作为人生支柱的人以后仍会出现，不过由他们主导的时代的确一去不复返了。

此后的罗马帝国进入了历史学家所谓的“3 世纪危机”。据说鱼都是从头部开始腐烂的，其实罗马帝国也是如此。

大事年表

年份（公元）	罗马帝国			其他地方
	意大利本土	西方行省	东方行省	
121	4月26日，马可·阿尼乌斯·维鲁斯（日后的马可·奥勒留）生于西里欧山	哈德良皇帝前往不列颠，下令修建“哈德良长城”（122）		（日本）弥生时代
126	柏提那克斯于意大利北部的热那亚生于解放奴隶之家			
127	马可名列骑士阶级			
128	马可成为Salius Palatinus（战神马尔斯的祭祀会）成员			
130	12月，路奇乌斯·维鲁斯出生		耶路撒冷爆发犹太教徒叛乱事件（131—134）	（中国）东汉的张衡制作浑天仪与候风地动仪
133	狄第乌斯·尤利安出生于米兰社会上层人士家中			
136	哈德良皇帝任命路奇乌斯的父亲凯奥尼乌斯·康茂德为继承人。凯奥尼乌斯更名为埃里乌斯·恺撒。马可与凯奥尼乌斯的女儿凯奥尼娜订婚。马可被任命为拉丁节期间的罗马“特别长官”			
138	元旦，埃里乌斯·恺撒殁。2月25日，哈德良指名安敦尼为继承人。应哈德良的要求，安敦尼收马可与路奇乌斯为养子。哈德良聘任弗龙托为马可的教师。7月10日，哈德良皇帝离世，享年62岁。**安敦尼登基继位**。安敦尼将女儿芙斯汀娜许配给马可。为哈德良神化问题，安敦尼与元老院意见对立。为哈德良辩护的安敦尼日后获得“庇护”的称呼。马可获选为财务检察官			

（续）

年份（公元）	罗马帝国			其他地方
	意大利本土	西方行省	东方行省	
139	马可获颁“恺撒”称号，移居帕拉蒂尼山上的皇宫“神君哈德良神殿”竣工	不列颠原住民引发叛乱事件		
140	马可初次就任执政官			
142		镇压不列颠叛乱。安敦尼·庇护于哈德良长城北方建设安敦尼长城		
143	安敦尼·庇护聘弗龙托为路奇乌斯的老师			（印度）此时，贵霜王朝的迦腻色迦一世即位
145	马可第二次就任执政官。与芙斯汀娜成婚			
146		4月11日，塞普提米乌斯·塞维鲁诞生于北非莱波蒂斯·玛尼		
147	11月30日，马可的长女多米提亚出生。12月1日，安敦尼·庇护将护民官特权分与马可，并赠芙斯汀娜“奥古斯塔”的称号			
153	路奇乌斯担任财务检察官			
154	路奇乌斯担任执政官			
161	马可与路奇乌斯担任执政官。3月6日，安敦尼·庇护于罗马近郊拉鲁芬别墅逝世，享年75岁。**马可·奥勒留与路奇乌斯·维鲁斯即位为共同皇帝**。8月31日，马可之子康茂德出生。气候失调造成罗马饥荒，台伯河泛滥成灾。马可决定派路奇乌斯亲临叙利亚		帕提亚军入侵亚美尼亚，废黜亲罗马派的国王，将亲帕提亚的帕科鲁斯送上王位。马可命卡帕多西亚行省总督塞达狄乌斯·塞维利安努斯进攻（帕提亚战争开始）。卡帕多西亚一个军团溃败，塞维利安努斯自尽。马可命令不列颠总督斯塔提乌斯·普利斯克斯为卡帕多西亚行省总督。帕提亚军由亚美尼亚向叙利亚进军。倾向罗马的边境小国开始动摇	

（续）

年份（公元）	罗马帝国			其他地方
	意大利本土	西方行省	东方行省	
162	夏，路奇乌斯前往东方。途因病倒、长期滞留希腊等原因，冬季才抵达安条克			
163	马可将女儿露西拉许配给路奇乌斯		春，普利斯克斯率罗马军于亚美尼亚战线获胜。普利斯克斯攻陷亚美尼亚首都阿尔塔库萨塔	
164			驱逐帕科鲁斯，扶植亲罗马的索菲埃姆斯上台。路奇乌斯与露西拉于以弗所完婚。露西拉获颁“奥古斯塔”称号。罗马军越过幼发拉底河追击帕提亚军	
165			叙利亚驻军亚维狄乌斯·卡西乌斯指挥罗马军彻底击败帕提亚军队	
166	10月，马可与路奇乌斯返回罗马，举行凯旋仪式。帕提亚战争带回的瘟疫开始蔓延		帕提亚战争以罗马获胜告终	
167			日耳曼部族开始侵略多瑙河防线	
168	马可与路奇乌斯离开罗马亲临多瑙河前线视察，后回到阿奎莱亚冬营地			
169	路奇乌斯离开阿奎莱亚返回罗马途中，病逝亚尔提诺。享年39岁。马可护送路奇乌斯骨灰返回罗马并举行国葬。马可将路奇乌斯遗孀露西拉改嫁潘诺尼亚行省总督庞培亚努斯。秋，马可再度前往多瑙河		马可于远潘诺尼亚行省希尔米乌姆（今塞尔维亚的米特罗维察）过冬	

（续）

年份（公元）	罗马帝国			其他地方
	意大利本土	西方行省	东方行省	
170	塞普提米乌斯·塞维鲁就任财务检察官。马可小女儿萨宾娜出生		近米西亚、达契亚两行省总督克劳狄乌斯·弗龙托指挥罗马军越过多瑙河，于山地落败。弗龙托阵亡，2万人遇俘。其间，马尔科曼尼、科斯特波奇两日耳曼部族越过多瑙河入侵罗马领地。270年来防线第一次失守。马尔科曼尼人袭击阿奎莱亚。科斯特波奇人入侵希腊中央地带。庞培亚努斯率罗马军歼灭两部族。“Praetentura Italiae et Alpium”（意大利与阿尔卑斯防卫部队）设立。于洛尔希、雷根斯堡新设两个军团。罗马军调整多瑙河畔配置。以诺瓦埃（今保加利亚的斯维西托弗）为基地的第一意大利军团向上游转移100公里，到奥埃斯库斯驻防。特罗埃斯密斯（今罗马尼亚的伊古利茨）为基地的第五玛肯多尼加军团转移到达契亚行省的博泰莎（今罗马尼亚的图尔达）	
171		毛里塔尼亚人之一部越直布罗陀海峡入侵伊比利亚半岛，占据贝提卡行省一带。罗马派遣奥菲狄乌斯·维克托利努斯驱逐	马库斯驻军卡农图姆与日耳曼夸地人和谈	

（续）

年份（公元）	罗马帝国			其他地方
	意大利本土	西方行省	东方行省	
172	元老院授予马可与康茂德“日耳曼尼库斯”的称号		第一次日耳曼战役开始。罗马由维也纳与贝尔格莱德渡过多瑙河进军。与马尔科曼尼人初期作战失利，近卫军团长官维狄克斯阵亡。与罗马言和的夸地人再次回到日耳曼阵营。苦战后击垮夸地人。年底罗马击败马尔科曼尼人。埃及发生暴动。命叙利亚行省总督亚维狄乌斯·卡西乌斯为东方全区总司令，率两军团镇压。亚美尼亚发生政变，卡帕多西亚总督马尔提乌斯·维尔斯通过外交途径加以解决	（印度）此时，贵霜王朝的胡维什卡一世即位
173			继续日耳曼战争。罗马军策略由大会战改为各个击破策略并获得成功。骑兵团长瓦莱利乌斯·马克西米亚努斯与纳利斯提部落酋长决斗获胜。与马尔科曼尼、夸地、雅兹盖斯等部族和谈。冬，由芙斯汀娜、露西拉陪伴，马可前往多瑙河畔希尔米乌姆基地	
174	柏提那克斯就任候补执政官		受萨尔马提亚人压力，雅兹盖斯人再度南下与罗马冲突（萨尔马提亚战争）。罗马于优势下与雅兹盖斯人和谈	

（续）

年份（公元）	罗马帝国			其他地方
	意大利本土	西方行省	东方行省	
175	卡西乌斯叛乱，元老院宣判其为“国家公敌”	西方行省各军团一致支持马可	培辛尼乌斯·尼戈被任命为埃及军团长官。4月，叙利亚总督亚维狄乌斯·卡西乌斯误信马可死去的消息，起兵称帝。卡帕多西亚总督马尔提乌斯·维尔斯拒绝卡西乌斯引诱，派人报告多瑙河前线的马可。马可与交战中的萨尔马提亚人和谈。马可将康茂德召往多瑙河前线。7月7日，康茂德举行成人礼，获“预备第一公民”称号，相当于“皇太子”。卡西乌斯被部下所杀，马尔提乌斯·维尔斯迅速进入叙利亚掌握支持卡西乌斯的军团。马可将前线交给庞培亚努斯处理，带康茂德、芙斯汀娜前往东方。冬，路过安卡拉到赫拉拉时，芙斯汀娜病逝（享年45岁）。赫拉拉更名为芙斯汀娜堡，建纪念神殿	
176	亚尔比努斯获选执政官。塞维鲁获选护民官。11月27日，马可于罗马举办凯旋仪式		马可经埃及进入安条克，宽容处置叛乱人员。任命马尔提乌斯·维尔斯为叙利亚总督。经由小亚细亚、希腊后返回罗马。柏提那克斯获任近米西亚行省总督	
177	康茂德出任执政官。**马可将康茂德列为共治皇帝**	高卢部族长会议在里昂公开处死基督教徒		

（续）

年份（公元）	罗马帝国			其他地方
	意大利本土	西方行省	东方行省	
178	康茂德与克丽丝庇娜成婚。马可与康茂德再度前往多瑙河前线		罗马计划于多瑙河北岸建立新行省，但与日耳曼诸部族作战受挫。第二次日耳曼战争开始。约此时，柏提那克斯获派叙利亚总督	
179			罗马军击溃马尔科曼尼、夸地、雅兹盖斯各部族。骑兵团长马克西米亚努斯进军多瑙河北方120公里处。执政官尤里乌斯·维鲁斯阵亡	
180	佩雷尼斯获任近卫军团长官。塞维鲁受命为叙利亚行省军团长。10月，康茂德回到首都		马可于维也纳冬季营地离世，享年58岁，**康茂德成为唯一皇帝**。康茂德决定结束战争，与日耳曼诸部族和谈	
182	康茂德的姐姐露西拉暗杀康茂德未遂，遭流放卡普里岛，不久遇害。近卫军团长官帕提鲁诺以暗杀康茂德嫌疑遭解任，不久遇害。至翌年为止，另有8名元老院议员遭清洗。佩雷尼斯掌握帝国统治实权			
183		于北非毛里塔尼亚地方加强防线（公元185年再次强化防线）		
184		不列颠一个军团迎击由北入侵的喀里多尼亚人失败，军团长阵亡。佩雷尼斯由莱茵河防线急调乌尔庇乌斯·马萨鲁斯前往，成功雪耻		（中国）黄巾起义爆发

（续）

年份（公元）	罗马帝国			其他地方
	意大利本土	西方行省	东方行省	
185	佩雷尼斯遭康茂德侍臣库雷安德罗斯谋害。库雷安德罗斯成为近卫军团长官并掌握实权	元旦，驻不列颠行省卡莱奥恩基地军团拒绝向康茂德效忠，推军团长为皇帝。佩雷尼斯派遣柏提那克斯成功说服		
187	康茂德以谋害皇帝罪处死亲属马梅尔提努斯、布鲁斯。柏提那克斯受命为首都长官	塞维鲁受命为卢格杜南西斯高卢行省总督。约此时，塞维鲁与叙利亚神职人员的女儿尤利亚·多姆娜成婚		
188		4月4日，卡拉卡拉出生于里昂		
189	库雷安德罗斯遭示威平民杀死。其后，由康茂德情妇马尔奇亚、侍臣艾克雷科图斯、近卫军团长官埃米里乌斯·雷特掌握实权	3月7日，盖塔出生于米兰		
190	塞维鲁就任候补执政官		尼戈被任命为叙利亚总督	
191		亚尔比努斯任不列颠总督	塞维鲁任近潘诺尼亚总督	
192	柏提那克斯与康茂德共同就任执政官。康茂德于斗兽场斩杀鸵鸟。12月31日，康茂德被情妇马尔奇亚、侍臣艾克雷科图斯、摔跤教练纳尔奇索斯三人暗杀，享年31岁			（中国）曹操起兵

（续）

年份（公元）	罗马帝国			其他地方
	意大利本土	西方行省	东方行省	
193	**元旦，柏提那克斯登基，获元老院承认**。元老院决定判处康茂德“记录抹杀刑”。3月28日，柏提那克斯遭雷特率领的近卫军刺杀，享年66岁。**前阿非利加行省总督狄第乌斯·尤利安获元老院承认登基**。尤利安要求元老院宣判塞维鲁为“国家公敌”。6月1日，尤利安遭近卫军杀害，享年60岁。元老院取消塞维鲁“国家公敌”的宣判，并请求其登基。塞维鲁进入罗马，命近卫军团解散。**元老院承认塞维鲁与亚尔比努斯登基为共治皇帝**。塞维鲁为征讨尼戈向东行军	4月中旬，不列颠行省总督克劳狄乌斯·亚尔比努斯受麾下军团兵推举称帝，前往里昂。塞维鲁向亚尔比努斯赠送“恺撒”称号，相约为共治皇帝。亚尔比努斯驻留里昂	4月9日，近潘诺尼亚行省总督塞普提米乌斯·塞维鲁受军团兵推举起兵称帝。叙利亚行省总督培辛尼乌斯·尼戈受军团兵推举起兵称帝。5月，塞维鲁率军团南下，前往首都。尼戈于培林托斯迎击塞维鲁，获胜	
194			1月，尼戈于小亚细亚尼凯亚附近的平原迎击塞维鲁，失败。东方行省各军团多数投向塞维鲁阵营。10月，塞维鲁于伊索斯平原战胜尼戈。尼戈逃亡时被追兵杀死	
195			塞维鲁攻击支持尼戈的帕提亚王国。塞维鲁重新部署东方防卫体系	
196			夏，塞维鲁离开安条克前往多瑙河防线，并西行	（中国）曹操挟帝迁都许
197	6月，塞维鲁回首都。元老院应其要求撤销康茂德的“记录抹杀刑”。塞维鲁以亚尔比努斯派名义肃清26名元老院议员	2月19日，塞维鲁于里昂近郊同亚尔比努斯决战，后者战败自杀。**塞维鲁成为唯一皇帝**		

（续）

年份（公元）	罗马帝国			其他地方
	意大利本土	西方行省	东方行省	
199	秋，塞维鲁带妻子尤利亚与两个儿子卡拉卡拉、盖塔离开首都。塞维鲁凯旋门于罗马广场开工		塞维鲁远征帕提亚，将美索不达米亚地区行省化	
201	塞维鲁开始铺设由奥斯提亚通往泰拉奇纳的塞维利亚大道			
202	卡拉卡拉就任执政官。春，塞维鲁一家回到罗马，举行凯旋仪式。卡拉卡拉与近卫军团长官普劳提亚努斯的女儿普劳提拉成婚			
204	盖塔就任执政官		塞维鲁在故乡莱波蒂斯·玛尼小住（～205），大兴土木	
205	卡拉卡拉与盖塔共同担任执政官。卡拉卡拉、盖塔、普劳提亚努斯三人冲突公开化。1月22日，普劳提亚努斯遭卡拉卡拉杀害。卡拉卡拉将妻子普劳提拉流放西西里岛附近的利帕里岛			（中国）诸葛亮辅佐刘备（207） 刘备、孙权击破曹操军（赤壁之战，208）
209	塞维鲁带妻子与两个儿子远征不列颠	春，罗马军于不列颠越过哈德良长城向北进攻		
210		塞维鲁在约克病倒		
211	普劳提拉在利帕里岛上遭卡拉卡拉派遣的士兵杀害		2月4日，塞普提米乌斯·塞维鲁在约克离世，享年64岁。**卡拉卡拉与盖塔登基**。卡拉卡拉与喀里多尼亚人和谈后回到罗马	
212	2月12日，卡拉卡拉于帕拉蒂尼山的皇宫中杀死了盖塔			

参考文献

一、原始资料

Cassius Dio "Historiae Romanae"
Cornelius Fronto "Epistulae"
Fasti Ostienses (Inscriptiones Italiae)

二、后世的研究著作

AFRICA, T.W., *The opium addiction of Marcus Aurelius*, 《Journal of the History of Ideas (JHI)》22, 1961.

ALFÖLDY, G., *Fasti Hispanienses. Senatorische Reichesbeamte und Offiziere in den spanischen Provinzen des römischen Reiches von Augustus bis Diockletian*, Wiesbaden, 1969; *Der Friedenschluss des Kaisers Commodus mit den Germanen*, 《Historia》20, 1971; *Herodian über den Tod Mark Aurel's*, 《Latomus》 32, 1973; *P. Helvius Pertinax und M. Valerius Maximianus*, 《Situla》 14/15, Ljubljana, 1974; *Konsulat und Senatorenstand unter den Antoninen. Prosopographische Untersuchungen zur senatorischen Führungsschicht*, Bonn, 1977; *Bellum Mauricum*, 《Chiron》15, 1985.

ALFÖLDY, G. & HALFMANN, H., *Iunius Maximus und die Victoria Parthica*,

《Zeitschrift für Papyrologie und Epigraphik (ZPE)》35, 1979.

AMELING. W., *Herodes Atticus. I. Biographie. II. Inschriftenkatalog*, Subsidia Epigraphica 11, Hildesheim, 1983.

ANDREOTTI, R., *Commodo*, Roma, 1942.

ASTARITA, M.L., *Avidio Cassio*, Roma, 1983.

AURIGEMMA, S., *Villa Adriana*, Roma, 1961.

BANNERT, H., *Der Tod des Kaisers Marcus, Latinität und alte Kirche. Festschrift R. Hanslik*, 《Wiener Studien (WS)》Beih. 8, Vienna, 1977.

BARNES, T.D., *Hadrian and Lucius Verus*, 《Journal of Roman Studies (JRS)》57, 1967; *A note on Polycarp*, 《Journal of Theological Studies (JTS)》18, 1967; *Legislation against the Christians*, 《JRS》58, 1968; *Pre-Decian Acta Martyrum*, 《JTS》19, 1968; *The chronology of Montanism*, 《JTS》21, 1970; *The embassy of Athenagoras*, 《JTS》26, 1975; *The Sources of the Historia Augusta*, Collection Latomus 155, Brussels, 1978; *Eusebius and the date of the martyrdoms*, Les martyrs de Lyon, 1978; *Constantine and Eusebius*, Cambridge (Mass.) & London, 1981.

BARTA, G., *Lucius Verus and the Marcomannic Wars*, 《Acta Classica Universitatis Scientiarum Debreceniensis (ACD)》7, 1971.

BÉRANGER, J., *L'hérédité du Principat*, 《Revue des Études Latines (REL)》17, 1939.

BIRLEY, A.R., *Two names in the Historia Augusta*, 《Historia》15, 1966; *The invasion of Italy in the reign of Marcus Aurelius*, Provincialia. Festschrift R. Laur-Belart, Basel, 1968; *Some teachers of Marcus Aurelius*, 《Historia-Augusta-Colloquium (HAC)》1966/67, 1968; *Septimius Severus the African Emperor*, London, 1971; *Roman frontier policy under Marcus Aurelius*, 《Roman Frontier Studies》1967, Tel Aviv, 1971; *Roman frontiers and Roman frontier policy: some reflections on Roman imperialism*, 《Transaction of the Architectural & Archaeological Society of Durham & Northumberland》3, 1974; *Die Aussen- und Grenzpolitik unter der Regierung Marc Aurels, Marc Aurel* (ed. by R. Klein), 1979; *The Fasti of Roman Britain*, Oxford, 1981.

BIRLEY, E., *The Brigantian Problem, and The First Roman Contact with Scotland*,

London, 1952; *A note on Cornelius Repentinus,* 《HAC》 1982/83, 1985.

BLOCH, R., *The Origins of Rome,* 1960.

BÖHME, H.W., *Archäologische Zeugnisse zur Geschichte der Markomannenkriege,* 《Jahrbuch des Römisch-Germanischen Zentralmuseums Mainz》 22, 1975.

BOL, R., *Das Statuenprogramm des Herodes-Atticus-Nymphäums,* Olympische Forschungen 15, Berlin, 1984.

BOWERSOCK, G.W., *Greek Sophists in the Roman Empire,* Oxford, 1969.

BOWMAN, A.K., *A letter of Avidius Cassius?* 《JRS》 60, 1970.

BRUNT, P.A., *Marcus Aurelius in his Meditations,* 《JRS》 64, 1974; *Marcus Aurelius and the Christians,* Studies in Latin Literature and Roman History I, Collection Latomus 164 (ed. by C. Deroux), Brussels, 1979.

CALDERINI, A., *Settimio Severo,* Roma, 1942; *La donne dei Severi,* Roma, 1945.

CANTARELLI, L., *La famiglia e il Cursus honorum dell'imperatore Didio Giuliano,* Roma, 1884.

CAPRINO, C., *La colonna di Marco Aurelio,* Roma, 1955.

CARCOPINO, J., *L'hérédité dynastique chez les Antonins,* 《Revue des Études Anciennes (REA)》 51, 1949; *Encore la succession d'Hadrien,* 《REA》 67, 1965.

CARRATA THOMES, F., *Il regno di Marco Aurelio,* Torino, 1953.

CHADWICK, H., *Origenes Contra Celsum,* Cambridge, 1953.

CHAMPLIN, E., *The Chronology of Fronto,* 《JRS》 64, 1974; *Hadrian's heir,* 《ZPE》 21, 1976; *Fronto and Antonine Rome,* Cambridge (Mass.) & London, 1980; *The glass ball game,* 《ZPE》 60, 1985.

CHATELAIN, L., *Le Maroc des Romains,* Paris, 1944.

DAILLY, R. & VAN EFFENTERRE, M.H., *Le cas Marc-Aurèle: essai de psychosomatique historique,* 《REA》 56, 1954.

DALFEN, J., *Formgeschichtliche Untersuchungen zu den Selbstbetrachtungen Marc Aurels,* Monaco, 1967.

De FRANCISCI, P., *La politica imperiale di Settimio Severo,* Roma, 1937.

DEGRASSI, A., *Il confine nord-orientale dell'Italia romana,* Bern, 1954.

De REGIBUS, L., *Antonio Pio,* Roma, 1946.

DOBIÁŠ, J., *Rom und die Völker jenseits der mittleren Donau,* Corolla Memoriae E.

Swoboda Dedicata, Graz & Colonia, 1966.

ECK, W., *Die Staatliche Organisation Italiens in der hohen Kaiserzeit,* Monaco, 1979; *Die Statthalter der germanischen Provinzen vom 1.-3. Jahrhundert,* Epigraphische Studien 14, Cologne & Bonn, 1985.

FARQUHARSON, A.S.L., *The Meditations of Marcus Antoninus I-II,* Oxford, 1944; *Marcus Aurelius, His Life and His World,* Oxford, 1951.

FITTSCHEN, K., *Die Bildnistypen der Faustina minor und die Fecunditas Augustae,* Göttingen, 1982.

FITZ, J., *Der markomannische-quadische Angriff gegen Aquileia und Opitergium,* 《Historia》15, 1966; *Claudius Pompeianus, gener Marci,* 《Alba Regia》19, 1981; *Ti. Claudius Pompeianus und die geplante Provinz Sarmatia,* Lebendige Altertumswissenschaft. Festgabe H. Vetters, Vienna, 1985.

FREND, W.H.C., *Martyrdom and Persecution in the Early Church,* 1965.

FUNAIOLI, G., *La conquista dell'individuo nel mondo antico,* Milano, 1951.

GABBA, E., *Esercito e società nella tarda repubblica romana,* Firenze, 1973.

GIBBON, E., *The History of the Decline and Fall of the Roman Empire,* 1776, (*Declino e caduta dell'impero romano,* Mondadori, Milano, 1986).

GILLIAM, J.F., *The plague under Marcus Aurelius,* 《American Journal of Philology (AJP)》82, 1961.

GNECCHI, F., *I Medaglioni Romani descritti e illustrati I-III,* Milano, 1912.

GOERLITZ, W., *Marc Aurel, Kaiser und Philosoph,* Stuttgart, 1954.

GRENADE, P., *Le réglement successoral d'Hadrien,* 《REA》52, 1950.

GROSSO, F., *La lotta politica al tempo di Commodo,* 《Mem. Accademia Scienze Torino》, Torino, 1964.

GUEY, J., *La date de la "pluie miraculeuse" (172 après J-C) et la Colonne Aurélienne,* 《MEFR》60, 1948; 61, 1949; *Encore la "pluie miraculeuse": mage et dieu,* 《Revue de Philologie》22, 1948.

HAINES, C.R., *The composition of the Thoughts of Marcus Aurelius,* 《Journal of Philology》33, 1914; *The Communings with Himself of Marcus Aurelius Antoninus Emperor of Rome,* (Loeb ed.), London & New York, 1916; *The Correspondence of Marcus Cornelius Fronto I-II,* (Loeb ed.), London & New York, 1919-

20.

HALFMANN, H., *Die Senatoren aus dem östlichen Teil des Imperium Romanum bis zum Ende des 2. Jh. n. Chr.*, Hypomnemata 58, Göttingen, 1979.

HAMBERG, P.G., *Studies in Roman Imperial Art, with special reference to the State Reliefs of the Second Century*, Copenhagen & Uppsala, 1945.

HAMMOND, M., *Imperial Elements in the Formula of the Roman Emperors during the First Two and a Half Centuries of the Empire*, Roma, 1957; *The Antonine Monarchy*, Roma, 1959.

HAMPL, F., *Kaiser Marc Aurel und die Völker jenseits der Donaugrenze. Fine quellenkritische Studie*, Festschrift R. Heuberger, Innsbruck, 1960.

HASEBROECK, J., *Untersuchungen zur Geschichte des Kaisers Septimius Severus*, Heiderberg, 1921.

HOUT, M.P.J. van den, *M. Comelii Frontonis Epistulae. I., Prolegomena, text, index*, Leida, 1954.

HOWE, L.L., *The Pretorian Prefect from Commodus to Diocletian*, Chicago, 1942.

HÜTTL, W., *Antoninus Pius. I. Historisch-politische Darstellung*, Prague, 1936; *II Pomisch Reichsheamte und Offiziere unter Antoninus Pius. Antoninus Pius in den Inschriften seiner Zeit*, Prague, 1933.

JOBST, W., *11, Juni 172 n. Chr. Der Tag des Blitz- und Regenwunders im Quaden-*

MORRIS, J., *The dating of the Column of Marcus Aurelius*, 《J. Warburg and Courtald Institutes》 15, 1952.

MUSURILLO, H., *The Acts of the Christian Martyrs*, Oxford, 1972.

NESSELHAUF, H., *Hadrians Reskript and Minicius Fundanus*, 《Hermes》 104, 1976.

NOYEN, P., *Divus Marcus princeps prudentissimus et iuris religiosissimus*, 《Revue Internationale des Droits de L'Antiquité》 1, 1954; *Marcus Aurelius the greatest practician of Stoicism*, 《AC》 24, 1955.

NUTTON, V., *Galen on Prognosis. Edition, Translation, and Commentary*, Corpus Medicorum Graecorum, 5.8.1, Berlin, 1979.

OLIVA, P., *Pannonia and the Onset of Crisis in the Roman Empire*, Prague, 1962.

OLIVER, J.H., *The Ruling Power. A study of the Roman empire in the second century after Christ through the Roman Oration of Aelius Aristides,* 《Transactions of the American Philosophical Association》 43, 1953; *Marcus Aurelius: Aspects of Civic and Cultural Policy,* 《Hesperia》 supp. 13, Princeton, 1970; *A New letter of Antonius Pius,* 《AJP》 79, 1958.

OLIVER, J.H. & PALMER, R.E.A., *Minutes of an Act of the Roman Senate,* 《Hesperia》 24, 1955.

OMODEO, A., *Saggi sul Cristianesimo antico,* Napoli, 1958.

PETZL, G., *T. Statilius Maximus Prokonsul von Asia,* 《Chiron》 13, 1983.

PFLAUM, H.G., *Les Procurateurs équestres sous le Haut-Empire romain,* Paris, 1950; *Les carrières procuratoriennes équestres sous le Haut-Empire romain I-III,* Paris, 1960-61; *Les gendres de Marc-Aurèle,* 《JS》, 1961; *Le réglement successoral d'Hadrien,* 《HAC》 1963, 1964; *Les sodales Antoniniani de l'époque de Marc-Aurèle,* 《Memoires prés. par divers savants à l'Acad. Des Inscr.》 15, Paris, 1966; *La valeur de la source inspiratrice de la Vita Hadriani et de la Vita Marci Antonini à la lumière des personnalités contemporaines nommément citées,* 《HAC》 1968/69, 1970.

PRICE, S.R.F., *Rituals and Power. The Romain imperial cult in Asia Minor,* Cambridge, 1984.

RIST, J.M., *Stoic Philosophy,* Cambridge, 1969; *Are you a Stoic? The case of Marcus Aurelius,* Jewish and Christian Self-Definition III: Self-Definition in the Graeco-Roman World (ed. by B.F. Meyer & E.P. Sanders), London, 1982.

ROBERTSON, S., *The Antonine Wall,* The Congress of Roman Frontier Studies, 1949.

ROMANELLI, P., *Leptis Magna,* Roma, 1925; *La colonna Antonina, Rilievi fotografici eseguiti in occasione dei lavori di protezione antiaerea,* Roma, 1942.

ROMANELLI, P. & others, *La colonna di Marco Aurelio,* Roma, 1955.

ROSSI, L., *Sull'iconografia e storiografia celebrativa di Marco Aurelio dall'epigrafe di M. Valerio Massimiano,* 《Quaderni ticinesi di numismatica e antichità classica》 6, 1977.

ŠAŠEL, J., *Über Umfang und Dauer der Militärzone Praetentura Italiae et Alpium zur Zeit Marc Aurels,* 《Museum Helveticum》 31, 1974.

SCHENKL, H., *Zum ersten Buche der Selbstbetrachtungen des Kaisers Marcus Antoninus,* 〈WS〉 34, 1912.

SCHMID, W., *Ein Inversionsphänomen und seine Bedeutung im Text der Apologie des Justin,* Forma Futuri. Studi in onore di Card. M. Pellegrino, Torino, 1975.

SCHUMACHER, L., *Prosopographische Untersuchungen zur Besetzung der vier hohen römischen Priesterkollegien im Zeitalter der Antoninen und Severer (96-235n. Chr.)*, Mainz, 1973.

SCHWENDEMANN, J., *Der historische Wert der Vita Marci bei den Scriptores Historiae Augustae,* Heidelberg, 1923.

SORDI, M., *I "nuovi decreti" di Marco Aurelio contro i Cristiani,* 〈Studi Romani〉 9, 1961.

STANTON, G.R., *Marcus Aurelius, emperor and philosopher,* 〈Historia〉 18, 1969; *Marcus Aurelius, Lucius Verus, and Commodus: 1962-1972,* 〈Aufstieg und Niedergang der römischen Welt〉 2.2, 1975.

SWOBODA, E., *Carnuntum. Seine Geschichte und seine Denkmäler* (4th ed.), Graz & Colonia, 1964.

SYME, R., *Antonine relatives: Ceionii and Vettuleni,* 〈Athenaeum〉 35, 1957; *Tacitus I-II,* Oxford, 1958; *Pliny's less successful friends,* 〈Historia〉 9, 1960; *Hadrian the intellectual, Les Empereurs romains d'Espagne,* 〈Colloques du CNRS〉, Paris, 1965; *The Ummidii,* 〈Historia〉 17, 1968; *Roman Papers I-II,* Oxford 1979; *Ummidius Quadratus, capax imperii,* 〈Harvard Studies in Classical Philology〉 83, 1979; *The proconsuls of Asia under Antoninus Pius,* 〈ZPE〉 51, 1983; *Roman Papers III,* Oxford, 1984; *P. Calvisius Ruso, one person or two?* 〈ZPE〉 56, 1984; *The Testamentum Dasumii: some novelties,* 〈Chiron〉 15, 1985; *Avidius Cassius, His rank, age and quality,* 〈HAC〉 1984; *Roman Papers IV-V,* Oxford.

THOMAS, J.D., *An imperial constitution on papyrus,* 〈Bulletin of the Institute of Classical Studies of the University of London〉 19, 1982.

TRAUPMAN, J.Ch., *The Life and Reign of Commodus,* Princeton, 1956.

VIDMAN, L., *Fasti Ostienses* (2nd ed.), Prague, 1982.

WALKER, D.R., *The Metrology of the Roman Silver Coinage III*, 1978.

WILLIAMS, W., *Formal and historical aspects of two new documents of Marcus Aurelius*, 《ZPE》 17, 1975; *Individuality in the imperial constitutions. Hadrian and the Antonines*, 《JRS》 66, 1976.

WITKE, E.C., *Marcus Aurelius and mandragora*, 《Classical Philology》 60, 1965.

ZWIKKER, W., *Studien zur Markussäule I*, Amsterdam, 1941.

图片版权

金币图　大英博物馆（伦敦 / 英国）© The Trustee of the British Museum

银币图　新潮社写真部摄

p.010　卡皮托尔美术馆（罗马 / 意大利）© Araldo de Luca/CORBIS/CORBIS JAPAN

p.014　卡皮托尔美术馆（罗马 / 意大利）© Musei Capitolini，Sovraintendenza Beni Culturali del Comune di Roma

p.015 右　罗马国立美术馆（罗马 / 意大利）© Archivi Alinari，Florence

p.015 左　罗马市政厅议事厅（罗马 / 意大利）樱井绅二摄

p.022 右　乌菲兹美术馆（佛罗伦萨 / 意大利）© Archivi Alinari，Florence

p.022 左　薛鲁美术馆（阿尔及利亚）© Roger Wood/CORBIS/CORBIS JAPAN

p.024　濑户照绘

p.027　大英博物馆（伦敦 / 英国）© The Trustee of the British Museum

p.030　两幅全部取自乌菲兹美术馆，樱井绅二摄

p.033　樱井绅二摄

p.037 左（右上）　大英博物馆（伦敦 / 英国）© The Trustee of the British Museum

p.037 左（中）　罗马国立美术馆 © Erich Lessing/PPS

p.037 左（左下） 那不勒斯博物馆（那不勒斯 / 意大利）© Scala，Florence

p.037 右（右上） 梵蒂冈美术馆（梵蒂冈）© Scala，Florence

p.037 右（中） 乌菲兹美术馆 © Archivi Alinari，Florence

p.037 右（左下） 卡皮托尔美术馆 © SEF/Art Resource，NY

p.051 乌菲兹美术馆 © Archivi Alinari，Florence

p.063 右 罗马国立美术馆（罗马 / 意大利）© Araldo de Luca/CORBIS/CORBIS JAPAN

p0.63 左 卡皮托尔美术馆 © Archivi Alinari，Florence

p.097 卡皮托尔美术馆 © Erich Lessing/PPS

p.102 同上

p.113 下 峰村胜子绘

p.125 梵蒂冈美术馆（梵蒂冈）© Scala，Florence

p.139 © Art Resource，NY

p.143 © Archivi Alinari，Florence

p.147 大英博物馆（伦敦 / 英国）© The Trustee of the British Museum

p.150 罗马·日耳曼博物馆（科隆 / 德国）© Romisch-Germanisches Museum，Köln

p.180 卡皮托尔广场（罗马 / 意大利）© Archivi Alinari，Florence

p.184 卡皮托尔美术馆（罗马 / 意大利）© Araldo de Luca/CORBIS/CORBIS JAPAN

p.193 三幅全部取自博尔盖塞美术馆（罗马 / 意大利）© Archivi Alinari，Florence

p.210 左 罗马国立美术馆（罗马 / 意大利）© Soprintendenza Archeologica di Roma

p.210 右 同上

p.211 同上

p.218 峰村胜子绘

p.222 大英博物馆 © The Trustee of the British Museum

p.230 卡皮托尔美术馆（罗马 / 意大利）© Erich Lessing/PPS

p.236 柏提那克斯：梵蒂冈美术馆（梵蒂冈）© Archivi Alinari，Florence

尤利安：乌菲兹美术馆（佛罗伦萨 / 意大利）© Archivi Alinari，Florence

亚尔比努斯：梵蒂冈美术馆 © Archivi Alinari，Florence

尼戈：卡皮托尔美术馆（罗马 / 意大利）© Archivi Alinari，Florence

塞维鲁：卡皮托尔美术馆 © Araldo de Luca/CORBIS/CORBIS JAPAN

p.245　法国国立图书馆（巴黎 / 法国）© Bibliothèque nationale de France

p.278　卡皮托尔美术馆 © Archivi Alinari，Florence

p.284　罗马文明博物馆（罗马 / 意大利）新潮社写真部摄

p.291　梵蒂冈美术馆（梵蒂冈）© Archivi Alinari，Florence

p.296　罗马广场（罗马 / 意大利）© Scala，Florence

p.298　新潮社写真部摄

p.301 右　卢浮宫美术馆（巴黎 / 法国）© Photo RMN-Herve Lewandowski/distributed by Sekai Bunka Photo

p.301 左　罗马国立美术馆（罗马 / 意大利）© Soprintendenza Archeologica di Roma

p.305　柏林国立博物馆 © Bildarchiv Preussischer Kulturbesitz，Berlin

地图制作：综合精图研究所（p.008，p.036，p.061，p.069，p.072，p.085，p.088，p.092，p.094，p.104，p.113，p.119，p.121，p.124，p.126，p.156，p.182，p.202，p.203，p.213，p.217，p.220，p.242，p.249，p.256，p.261，p.267，p.270，p.273，p.283）

图书在版编目（CIP）数据

罗马人的故事11：结局的开始/（日）盐野七生著；陈涤译．—北京：中信出版社，2013.1(2018.11重印)
ISBN 978-7-5086-3803-4

I. ① 罗… II. ① 盐… ② 陈… III. ① 古罗马—历史 IV. ① K126

中国版本图书馆CIP数据核字（2013）第 004126 号

罗马人的故事11：结局的开始

著　　者：[日] 盐野七生
译　　者：陈涤
策划推广：中信出版社（China CITIC Press）
出版发行：中信出版集团股份有限公司
（北京市朝阳区惠新东街甲 4 号富盛大厦 2 座　邮编　100029）
（CITIC Publishing Group）
承 印 者：北京诚信伟业印刷有限公司

开　　本：787mm×1092mm　1/16　　印　　张：21　　字　　数：280 千字
版　　次：2013 年 1 月第 1 版　　印　　次：2018 年11月第30次印刷
京权图字：01-2010-4512　　广告经营许可证：京朝工商广字第 8087 号
书　　号：ISBN 978-7-5086-3803-4/K・300
定　　价：42.00 元